요모조모 대동세상

요모조모 대동세상

초판 발행일 2023년 10월 20일

지은이 **서한석**
펴낸곳 **몽트**

출판등록 **2012.12.20 제 2014-0000-38호**

주소 **안산시 상록구 화랑로 513 2층 24호**
전화 **031-501-2322** 팩스 **031-501-2321**
메일 **memento33@menthebooks.com**

값 15,000원
ISBN 978-89-6989-092-4 03190

서한석이 생각하는
기본사회

요모조모
대동세상

서한석 칼럼

기본사회를 추구하는 대동세상

2020년부터 안산지역 신문을 중심으로 약 100여편의 글을 기고해 왔습니다. 그 졸필들을 모았습니다. 안산신문, 안산타임즈, 안산정론에서 명사 기고와 서한석 컬럼란으로 실어 주셨습니다. 그리고 인천일보, 내일신문, 중앙일보 등의 일간지에서도 기고글을 실어주셨습니다.

컬럼과 기고문은 주로 전통 철학이나 사회에 의미있게 생각해 보아야 할 내용들을 다루었습니다. 군자는 무본(務本)이니 본립이도생(本立而道生)이라고 기본에 힘써서 기본을 세우면 모든 원리에 생명이 있다는 논어 학이편의 말씀이 있습니다.

기본과 원칙이 잘 지켜지면 민생도 경제도 교육도 정치도 생명력을 갖게 됩니다. 그리고 자주적이고 창조적이며 함께하는 공동체적 인간상을 만들수 있습니다.

올바른 인식과 정의로운 사람들로 건강한 사회가 만들어 집니다. 모든 사람의 기본적 삶이 제도적으로 보장되어 가난과 아픔이 줄어드는 사회를 만들 수 있습니다. 결국 모두가 염원하는 바 다함께 잘사는 대동세상을 실현해 갈 수 있습니다. 그래서 기본을 강조하고자 했습니다.

그러나 기본이 바로 서지 못하고 맥없이 흔들리는 현상을 자주 보았습니다. 필자는 우리 사회의 고질적인 병폐는 서로 상생하고 화합하지 않는 것이라고 생각합니다. 그것이 중요한 줄 알면서도 실천하기가 쉽지 않습니다. 손해보는 것 같아서 일것입니다. 그래서 각자도생의 정글사회를 숙명처럼 짊어지고 있다고 생각합니다. 그 일차적 책임은 특권층이 권한을 내려놓지 않고 행사하려고 하기 때문입니다.

간단히 말해서 불평등과 양극화가 점점 심해져 가는 이유는 가진자가 더 많이 가질려고 하기 때문입니다.

힘이 세면 공정성을 자기 중심적으로 사용하여 사회의 균형이 깨지고 형평성을 잃게 마련입니다. 그런 원인으로부터 부의 편중과 기회의 독식현상이 만연해 갑니다. 선진국이면서 선진국이 아닌 이유가 여기에 있습니다.

겉모양만 선진국, 껍데기만 선진국인 셈입니다. 정말 많은 서민들이 생활고에 허덕이고 있습니다. 자영업하시는 분들의 미래가 불투명하다고 합니다.

청년들도 삶의 활기를 잃어가고 있습니다. 결혼, 육아, 사회참여, 의욕이 없는 3포 4포시대가 되었습니다. 잘나가는 초부자, 하이테크 기업과 거대기업, 안정적인 직장인을 빼고 우리 사회 구성원의 50% 이상이 불안한 삶을 살고 있습니다.

국가와 사회가 이를 해결하려고 노력해야 진정한 선진국 아니겠습니까! 그러나 그러질 않습니다. 오히려 상층 기득권의 특권을 늘리는 데 혈안이 되고 있습니다. 사회를 비정하게 만들어 가고 있습니다. 그에 더해 정치의 역할도 매우 불합리하게 진행되고 있습니다. 나라의 주권을 온전하게 지켜내지 못하고 있습니다. 이념과 색깔 논쟁을 일으켜 정치 본연의 역할인 다함께 잘사는 나라를 거부하고 있습니다.

사회를 건강하게 유지하고 발전하려면 다툼과 갈등을 줄이고 함께 노력해도 성에 차지 않는 법입니다. 그런데도 오히려 배타적으로 차지하려고 만하면 사회는 정글이 되지 말란 법이 없습니다. 하여 특권층의 각성이 매우 필요합니다.

힘을 가진 측에서 양보와 배려가 있어야 우리 역사에 누적된 반목과 멸시가 사라지기 때문입니다. 이런 생각들이 기고문과 컬럼에 여기저기 녹여져 있습니다. 어떤 글은 두서없고 어떤 생각은 단견이기도 합니다. 글을 기고하면서 쓰는 시간은 단축되어 갔지만 생각의 편린들은 더 많아졌습니다. 정갈하고 탄탄한 필력을 보이기엔 아직도 요원하다는 생각이 듭니다. 그러나 안산의 지역신문과 일간지를 빌려 필자의 생각을 피력해 볼 수 있는 기회를 주셔서 감사할 따름입니다.

그러면서 지역사회에 조금이라도 보탬이 될 수 있다는 위안을 할 수 있어 다행이다 싶습니다. 다시한번 졸필을 기고해 주신 안산신문, 안산타임즈, 안산정론과 인천일보, 내일신문에 감사의 인사를 올립니다.

2023. 9

기본사회를 추구하는 상상호학당 학장 서 한 석

기본사회의 인문학적 향기

강남훈 (사단법인 기본사회 이사장)

기본사회를 만들기 위해 함께 노력하고 계신 서한석 교수의 칼럼집이 만들어져서 매우 기쁩니다.

기본사회는 최소한의 삶이 아니라 기본적인 삶이, 모두에게 보편적으로, 낙인 효과 없이 존엄하게, 공정하고 지체되지 않게, 노동유인 감소 없이 효율적으로, 종착점이 아니라 출발점에서, 시혜가 아니라 권리로서, 지역간 차별없이 균형 있게, 세대간 차별없이 지속가능하게 보장되는 사회입니다.

기본사회는 공유부의 공동소유자들에게 보편적, 무조건적, 개별적으로 기본소득이 지급되고, 필요한 모든 사람에게 기본서비스(금융, 주거, 의료, 교육, 교통, 통신 등)가 제공되고, 모든 사회적 약자들에게 협상권(을 기본권)이 보장되는 공정한 경제와 탄소중립을 달성해서 후속 세대와 다른 생명들에게도 삶의 기회가 보장되는 지속가능한 경제를 추구합니다.

서한석 교수는 인문, 고전을 교육하는 학당을 운영하고 있습니다. 이 책에는 기본사회의 의미를 동양적 고전의 향기 속에서 음미할 수 있는 수필들이 실려있습니다. 이재명 더불어 민주당 대표도 기본사회를 동양고전을 인용해서 각자도생의 사회를 억강부약의 대동세상으로 바꾸는 것이라고 말하고 있습니다. 이 책에서 기본사회는 본립이

도생생(本立而道生)입니다. 기본을 세우면 정치, 경제, 교육 등 모든 곳에 생명이 있다는 뜻입니다.

서한석 교수는 경영학자입니다. 경기지역 중소기업의 제조혁신을 위해서 노력했습니다. 이 책에는 특히 안산시 지방자치 발전에 대한 그의 희망이 담겨져 있습니다. 안산시는 산업단지, 해양 인프라, 계획도시와 다양한 이주문화라는 특징을 최고의 가치로 전환시켜야 합니다.

저자의 희망이 현실이 되어, 안산시 지방자치가 모범적으로 발전하고, 우리나라가 산업화 30년, 민주화 30년을 넘어서, 기본사회 30년을 만들어 낼 것을 간절하게 바랍니다.

정치는 권력을 내려놓고 섬김(=서비스)에서 시작돼야

박진범 (내일신문 이사)

저자 서한석 군과 나는 1977년 3월~1980년 2월까지 서울 마포구 신수동 소재 광성고등학교에서 동문수학(同門修學)했다. 졸업 후 한석 군은 성균관대학교 철학과, 나는 경제학과를 각각 다녔다.

한석 군은 1980년대 중반부터 1990년대 중반까지 안양과 안산에서 노동운동을 했고 이후 안산에서 터를 잡고 지역사회운동을 해왔다. 고교 동기들이 480여명 되지만 학생운동을 거쳐 노동운동을 했던 사람은 우리 두 명이다.

한석 군이 처음 국회의원에 도전한다고 했을 때 극구 말렸다. 우선 환갑이 넘어 나이가 많다. 둘째 여야를 막론하고 수많은 86 학생운동권 출신 정치인들이 국민들을 극도로 실망시키고 있기 때문이다. 셋째 수차례 선거에서 낙선하면서 생활이 망가진 인사들이 너무 많다. 같은 시대를 살아가는 친구입장에서 애석하기 그지없다.

길이 없는 것만은 아닐 것이다. 국민들은 피폐한 정치권에 신선한 빗줄기를 갈망하고 있다. '기득권의 권력'과 '민중의 권력'은 '권력'이라는 의미에서 같다. 정치는 권력을 내려놓고 섬김(=서비스)에서 시작돼야 한다. 자세를 낮추고 유권자들의 목소리에 귀를 기울일 수 있어야 한다. 한석 군은 바르고 불의와 타협하지 않았던 성품의 소유자다. 한석 군이 대한민국 정치를 진일보시키길 소망한다.

한국의 미래, 대동세상을 꿈꾸다

신주백 (전 독립기념관 한국독립운동사연구소장)

사람이 아무리 작은 일도 무엇인가를 꾸준히 반복적으로 하려면 그만한 준비와 의지 그리고 방향성을 갖추어야 한다. 서한석 교수가 4년여 동안 100여 편의 칼럼을 신문에 꾸준히 써왔던 노력도 마찬가지다. 상상이 간다. 칼럼을 쓸 때마다 최소 하루 이상을 몰두했을 것을.

더구나 이정도의 기간 동안 이렇게 다양한 주제의 칼럼은 쓰겠다고 해서 쓸 수 있는 작업량이 아니다. 오랜 기간 지적(知的)인 준비를 하지 않고는 불가능하다. 그가 직장에 다니고 사회활동하면서도 10여 년 동안 새로운 분야를 배우는데 게을리 하지 않았기에 가능했을 것이다. 그래서 드라마틱한 인생을 동행하고 있는 친우로서 학습과 연구 그리고 실천적 고민과 행동을 병행해 온 서한석 교수의 성실함과 의지에 존경의 마음을 표한다.

서한석 교수는 또 자신이 꿈꾸는 세상을 일관되게 묘사해 왔다. 그 방향성은 책 제목처럼 '대동세상'을 향한 꿈이었다. 이는 자칫 산만해질 수 있는 칼럼 쓰기를 일관성 있게 한 방향으로 모을 수 있을 만큼 집중력 있는 지적 내공을 갖추었기에 가능한 결과다. 그는 휴머니즘, 자유, 민주주의 그리고 상식 통하는 기본에 충실한 사회를 꿈꾸었다. 이를 설명하고자 자신의 역사인식과 사회철학 그리고 정치적 식견까지를 두루두루 드러냈으며, 자신이 거주하는 안산시의 구체적인 현안

까지 파고들었다. 그래서 허투루 흘리며 대충 읽을 수 없는 내용들이 많다. 그러면서 쉽게 읽힌다. 한마디로 부담 없이 읽을 수 있다. 이 책은 또 다른 장점이 아닐까 한다.

이 모든 장점보다 더 빛나는 책의 특징이 있다. 일관되면서도 뚜렷한 대안 제시가 바로 그것이다. 서한석 교수는 우리 실존에 맞는 문화가 녹아 있는 동양 전통문화사상으로서 대동사상을 주목해 왔다. 서구의 이론에 더 집착하는 사람들이 많은 한국사회에서 그의 시선은 매우 특별하다. 그는 처음부터 정신적으로 대외의존하지 않고 내가 나의 주인 되기 위해 자존하고자 새벽에 일어나 불교서적과 동양고전을 꾸준히 탐독하고 대학과 대학원까지 다녔다. 이때 그가 주목한 핵심 사상이 대동사상이다.

전통시대의 대동사상에서 말하는 이상 사회란 <<예기(禮記)>>의 '예운편(禮運篇)'에 다음과 같이 잘 묘사되어 있다.

대도(大道)가 행해져 천하가 공(公)하게 되면 [사람들은] 어진 사람과 능력 있는 사람을 등용하고, [또 서로] 신의를 강조하고 화목을 도모하게 될 것이다. 그러므로 사람들은 자기 부모만 부모로 여기지 않고 자기 시작만 자식으로 여기지 않으니, 노인은 편안한 여생을 보내고 젊은이는 [사회에] 이바지할 수 있으며, 어린이는 훌륭하게 자랄 수 있고, 홀아비 광부 고아 그리고 의지할 데 없거나 병든 사람들도 모두 부양을 받게 된다. 남자에게는 직분이 있고 여자에게는 귀속(歸屬)이 있다. 재물이 쓸모없이 땅에 버려지는 것을 싫어하지만 그것을 개인이 사사로이 가지려고도 하지 않는다. 공(公)에 진력(盡力)하지 않는 것을 싫어하지만, 그 힘을 자신만을 위해 쓰려하지도 않는다. 그러므로 나쁜 꾀는 생길 수 없으니 도적이나 난적(亂賊)도 생겨나는 일이 없으니 [집집마다] 대문을 닫을 필요가 없게 된다. 이것을 대동(大同)이라 부른다.

    서한석 교수가 그리는 대상세상은 공공성이 살아 작동하고 개개인 서로 신뢰하며 배려하는 사회인 것이다. 그는 전통문화시대의 이상을 한국사회에 적용하여 편견이 없고 바른 상식이 유통되는 한국사회의 민주주의 발전과 사회적 양극화의 해소를 상상하였다. 이리되면 1876년 개항 이후 한국사회가 차용해 왔던 좌우이념, 수구냉전, 각종의 편향된 차별의식과 특권 관념이 자리를 잡지 못하게 되는 대동사회에 이른다고 보았다.

    서한석 교수가 한국 사회의 미래 비전으로 제시한 不取富貴 功取天下가 진정으로 不取富貴 爲平天下한 대동사회야 말로 역사의 대전환이 이루진 사회, 사회 개조의 완성태를 보여준 세상이다. 이를 향해 한발작씩 나아가고자 현실정치 뛰어든 서한석 교수에게서 건강과 함께 또 한계단의 비약을 기대해 본다.

• Contents

Ⅲ 사회, 역사, 경제, 환경의 대전환

IV 안산시 관련하여

I

기본기 다지기

새해 동해의 떠오르는 태양

2023년 계묘년(癸卯年) 새해가 밝았다. '계'은 흑이므로 '검은 토끼의 해'이다. 토끼의 속성은 만물의 성장과 번창을 상징한다고 볼 수 있다. 민속학자들의 해석에 의하면 무병장수와 장생불사를 뜻하기도 한다. 그러므로 새해는 모든 분들의 가정과 사업과 하시는 일이 더욱 번창하고 만사형통하시길 기원드린다.

올해도 역시 정동진으로 대표되는 해맞이 인파는 새해 첫날 수십만 인파로 북적인다. 강릉 경포대 15만, 정동진역 인근에 5만여명이 운집했단다. 각자가 살고 있는 인근 지역의 산과 바다에서도 삼삼오오 모여 떠오르는 태양을 향해 소원을 빈다.

안산에도 수암봉, 노적봉, 광덕산에서 새해 첫 일출을 보고 소원을 빌고, 기운을 받기 위해 많은 시민이 다녀가셨다.

우리 대한민국 국민은 세계의 어떤 민족보다 태양맞이에 열성적이다. 해맞이 열풍은 드라마(모래시계, 겨울연가)의 영향과 문화 마케팅으로 훨씬 왕성해졌다. 우리 대한민국 1월 1일의 일출은 그 어떤 나라보다 특별한 세시풍속으로 트렌드가 되었다.

세계의 새해맞이 풍습도 다양하다. 미국 뉴욕은 타임스퀘어 광장에 대형 공을 매달아 내리며 하늘에 꽃가루와 폭죽과 함께 Happy New Year!라는 인사말로 새해를 포옹과 축복으로 맞이한다. 일본은 토시코시소바라는 국수를 질병과 불운을 끊고 장수를 빈다는 의미로 인절미 떡국과 함께 먹는다고 한다.

중국은 양력 1월 1일보다는 춘절이라 불리는 음력설을 성대하게 보내지만, 새해 첫날 들어온 복이 나가지 않도록 福자를 거꾸로 걸어 놓기도 하고 복(福), 길(吉), 재(財) 등의 글자가 적힌 붉은색 봉투로 세뱃돈을 넣어 준다고 한다. 그리고 떡과 만두를 먹으며 新年好(신 니엔 하오)라는 덕담을 나눈다.

프랑스는 독성과 나쁜 마법으로 사람을 보호해 주는 겨우살이나무 아래서 입맞춤을 하며 '본 아네'라는 인사말을 하고 복과 행운을 기원한다고 한다.

이탈리아 베네치아는 행운의 상징인 빨간색 의상을 입고 새해를 맞는데, 특히 빨간색 속옷이 더 효과가 있어 즐겨 착용하고 마르코 광장에서 축제를 벌이며 새해를 맞는다. 스페인 마드리드 사람들은 새해를 맞이하면서 포도 열두 알을 먹는다. 새해 0시에 울리는 12번의 종소리에 맞추어 포도알을 한 개씩 먹으면 열두 달 동안 행운이 있다는 믿음이 있기 때문이다. 멕시코도 스페인과 같이 새해 첫날 포도 12알을 먹는다.

스페인 식민지문화가 남았기 때문일 것이다. 브라질은 코파카바나 해변의 불꽃놀이가 유명하고, 0시에 파도를 7번 뛰어넘으며 바다의 여신에게 7가지 소원을 빈다고 한다.

한편, 양력 1월 1일이 새해 첫날이 아닌 나라도 있다. 이란은 양력 3월 21일 봄이 시작되는 '노루즈(Nouruz)'날에 축제로 새해 첫날을 시작한다. 이스라엘도 유대 달력에 따라 양력 9월에 '로쉬 하사나'로 불리는 새해맞이 축제를 한다. 에티오피아는 성탄절을 새해 첫날로 간주하여 새해맞이 퍼레이드를 한다고 하며, 그리스는 부활절 즈음에 새해맞이 행사를 벌인다고 한다.

이렇듯 전 세계의 다양한 세시 풍속을 보면 대체로 대한민국 제야의 종 행사와 같은 축제와 달집태우기와 같은 불꽃놀이 형태를 취하고 있다. 이에 더하여 유독 대한민국의 해맞이 풍습은 어제의 태양과 다른 의미로 새해 첫날의 해를 향해 기원하는 특이성이 존재한다.

우리는 무엇 때문에 겨울 새벽의 추위를 무릅쓰고 해맞이를 하는 가? 필자가 보기에 그것은 태양의 보편성과 지속적 항구성 때문이다. 태양은 어느 곳이나 누구에게나 차별 없이 따스한 빛을 보낸다. 잘났 든 못났든, 이쁘든 밉든 구별이 없다.

우리 모두가 잘 아는 이러한 태양의 가치는 변함이 없다. 그래서 불 평등과 고난이 존재하는 인간 사회가 평안해지면 좋겠다는 의사 표시 를 의식적으로 또는 무의식적으로 하고 있는 것이다. 그것이 개인의 행복에 머문 기원이든 공동체와 지역사회, 대한민국과 지구촌이란 큰 범위로 확장된 기원이든 모두가 태양의 무차별성을 염원하고 있다. 그런 기원은 아집과 편견을 불식하고 대립과 갈등을 완화하는데 기여 하게 되어 있다. 태양의 무차별과 평등함은 우리가 바라는 최상의 가 치를 대변하며 희망의 상징이기 때문이다.

동양의 철학고전 중용(中庸)에서 말하는 지성무식(至誠無息), 천지 화육(天地和育)은 태양에게도 딱 들어맞는 말이다. 지극한 정성으로 천지만물을 길러내는 속성은 차별 없는 평등함에 있다. 이런 가치를 수용하는 행동이 해맞이이며 실현되길 바라는 것이 소원빌기이다. 그 런 의미에서 우리 대한민국 국민들의 행동은 시대를 앞서가며 문화트 렌드를 선도하는 평화주의적인 행동이다.

정치가 수준 이하이고 사회가 이편저편 갈라져 있는 것처럼 보이지 만 대한민국의 저력은 태양과 같은 품성을 내포하고 있기 때문에 유 지된다고 생각한다.

새해 예측되는 심한 경제적 어려움과 사회적 약자의 문제를 극복해 야 할 과제가 산적해 있지만, 대한민국은 세계에서 가장 빠른 민주국 가이자 우수한 선진국가로 발돋움하였다. 자살 1위 국가 등 부끄러운

부분도 있지만 자랑할 것이 너무 많은 나라인 것이다. 신년 해맞이 문화가 그냥 생긴 것이 아니라 우리 역사 속에 면면히 흐르는 전통과도 맥락이 닿아있다. 태양의 성품과 가치는 우리 민족 안에 녹여져 있다.

계묘년 새해의 복은 이미 우리의 기질 안에 담겨 있다. 떠오른 태양이 곧 우리다.

(안산신문 2023. 1. 4)

고비원주(高飛遠走)

 높이 날고 멀리 뛰자. 대한민국인은 고구려의 기질이 있다.

 고구려인은 만주를 치달렸었다. 호랑이를 잡았고 걸음마를 배우기도 전에 말 등위에 올라 놀았다. 말을 몰면서도 활쏘기를 하면 백발백중 명중되었다. 손재주가 엄청나서 금가공과 도자기를 빚으면 명품을 만들어 내었다. 그 기상은 하늘을 찌르고 땅을 뒤덮었었다.

 우리 선조들이 간직한 드높은 민족성은 유구하게 흘러흘러 오늘에 이르게 되었다. 아직도 면면히 우리의 생활방식에 녹아있고 피속에 흐르고 있다. 그런 장점들은 대한민국을 세계 경제대국 10위권을 만들었다. 그리고 K-문화를 중심으로 한류를 세계 만방에 자랑하게 되었다. 풍류를 즐기고 흥겨운 민족성에 인간미가 넘치는 인류애를 가지고 있다.

 이처럼 우리들을 관통하는 역사성은 현재의 우리를 만들고 지탱해주는 에너지로 여전히 작동하고 있다. 그런데 이러한 기운을 저해하고 쇠락시키는 문제점이 현저히 드러나는 때가 가끔 찾아오기도 한다. 요즘도 그런 시기인 것 같아서 안타까운 생각이 든다.

 우리 사회는 내부의 경쟁과 대립이 도를 넘은 것 같다. 양편으로 갈라져 서로를 반목하기만 한다. 입장과 위치에 따라 다름이 있고 그 차이를 인정해야 하지만 부정적 칼날을 들이미는 형국이다. 우리 사회가 가지고 있는 에너지를 서로 나누기 보다는 편취하거나 독점하려고만 한다. 그것은 공부하는 학창시절부터 성공을 위한 경쟁과 학력, 입시대박에 진력하는교육환경에서 비롯되기도 한다.

 며칠전에 대입 수능이 있었다. 수험생들은 그동안 닦은 실력을 유감없이 발휘해야 하는 순간이기도 하다. 모두 원하는 만큼 결과가 나오길 응원하게 된다. 그러나 한편으로는 씁쓸한 심정이 들기도 한다. 우리의 푸릇한 청춘들이 이 사회속에서 성공을 위해 실력을 쌓는 과정으로만 볼 수 없기 때문이다.

성공이 보장되는 좋은 대학에 들어가는 코스로 만들어진 과정에 젊은이들이 매몰되기 때문이다. 이런 제도는 일종의 굴레이면서 억압기제이기도 하다. 경쟁사회의 살아남기 전략인 동시에 기득권 확보를 위한 몸부림인 상황이다. 젊은 층에게 스트레스를 누적시키며 심리적 탈출구를 찾게 만든다. 그런 현상이 외래문화든 놀이문화에 있어 일탈과 과잉현상을 낳기도 한다.

우리 사회의 삶을 지탱하는 요소들이 협력과 상생보다는 대립과 반목이 우선되는 현상이기도 하다. 이대로라면 국운이 쇠락하고 기상이 꺾이는 문제가 드러날 수도 있다. 현재의 우리를 제약하고 움추러들게 만드는 대립과 갈등을 해소하는 노력이 필요하다.

무엇보다 교육같은 근본적 처방이 필요하겠지만 생각의 전환을 통해 차근차근 문제를 해결해야 한다. 크게 생각하고 멀리 보는 안목을 갖자. 나보다 우리를 앞세우고 입장을 바꿔서 생각해 보자.

만주벌판을 호령하던 크고 높은 기상을 발휘하여 큰가슴 큰 마음으로 편견없이 살아가야 한다. 모두를 보듬고 모든 것을 인정하면 좋겠다. 더 나아가 미운 것 까지 사랑할 수 있다면 그보다 더 좋을 수는 없겠다.

(안산신문 2022. 11. 23)

민주주의는 사람존중 세상을 만들었는가?

"대한민국은 민주 공화국이다. 대한민국의 주권은 국민에게 있고, 모든 권력은 국민으로부터 나온다"는 헌법 1조 1항과 2항이 위기에 처한 것 같습니다.

민주주의는 그 발달사를 보면 자유권 , 참정권, 평등권 등 세상을 좋게 만든 제도입니다. 중세봉건과 왕정 또는 폭압적 독재의 폐해에 맞서 싸워 이겨 성취한 제도이기 때문입니다. 인간의 기본권을 신장시켰습니다. 그래서 자유와 평등이란 정신과 박애라는 인류의 보편적인 가치가 폭넓게 퍼졌습니다.

대한민국은 그 혜택을 아주 빠르게 적용한 나라입니다. 그리고 민주주의의 장점을 압축적으로 실현하여 모범적인 나라로 성장했습니다. 4.3과 여순투쟁, 4.19, 부마항쟁, 광주항쟁, 호헌철폐 독재타도 87민주화 운동, 97민주 노동운동, 박근혜 탄핵 등등 국민의 주권 사수는 위대한 여정이었습니다.

이런 과정은 국민들중에 대다수 서민들의 역할이 큰 비중을 차지합니다. 그래서 서민 또는 민중이 역사를 만드는 주체라고 정의됩니다. 이렇게 우여곡절 끝에 달성한 민주주의가 다시 시험대에 올랐습니다. 대다수 서민을 상대로 특권층이 반격하기 시작한 겁니다. 그동안 이룩한 자유와 민주주의를 다른 관점으로 해석하려고 합니다. 특권층은 법치를 강조합니다. 그리고 언론과 언로를 장악하고 있습니다. 그들의 법치는 과거 선진국에서 도입한 규율입니다. 200년된 미국식 민주주의와 100년된 일본 메이지 유신이 그 바탕을 이루고 있습니다. 그리고 보편적 민주주의를 따르는 언론이 아니라 광고 많이 주는 특권층과 권력과 유착된 언론의 도움을 받고 있습니다. 이런 양상은 민주주의라는 제도의 허점과 한계를 드러내게 됩니다.

대다수 서민과 민중이 달성한 자유 평등사상을 왜곡하는 수단으로 민주주의를 악용할 수 있기 때문입니다. 법치주의라는 이름으로 기소권을 가진 검찰의 권한을 마음대로 남용합니다. 압수수색을 비오는 날 먼지털듯이 마구잡이로 합니다. 그 비용은 국민 세금입니다. 공중파언론, 종편, 신문에서 특권층은 그들의 이데올로기를 마구 설파합니다. 진보와 보수 편가르기를 자유롭게 구사합니다. 진보진영도 이에 질세라 대립합니다. 그러나 언론 환경은 광고라는 특성때문에 이미 기울어진 운동장입니다. 특권층에 유리한 환경에서 언론의 자유라는 민주주의가 역할을 합니다. 이런 양상이 민주주의의 허점이자 한계입니다.

즉, 민주주의는 자유와 평등을 추구하지만 힘과 권력에 좌지우지되는 속성을 가지고 있습니다. 그리고 민주주의를 잘 이용하면 보편석인 평등을 특정세력의 기득권의 소유물로 몰아 갈 수 있습니다. 보편 민주주의 추구 세력에게 굴레를 씌우며 거짓과 가짜를 유포하여 증오와 혐오하게 합니다. 이 모두가 민주주의가 허용하는 범위에서 진행됩니다. 결국은 민주주의가 추구한 보편적 인간애라는 정신은 소수 특권층의 이해득실의 수단으로 전락하게 됩니다. 소수 특권층은 자신들의 힘과 권한을 가지고 민주주의를 지켰다고 주장합니다. 민주주의가 지닌 규율을 어기진 않았다고 합니다. 그러나 현재의 대한민국은 대다수 민중의 바램과는 반대로 움직이고 있습니다.

권력과 수단을 가지고 언론을 움직이는 특권층이 바라는 대로 가고 있습니다. 민주주의를 빙자해도 민주주의처럼 보입니다. 민주주의를 속여도 민주주의처럼 그럴싸해 보입니다. 민주주의를 속으로 골병들게 해도 겉으론 멀쩡해 보입니다.

야금야금 민주주의가 무너져 가는데도 감지하기가 어렵습니다. 특권층이 만들고 있는 그들만의 편중된 민주주의가 겉모양은 민주주의이기 때문입니다.

그러나 이대로 가다가는 민주공화국이며 국민이 주권자인 명실상부한 대한민국의 민주주의가 허물어질 수도 있습니다. 대다수 민중의 희생을 통해 확립한 보편적 민주주의를 훼손하는 소수 특권층의 병든 민주주의가 더 이상 자리잡지 않도록 조치해야 합니다. 그래서 후쿠시마 원전 오염수 방류반대와

경제를 질식시키는 일방 외교와 사대주의를 불식해야 합니다. 진정으로 다수 국민을 존중하는 민주주의를 회복시키고 모두가 잘사는 대한민국으로 나아가야 합니다. 보편적 민주주의가 아니라 특권층의 구미에 맞게 민주주의를 편형, 왜곡하려는 시도들을 정직한 민주화로 막아야 합니다.

이것이 사람이 사람답게 존중받는 사회를 만드는 진짜 민주주의라고 생각됩니다.

(안산신문 2023.6. 21)

모든 것은 기본에서 나온다.

사회가 혼란스럽다. 경제가 어렵다. 서민의 삶은 나락이거나 곤두박질이다. 특권을 가진 기득권은 요지부동이다. 삶과 부의 수준과 틈이 더욱 벌어지고 있다. 소위 양극화의 심화다. 혐오와 갈등을 부채질 할수록 공동체의 가치는 쇄락하고 개인들은 파편화 되어간다. 어느 한 쪽만의 잘못과 비행때문이 아니다. 서로 상관하는 상대적 작용의 결과물이다. 밀치면 밀어내고 당기면 반발하는 대립의 일상화가 진행되고 있다.

그러므로 불안하고 팍팍하여 정서의 사막화와 생활의 근심이 떠나질 않는다. 어떻게 사회의 행복과 삶의 질에 윤기를 돌게 할 것인가? 먼저 사회가 평안하려면 균형을 유지해야 한다.

지구가 태양 궤도를 돌듯이 구심력과 원심력의 절충이 이루어져야 한다. 당기는 힘과 튕겨나가려는 힘의 균형을 이루는 지점이 있다. 이를 이루는 원리를 입체적으로 해석한다면 자연의 원리, 섭리라고도 한다. 동양정신으로 보면 중도 또는 도법자연등으로 표현한다. 이는 상대성을 인정해야 가능하다. 상대성을 부정하면 균형은 깨지고 분열을 일으켜 파탄나게 된다. 간단하게 보면 내가 살기 위해선 너를 살려야 한다는 이치이다.

균형은 상호 인정이 전제이며 기본이다. 상생이란 가치도 이와 다를 것이 없다. 다투기만 하고 부정하기만 하면 내가 살 것 같지만 시간이 갈수록 자생력이 고갈된다.

육지고 바다고 숲이고 생물이든 무생물이든 홀로 존재하는 것은 없다. 모두가 상호작용의 결과물들이며 자연적 이치이기도 하다. 시공간을 벗어난 형이상학적 그 어떤 무엇도 있을 수 없다.

이 상호작용속에 무생물과 미물부터 하늘님까지 속해 있게 된다. 논어 학이편에 군자는 기본에 힘쓰니 기본을 지키면 도가 행해진다(君子務本 本立而道生)는 말이 있다. 여기서 말하는 기본이 무엇일까? 기본중에 기본은 자연의 본 모습이자 이치이다. 그러한 자연의 운행 원리는 상호작용의 연속적 현상에 예외없이 내재하고 있다.

노자 도덕경 25장에 이런 말이 있다. 사람은 땅을 본받는다.(人法地) 땅은 하늘을 본받는다.(地法天) 하늘은 도를 본받는다.(天法道) 도는 스스로 그러함을 본받을 뿐이다.(道法自然)

우리는 역사라는 시간과 여기 지구라는 공간을 벗어나 살 수는 없다. 만약 그럴 수 있다고 생각한다면 그건 허망한 일이다. 사람과 도법 자연의 관계를 벗어날 수가 없는 것이다. 그렇다면 우리의 생명과 존재이유는 상호성과 상생이란 이치가 관통하게 된다. 이런 이치가 부동의 기본이며 생명의 시발점이며 알파요 오메가이다.

그런데 작금의 현실은 이와 동떨어져 가고 있다. 이상한 방향으로 흐르고 어긋나고 있다. 어우러져 살라는 자연의 가르침에서 배운 학습이 잊혀져가고 있다. 기본을 무시하게 되고 인간의 오만이 점점 더 수승하는 시대에 살고 있다.

과학의 발달과 지식의 축적을 통해 사람이 최고라고 생각하는 경향에 물들어 있다. 그 연장선에서 사람이 단독으로 존재하는 듯이 개인은 자기 위주로 활동하고 있다. 그러나 간단하게 말해도 꿀벌이 사라지면 인류는 얼마 못간다. 그러기에 기본에 충실하지 못하면 서로 싸우다 지치고 종말을 앞당길 수 있다.

계속되는 정치든 학계든 다투는 모습속에서 희망이 생기지 않는 근본적 이유가 여기있다. 오로지 일본처럼 야욕을 가진 상대방은 격퇴

해야 겠지만 같은 피를 나눈 혈육과 동포끼리 그럴 필요는 없다. 감성과 이성에 공통하는 기본은 상호 경쟁하되 상생의 원리에 주의를 기울여 실천함이다.

모든 것은 기본에서 시작한다는 손흥민선수의 아버지 손웅정씨의 책 제목에서도 강조되는 개념이다. 상호성을 인정하고 상생을 도모하지 않는 기본파괴 행위들은 서둘러 종식되어야 한다. 생명을 파괴하기 때문이다.

(2023. 5. 17)

휴머니즘

휴머니즘을 말하는 사람은 좋아 보인다. 온화하고 지적이기 때문이다. 사람을 섬기며 존중하는 겸손함이 휴머니즘이란 말 속에 녹아 있음이다. 특히 휴머니스트라고 하면 낭만적이라고 생각된다. 사람한테 좋은 향기가 난다는 느낌을 받는다. 그냥 좋은 사람일 거란 확증을 하게 된다.

이러한 휴머니즘에 대해 동.서양은 같을까? 다를까? 양자의 차이는 없을까? 어떤 문제점은 없을까라는 질문을 던져 본다. 휴머니즘은 중세의 신중심적 세계관에서 인간 중심적 세계관으로 옮겨오는 생각이다. 인간 중심적 사고의 휴머니즘은 당연히 근세의 인권과 민주 발전을 위해 권장될 사회사상이기도 하다.

데카르트의 '나는 생각한다 고로 존재한다'는 그럴듯하게 인간의 자유의지를 제창하며 시발한 휴머니즘이기에 멋있게 들린다. 신에게 예속되어 있던 인간의 독립선언이기 때문이다. 반면 화이트헤드는 '철학은 모든 추상의 비판이다'라는 그럴듯한 말을 했다. 그래서 데카르트와 화이트헤드는 정면으로 충돌한다. 왜냐하면 데카르트는 인간 중심을 선언했으나 여전히 자유의지는 신이 부여한 거라는 틀을 벗어나지 못했기 때문이다.

반면에 화이트헤드는 현실의 시공간을 벗어난 형이상학적 추론은 현실과 분리된 것이어서 무의미하다는 비판을 한 것이다. 신이란 현실밖에 있는 외물로서 추상으로 부터 생긴 관념이며 이를 비판하는 것이 철학이 할 일이라는 뜻이다.

반면에 동양의 휴머니즘은 애초부터 신과 인간을 별개로 분리하여 서로 독립된 존재로 나누지 않는다. 신과 인간을 하나로 융합한다. 그 융합 방식은 인간속에서 신을 구성하고 발견하며 생성시키고 해체한다. 인간속에서 신의 모든 속성이 보존되고 잠재하고 있다고 본다.

인내천과 천지인이란 사상과 정신으로 우주 질서와 하나로 통합한다. 도성과 불성을 가지고 있으므로 신과 함께 동등하게 어울릴 수 있다고 선언하고 있다. 그러므로 진정한 휴머니즘은 동양 정신에 구현되어 있다.

반대로 서구의 휴머니즘은 진정한 인문 전통이 아니다. 단지 신중심적 세계관을 벗어나려는 배타적 휴머니즘일 뿐이다. 인간속에 신이 있다는 동양의 사고와 논리를 서구는 이해할 수 없는 것이다. 그러니 속죄와 반성을 자신 스스로 하지 않고 삶과 별개인 공허한 신으로부터 받고자 매달리는 비 주체적 인간군을 만들게 된다.

이것이 르네상스를 이룬 서구 휴머니즘의 실체이다. 한마디로 인간 해방을 추구했으나 본질적으로 변한게 없는 셈이다. 그러므로 서구의 휴머니즘은 서구 사상이 의례히 그렇듯이 이분법으로 구분하고 서로를 배타하는 한계를 벗어날 수가 없다. 근본적으로 신과 인간이 하나로 융합될 수 있다는 완전히 자유로운 인간 휴머니즘을 꿈꿀 수 없게 된다.

반면에 동양의 휴머니즘은 인간속에 신을 융합하므로서 진정한 포괄적 휴머니즘을 가진다고 보아야 한다. 이런 논리를 뒷받침하는 내용은 동양철학 전반에 걸쳐 도처에 깔려 있다. 그중 핵심적인 논리를 든다면 중용이며 중도(中道)요 중화(中和)라는 말이다.

인간은 세상이치를 온전하게 구유하고 있지만 인욕의 존재라는 불완전성을 中과 和를 통해 극복하려는 생각이다. 그래서 인간의 인식작용속에는 만물의 본체를 다 담아서 확립한 동양 정신이야말로 진정한 휴머니즘을 실현하는 방도라는 생각에 이르게 된다. 생명이라는 고귀한 가치는 진화론이든 창조론이든 훼손되지 않는다. 과학으로서의 진화론과 우주 생성의 창조적 이법은 서로 전혀 다른 관점이지만 생명의 현주소의 의미를 감퇴시킬 수 없다.

 동양 사상은 현존하는 생명에 관심을 두고 있기 때문에 시공간을 벗어난 불가지적인 알 수 없는 연역적인 기원은 그저 무의미할 뿐이다. 살아 숨쉬는 생명만으로도 현재 속에서 무엇과도 바꿀 수 없는 상태인 극치로 조화롭게 구성되어 있기 때문이다. 그런 의미에서 동양의 휴머니즘은 일체의 편견없이 온전하게 생명체의 진실을 구현하고 있는 통찰이라고 할 수 있겠다.

(안산신문 2022. 5. 25)

소인과 군자

소인은 학식과 학력이 부족한 사람들을 지칭하는 말이 아니다. 소인은 가난한 서민들이 아니다. 소인은 사회적 약자를 말하는게 아니다. 소인은 학식과 지식이 많치만 쓸모없는 사람들을 말함이다. 소인은 온갖 것을 자꾸만 가지고 채울려고 하는 사람들이다. 반면 군자는 학식이 있던 없던간에 쓸모있는 사람이다.

군자는 지위고하를 막론하고 성실하고 존엄한 사람이다. 대다수의 순박한 서민은 군자가 될 가능성이 충분하다. 아니 소박하고 질박한 서민들이 군자라고 볼 수 있다. 그래서 대학을 안나와도 지식이 적어도 본받고 싶은 인격체이다. 자연의 순리를 따르고 공경하는 사람이다.

땅과 씨름하는 농부의 경건한 모습에서 발견되는 품격이다. 시골 촌로의 깊은 주름과 거친 손과 순박한 웃음에서 발견되는 우아함이다. 욕심을 버리고 하늘이 주는만큼 감사할 줄 아는 겸허함이 있다. 그만큼 물처럼 바람처럼 낮은 곳에 임하며 버릴 줄 아는 사람들이다. 신의가 있고 마음씀이 넓고 크다. 한 사회의 미래는 이런 사람들이 많아야 밝을 것이다.

그러나 지금은 소인배들이 점증한 시대가 된것 같아 안타깝다. 소인은 갖가지 물욕에 물들어 비루하게 된 인간이다. 또 헛된 말로 사람들을 꼬드겨 혹세무민을 서슴치 않는 자들이다. 내면으로는 불량한 생각을 품고 있으면서 겉으로는 본색을 드러내지 않고 꾸며댄다.

이러한 짓거리들은 은밀하게 진행되기 때문에 분간하기 어렵다. 그야말로 하늘을 속이는 자 들이다. 현재 지식층에 이런 자들이 많다. 공부 좀 했다고 가방끈이 길다고 유세를 떠는 자들이다.

또한 작금의 언론환경이 이와 유사하다. 작위적인 기사와 편향적인 논조가 대세를 점하고 있다. 과잉충성과 사실을 알 수없는 조작이 횡행하는 언론 환경이다. 그런 작전이 먹혀 권세를 누릴려고 획책하는 부류들을 소인배라 지칭하기도 하고 기득권 카르텔이라고 명명하기도 한다. 사람들이 살아가는 동안에 잘못을 저지르고 허물이 없을 수는 없다.

그러나 소인은 그런 잘못을 잘못된 것인지도 모르고 고치려고 하지 않는다. 오히려 속이고 기망하는 목표를 달성하고 완성하는데 열중한다. 그래서 권력에 과잉충성하고 용비어천가를 부른다. 그리고 성과물을 나누기를 기대한다. 이러한 개탄스런 일들이 과거로부터 있어왔고 현재도 진행중이다. 우리 삶의 핵심은 천지대자연의 성실함과 그 성실함에 대해 공경하는 마음의 자세를 지니는 경외심에 있다. 그런 마음은 누구나 가질 수 있다. 그래서 누구나 군자가 될 수 있다. 사회의 귀천, 빈부, 고저의 구분이 작용할 수없는 아름다운 경지이다. 작위적이고 편향적인 소인들이 줄어들고 성실하고 정직한 서민형 군자들이 많아지는 사회가 되기를 꿈꾸고 싶다.

(안산신문 2022. 4. 13)

자유에 대해서

현재 대한민국의 영업사원을 자처하는 윤석렬 대통령은 마이크를 잡을 때마다 자유라는 말을 수십차례 거론합니다. 그 자유라는 단어를 사용하는 생각이 무엇인지 궁금합니다.

자유는 누구나 좋아하는 말입니다. 그래서 세상에서 인정받고 지배하는 이데올로기로서 자유라는 말보다 좋은 것은 별로 없습니다. 자유自由의 직역은 스스로 말미암는다는 뜻으로 나를 규정하는 모든 것은 나로부터 비롯된다는 의미일 겁니다. 다시 말하면 '나의 주인은 나이기 때문에 어떤 것도 나의 가치를 침해할 수 없다'입니다. 근원적으로 신성한 권리가 나한테 있으므로 무엇도 나를 구속하거나 왜곡할 수 없기에 신성불가침적인 절대성을 개인에게 부여한 겁니다. 그러므로 누구든지 어떤 경우에 있어서도 자유란 기준을 협애하게 해석하거나 특정 생각을 기준으로 자유를 재단하면 그것은 편견이나 잘못된 생각입니다.

서구의 중세 봉건주의가 인간을 억압하고 신의 노예로 굴종시키는 폐해가 극에 달하면서 인간의 기본권을 찾으려는 노력이 자유였습니다. 신학과 철학에서 근대적 사상이 경험주의와 합리론, 프로테스탄트, 계몽주의 등으로 인본주의를 논하게 됩니다. 그 과정은 치열했고 광범했으며 수많은 고통이 따랐습니다. 그래서 편중된 관점과 의도된 생각으로 함부로 말하면 안됩니다.

그러나 윤석렬 대통령이 말하는 자유는 매우 편중된 견해에 기초한 언어도단입니다. 음식도 편식하면 안되듯이 자유란 공통의 가치를 훼손하면 안됩니다. 윤대통령은 후보시절에도 가난한 사람과 배우지 못한 사람들은 자유를 모른다고 말한 적이 있습니다. 취임사부터 4.19 기념사 등에서 자유시장, 자유를 지키는 안보를 내내 강조합니다. 다가올 8.15 광복절 기념사에서도 분명 자유를 언급할 것입니다. 그가 말하는 자유는 특히 자유 민주주의라는 이름으로 강조됩니다. 민주주의라는 의미에는 이미 자유라는 가치가 녹여져 있습니다. 그런데도 굳이 자유라는 덧말을 붙이는 이유가 무엇입니까?

자유경제 시장과 안보의 자유라는 주장에는 기득권의 확장과 대결 논리가 숨어져 있습니다. 사회적 약자에 대한 국가 권력의 의무를 소홀하게 생각하는 결함이 있습니다. 안보에 있어서도 평화를 강조하기 보다는 이념 논리로 자유를 사용하며 대결을 증폭하게 합니다. 이렇듯 자유라는 단어를 숙려하기 보다는 가볍게 이용하고 있습니다. 그러므로 대통령이 생각하는 자유는 위선적이며 폭력적인 거짓 자유라는 걸 알만한 분들은 다 압니다.

더우기 그 가짜 자유의 이면에는 국권, 국격, 국익, 국민을 모두 무시한 살벌한 수구 대립논리가 도사리고 있습니다. 기득권을 확대하고 사회를 지배하려고 이용하는 자유라는 말은 구체적으로 다음과 같습니다.

후쿠시마 원전 오염수 방류를 국민의 뜻과 반대로 허용할 자유, 환경을 해치고 지구를 괴롭힐 자유, 난개발로 자원을 고갈시킬 자유, 미디어 언론을 통해 국민을 속이고 장난할 자유, 공동체 정신과 질서를 퇴보시키는 자유 도덕적 해이를 만연시키는 자유, 독립운동가를 탄압한 친일행각을 친미와 신흥종교로 면죄부 받은 자유, 기득권 카르텔을 강화해서 국민 일반 대중을 장악하는 자유. 그래서 특권과 계층을 나누어 서민의 삶을 속박하고 경제적 부의 양극화를 심화시키는 자유, 대립을 부추기고 전쟁을 불사하는 호전적 이념의 수구냉전 반통일의 자유. 등등 이처럼 모든 거짓되고 부작용을 생산하는 허구적 자유가 사회를 엄습하고 있습니다. 이를 막아내고 저지해야 합니다.

우리의 미래가 여기에 달려 있습니다. 우리의 딸과 아들, 청년세대와 가족을 비롯한 지역사회와 우리 직장과 기업을 위시한 모든 먹고 사는 문제를 원활하게 해결하는 길이 여기 있습니다. 그리고 나 자신의 건강과 사회의 건강과 행복나라에 대한 자부심도 여기에 달려 있습니다.

잘못된 상식과 왜곡된 역사관은 우리 모두를 피폐시키고 병들게 합니다. 병자호란후 경직된 특권층이 명분만 앞세운 북벌론을 내세워 조선후기 사회의 병폐를 만든 사례만 보더라도 거짓은 수많은 부작용을 가져옵니다.

그런 껍데기 자유라는 허무지설 때문에 그동안 얼마나 대립과 갈등이 심화되고 혐오와 불신이 팽배해졌습니까? 이 모두가 잘못된 자유를 진실인양 유포하며 자신들의 권력을 탐획한 특권 카르텔의 독선과 독주가 원인입니다.

검언 유착으로 검찰독재가 탄생하고 민주주의를 망치고 있습니다. 서민 존중을 거부하고 민생을 외면한채 부의 양극화를 조장하고 있습니다. 진짜 국익을 위한 균형 외교를 무시하고 자주성을 상실한 편파 굴욕외교를 자행하고 있습니다. 이른바 국민 모두의 국익을 정면으로 위배하고 있는 것입니다.

모든 문제에는 자유라는 본래의 의미가 아니라 자유를 편의적으로 이용하려는 잘못된 견해가 자리잡고 있습니다. 이런 위태로운 생각은 하루속히 불식되어야 할 것입니다.

(안산신문 2023. 6. 28)

3월 26일

3월 26일은 안중근 의사가 뤼순 감옥에서 순국하신 날입니다. 시신을 찾지도 못한 채 113년이 흘러갔습니다. 어머님이 동생들에게 들려보낸 새하얀 수의를 입으시고 순국하셨습니다.

안중근 의사의 어머님은 조마리아 여사입니다. 중국의 뤼순감옥에 갇혀 재판을 받던 중 안의사님은 어머님의 말씀을 수의와 함께 받습니다.

"애야 항소를 하지마라. 항소하는 것은 일제에 목숨을 구걸하는 것이니 깨끗이 죽어라. 그것이 너의 뜻을 굳건히 지켜내는 것이며 어미에 대한 효도"라는 취지의 전언이었습니다.

안중근 의사는 감옥에서 동양평화론을 완성하고 싶었습니다. 일본 메이지 유신의 정신적 지주는 요시다 쇼인인데 그가 가진 대동아공영론과 정한론의 숨겨진 야욕과 폭력을 밝혀내기 위해서 입니다. 요시다 쇼인은 이토히로부미, 테라우치 총독 등 침략의 핵심을 길러낸 원흉이며 야스쿠니 신사의 제1호 위패입니다. 야스쿠니 신사에 전범들이 있지만 그 제일위에 쇼인이 자리잡고 있습니다. 일본 정치인들이 매년 참배하는 이유는 쇼인을 기리려는 행위입니다.

여하튼 안중근 의사는 요시다 쇼인의 제국주의론을 타파하려고 동양평화론을 쓰신 겁니다. 그래서 재판을 연기하려는 생각을 가지시거나 이후 사형집행일을 연기해 달라고 재판장에게 요구했다고 합니다. 하지만 일제는 그런 요구를 받아들일리 만무하였고 1심 재판이 끝나고 항소를 하지 않으므로 곧바로 형을 집행합니다. 미완성의 동양평화론은 안중근 의사의 진면목을 더욱더 메아리치게 합니다.

그런데 3.26일은 이승만 초대 대통령의 생일이기도 합니다. 그런 이유 때문에 안중근 의사가 돌아가신 날은 묻혀지고 이승만의 생일이 부각됩니다. 일제 잔재의 청산을 가로막은 이승만의 생일날 축하분위기를 염두에 두었을 테니까요.

안중근 의사가 돌아가신 날은 잊혀지고 친일 사대주의가 기사회생하는 여건이 만들어지는 날이기도 합니다. 안중근 의사의 친필 유묵은 50여점이 남아 있는데 그중 31점이 국가보물로 지정되었습니다. 우리가 잘아는 '책을 하루 읽지 않으면 입안에 가시가 돋는다'는 말씀이 유명합니다.

또 하나 돌아가시기 직전에 쓰신 유묵이 있습니다. '위국헌신 군인본분'이란 글인데 안 의사님을 감시 또는 존경하던 지바 도시치라는 뤼순감옥 간수가 받았습니다. 이글은 사형집행 바로 전에 쓰신 글자여서 약간 삐뚤빼뚤합니다. 사형집행장에 가시면서 어떤 심정이셨는지 헤아릴 수 없지만 마지막까시 독립투쟁을 수행하는 군인의 자세를 조금이나마 짐작하게 합니다.

지바 도시치는 그 유묵을 평생 가보로 간직하다가 대한민국에 다시 기증하게 됩니다. 그토록 염원하던 동양평화론을 채 완성하시지 못한 날!! 재판 형식을 빌려 재빠르게 이토의 복수를 자행하고자 일제가 일찍 사형을 집행한 3.26일!

또다시 친일 분자들이 활개치는 세상이 되어 있어 너무 송구하며 애통할 따름입니다. 안중근 의사는 1909년 연해주에서 결성된 의병부대의 참모중장으로서 함경북도로 진공작전을 수행한 군인이었습니다. 군인으로서 철천지 원수인 일본군의 수장 이토 히로부미를 척살하는 영웅적 전쟁 수행으로 국권 탈취를 온 몸으로 막고자 했습니다.

왼손 약지를 끊는 단지동맹을 이끌고 남기신 유묵의 수인도장들은 철저한 독립의 의지와 항거였습니다. 그래서 군인 신분으로 재판을 받으며 대한제국의 상황을 만천하에 알리고자 했으나 야비한 일제의 방해로 뜻을 이루시지 못했습니다. 안중근 의사의 독립정신은 청사에 길이길이 남아 후손들을 각성하게 합니다.

(안산신문 2023. 3. 29)

상식을 위해 편견이 줄어들기를

평범하고 범용되는 상식이 부정되면 편견이 급증합니다. 그런 현상은 개인의 심신과 사회를 혼란스럽게 합니다. 개인의 성향과 개성, 좋아하는 취미 등등 자아실현을 편견은 방해합니다.

왜 그럴까요? 편견이란 나 이외의 다른 사람과 생각에 휘둘려서 비주체적인 사람을 만들기 때문입니다. 자아완성과 자주적이며 창의적인 인간상을 가르치는 올바른 교육의 산물이 아닌거죠. 그래서 편견이 난무하게 되면 상식이 통하는 사회가 멀어져 갑니다. 그런 원인을 순서에 관계없이 집어보았습니다.

첫째 권력에 아부해야 살 수 있다는 현실과의 타협이 사회를 주도하는 경향이 있습니다. 조선시대는 임진왜란후 명나라, 구한말엔 청과 일본, 식민지와 해방후 일본과 미국에 100 여년간 한국이 복속되며 나타난 현상입니다.

둘째는 매국노, 일제앞잡이, 득세한 간신배, 영악한 모리배, 변신에 능한 박쥐들, 흉악한 권력의 하수인들이 그들이 자행한 죄가 허용되고 묵인되어 살아 남았습니다. 죄가 죄가 아닌 성공의 지름길이 되어버린 현대화 초기의 사회상이 만들어졌습니다.

셋째는 뗏목을 타고 강을 건넜으면 뗏목을 버려야 합니다. 강을 건너고서도 뗏목을 이고 지고 고집하는 소위 진보?라는 19세기와 20세기초에 통용된 시대말초적 편향증이 고착되고 고루하게 답습되어 편견을 부추키고 있습니다.

넷째는 산업화시대 경제 발전만이 능사여서 신분상승 매너리즘이 평범한 사람들에겐 매력이었습니다. 그래서 특권층이 설정한 일등주의, 학력주의를 추구하는 경쟁사회로 치열하게 살아남기 경쟁을 합니다. 결국 배타적 개인주의가 만연하게 되었습니다.

다섯째는 서구 사상의 유입과 더불어 과학문명이 물밀듯 밀려옵니다. 그래서 과학으로 무장한 압도적 무력에 순응해야지 대항하는 것은 달걀로 바위치기식이라는 눈치보기가 왕성해집니다. 그 결과 서구 문명만이 우월하다는 신 사대주의가 창궐하고 있습니다.

여섯째는 시대가 피폐해지며 후손에게 감동과 감명을 전해 준 선각 자들의 정신세계를 왜곡하고 편향된 잣대로 전수를 합니다. 나라의 독립과 자주정신에 따른 올곧은 정신사가 폄훼되거나 상실되는 경우가 허다합니다. 그래서 전통적으로 이어온 사회 문화를 관통하는 상식이 점차 훼절되고 있습니다. 그 자리를 편견으로 가득찬 망견들이 군화발로 짖밟듯 밀려들어 새빨갛고 샛노란 안경을 쓰고 세상을 재단하는 몽매가 횡행합니다.

일곱번째는 급속한 산업화와 자본주의 편입은 올바른 부의 축적을 보장하기보단 기회주의적 부의 축적 기회를 양산하게 됩니다. 양식있는 사람들조차 지조있고 기개를 지켜야 한다는 정신의 자신감을 약화되고 사회의 건강성이 해를 입고 있습니다.

여덟번째는 고조선의 멸망과 삼국통일 이후 만주를 말달리던 기상과 기개를 배울 수 없습니다. 그래서 작위와 요령으로 목적 달성해서 성공해 보자는 삶의 목적의 왜소화가 전 역사와 사회를 멍들게 하고 있습니다.

아홉번째는 성공을 위한 지식축적과 학습이 인격의 완성보다는 물질적 성공을 향하면서 본말이 전도되어 갑니다. 사람의 본성 확립을 떠나 기계적 지식인 사회가 출현하여 각축전이 일상이고 무개념 사회의 병리현상이 심각합니다. 이상으로 상식보단 편견이 우세한 사회문제의 원인을 두서없이 축약해보았습니다. 그러나 대한민국은 위에 열거한 거보다 몇십배, 몇백배 긍정적이고 자랑스런 끈기와 저력이 있습니다.

우리 민족사상의 얼과 혼이 피와 살을 구성하여 고통속에서도 겨울은 가고 봄이 옵니다. 먹구름은 걷히고 햇살이 비친다는 도법자연의 철리가 우리의 뿌리임이 자명하다는 상식이 든든하게 자리잡고 있기 때문입니다. 그래서 계속해서 우리 대한민국은 생명력을 공급받고 유지될 것입니다. 그 상식은 버려지고 잊혀진다 해도 우리가 살고 있는 시공간을 운행합니다.

천지자연과 사람에게는 선택할 수 없는 위없는 무궁한 극치로서 모든 세상을 이루는 실제이기도 합니다. 그러니 희망은 여전히 앞날을 비출겁니다. 삶이 정말 어렵지만 긍정적이란 요소가 있는 것은 이런 이유가 있기 때문일 것입니다.

(안산신문 2023. 3. 16)

건강과 상식, 편견의 관계

상식에는 건전한 상식과 잘못된 상식이 있습니다. 잘못된 상식은 온갖 편견이 뭉쳐진 덩어리입니다. 편견의 뿌리는 거짓과 오해와 혐오와 비난입니다. 편견을 자라게 하는 양분은 엉터리 교육입니다. 편견의 열매는 승자독식, 약육강식, 황금만능 배타주의입니다. 편견의 부작용은 스트레스 생산이며 획일화이자 불평등입니다. 편견의 결과물은 개인에게는 정신과 육체 건강을 해치며, 사회적으론 분열과 갈등대립입니다.

이런 편견이 확대된 우리의 근 현대사는 너무나 잘못된 상식을 만든 역사입니다. 잘못된 상식을 만든 편견을 줄여야 합니다. 편견의 반대는 정견입니다. 불교적으로는 계정혜를 닦아 탐진치를 줄여야 됩니다. 유교에서는 지인용을 통해 지천명을 터득해야 합니다. 기독교로 말하면 타인을 내 몸과 같이 사랑해야 합니다.

편견을 줄이기 위한 노력이 시대적 과제인 이유가 여기에 있습니다. 편견 줄이기는 자신의 건강과 사회와 공동체 행복지수의 바로미터 입니다. 그렇게 편견을 줄이기 위해서는 기본과 원칙을 잘 정립해야 합니다. 확고 부동한 터전위에 목표와 비전을 세워야 미래라는 삶의 공간이 안전하기 때문입니다.

리더가 기본 확립을 위해 힘써서 실천하면 대중의 삶은 윤택해 집니다. 신의가 지켜지고 신뢰가 커지며 사회를 건강하게 합니다. 소외되고 억울한 삶이 줄어들고 개인 행복의 양은 증가합니다. 이 모든 희망사항들은 건전한 상식으로부터 실현될 수 있습니다. 올바른 역사인식과 깊이 있게 성찰하는 지성을 통해 건강한 상식을 가질 수 있습니다.

상식이 잘못되면 개인과 사회는 병들고 희망이 사라집니다. 우리는 그런 사회에 살고 있습니다. 그래서 사유와 사고의 대 전환이 필요합니다. 상식이 평범하고 간단한 것 같지만 우리 삶에 가장 중요한 작용을 합니다. 생각은 행동을 낳고 행동은 습관이 되며 운명을 결정합니다. 건전하고 가치있는 상식은 편견이 적을 수록 확대됩니다.

그래서 행복과 희망이 풍부해 지기를 바라는 마음 간절합니다. 삶과 생활이 나아지는데 이보다 좋은 것은 없을 겁니다. 최종적인 개인 심신의 행복과 사회의 안녕은 편견이 최소화 된 건강한 상식에 달려 있습니다. 곧 편견 줄이기는 정신적 건강뿐 아니라 육체적 건강도 담보합니다. 건강 비타민 그 자체입니다.

편견중에 가장 큰 편견은 첫째 역사가 진보한다는 이론이며 둘째는 서구적 발상인 근대이론이며 세째는 서구 사상과 과학문명 우위론입니다. 근 200년가 조선을 거쳐 대한민국의 사회양식을 결정하는 이론이 도입되어 무조건 수용하거나 암묵적으로 긍정하게 되었습니다. 그것 자체로 우리의 삶과 사회를 의존적이게 만들었고 자주성을 잃게 하였습니다. 동시에 소모적 대립과 분열이 발생하게 되고 그에 따른 경쟁과 갈등이 격화된 것입니다.

이와같이 편견은 사회의 주름을 폈다 접었다하는 핵심적인 무형의 독소가 되어 대한민국을 괴롭혀 왔던 것입니다. 형체가 없이 잘 잡히지 않는 편견은 특히 지난 200년 사이에 증가하였습니다. 남녀노소 빈천을 구분치 않는 자유 평등사상으로 치장하고 전통적 상식을 좀먹었던 것 입니다.

그리하여 우리는 서구 문명의 노예가 되었고 그로 말미암아 우리의 삶은 건전한 상식이 퇴색하고 온갖 질병을 유발하는 불 건전한 상식을 보유하게 되었습니다. 그러므로 안타깝기 그지없는 병폐의 근원인 편견을 줄이기 위한 역사바로 알기와 인문 성찰이 필요합니다.

그런 방편으로 인류 최상의 지혜인 동양고전을 통해 편견을 물리치는 기준과 원리를 습득한다면 삶과 건강을 윤택하게 할 수 있습니다. 이상으로 철학과 건강의 상관관계에 대해 알아보았습니다.

(안산신문 2023.. 5.31)

공무원의 못된 충성

이건 순전히 들은 이야기입니다. 진위를 가리기 위해 사실을 확인하지 않았습니다. 보고 들은바를 전해 준 사람을 신뢰하기 때문입니다.

며칠전 경기도 마을 행사가 있었던 모양입니다. 보통 마을 만들기 행사는 일회용품을 쓰지 않습니다. 다 환경을 생각하는 기초적 실천입니다. 그런 사항은 공무원들도 잘 아는 일이죠. 그래서 행사에 참여하는 어느 단체에서 다기를 준비했습니다. 일회용품을 안쓰니 도자기 잔을 준비한 모양입니다. 그리고 한낮 더위에 시원한 얼음을 준비했다고 합니다. 그런데 준비를 점검하던 공무원이 이상한 주문을 합니다. 다기보다는 다회용 컵을 쓰는게 어떠냐며 경기도가 준비한 컵을 가져왔답니다. 그래서 다회용컵을 가져다 줬으니 준비한 다기는 갈무리했다고 합니다. 그랬더니 이번엔 얼음을 쓰지 말라는 주문을 했답니다. 왜냐하면 조금 있으면 도지사님이 올텐데 20~25도 정도의 물을 마시니깐 차가우면 안된다는 겁니다. 그리고 도지사가 마실 물 온도를 온도계로 실제 쟀다고 합니다.

그리곤 도지사 일행을 기다리며 커피 자판기에서 일회용 커피를 뽑아 마시더랍니다. 여기까지가 필자가 들은 이야기입니다.

지어낸 이야기 일까요? 아니면 사실일까요? 지어낸 이야기면 좋겠습니다. 그러나 사실이면 정말 심각한 문제입니다. 사실이라고 가정하고 말씀드립니다. 공무원들이 하는 일이 이렇게 하찮은 일이 아님을 필자는 잘 알고 있습니다. 어쩌다 공무원도 해 보았고 공무원들과 위탁사업도 많이 해 보았습니다. 정책수립과 예산집행에 탁월하고 형평성이나 원칙적인 자세를 많이 경험해 보았습니다.

경기도와 일할 때도 마찬가지 입니다. 이모저모를 살피고 다양한 경험과 효과적인 현장 행정을 하는 공무원을 많이 보았습니다. 그런데 도지사가 먹을 물의 온도를 재는 공무원이 있다는 이야기는 처음 들었습니다. 그리고 민간에서 사려깊게 일회용품을 안쓰려고 준비한 다기를 거두게 하고 다회용 컵을 굳이 쓰라는 이유는 멉니까?

우리나라가 정말 선진국이 되려면 이런 형편없는 사례가 없어야 합니다. 도지사가 찬물을 안먹고 더운물을 먹는다는 걸 공무원이 알아야 할 필요가 있을까요? 아니면 도지사 비서실에서 나와서 민간한테 이런저런 주문을 했다는 건가요? 과연 그런 비서실이라면 도지사한테 도움이 되는 걸까요? 더구나 한낮 더위가 30도에 가까운 요즘, 단체가 준비한 얼음을 못쓰게 했다면 이는 정말 어처구니없는 월권입니다.

만약에 그랬다면 상식이하의 일이 벌어진 거겠죠. 아직도 시민과 단체위에 있다는 의식을 가진 공무원이 있다면 그들은 제척대상일 뿐입니다.

정책수립과 집행에 필요한 교육을 공무원들은 많이 받고 있습니다. 이 모두는 시민들과의 의견 수렴과 소통이 필수적입니다. 시민을 존중하는 바탕위에 공무원이 성립되기 때문입니다. 그러므로 도지사의 일거수 일투족은 꾀면서 시민들의 안색은 살피지 않는 공무원은 존재 이유가 희박할 것입니다.

공무원 세계에는 위계질서와 공직자의 책임성 강조가 있습니다. 이 또한 공복으로서 불편부당한 공정행정을 위한 장치입니다. 그런거를 도외시하고 오직윗 사람 바라기 충성은 못나기 그지 없는 겁니다. 필자가 잘못 들었거나 그렇치 않았길 바랄뿐입니다.

(안산신문 2023. 6.14)

상식과 편견의 관계

상식이 잘 통용되는 사회에 살고 싶다. 상식이 들어맞는 사회를 희망한다. 상식이 좋은 점수를 받아야 살만한 사회일 것이다. 이런 염원이 망가진 사회는 생각조차 하기 싫다. 그런데 지금 우리사회가 이런 우려를 하지 않을 수 없는 지경에 다다른 것은 아닌지 걱정스럽다.

우리 모두는 우리가 살고 있는 사회의 기본은 상식이라고 생각해 왔다. 강자는 약자를 보호하며 앞선 자는 뒤처진 자의 손을 잡고 이끌어 주어야 한다고 배웠다. 선배는 후배에게 모범을 보여야 하며 아랫사람은 윗사람을 공경하며 서로를 존중해야 한다고 믿어 왔다. 사회는 분열보다는 협력으로 지탱되기 때문이다.

이렇듯 우리가 알고 있는 상식이란 규범은 사회의 유지에 필수적인 덕목이다. 하지만 지금 벌어지고 있는 사회 현상은 그 기준을 무색하게 한다. 일등이 아니면 2등부터는 기억되지도 않는다. 힘있는 세력은 더욱 힘을 가지기 위해 카르텔을 형성한다. 내로남불 현상이 급증한다.

경쟁사회의 얼굴은 상생이 아니라 약육강식이다. 내편이 아니면 다 적으로 치부한다. 포용과 협력보다는 대치와 갈등이 만연한다. 권력을 가진 세력은 절제하기 보다는 마음먹은 대로 휘두른다. 등등 우리가 간직한 상식에 어긋나는 현상이 급증하고 있다. 아니 오히려 이러한 현상이 새로운 상식인양 대세가 되어 자리를 잡고 또아리를 틀고 있다.

현대의 개인주의와 신자유주의라는 사회 사조는 자본주의가 낳은 경쟁사회의 한 단면이다. 경쟁사회이기 때문에 개인으로 파편화되거나 개인들간의 카르텔이 증가하게 된다. 그런 현상들은 경쟁으로 인한 부가가치의 창출과 창의성을 증대시키는 한편 경쟁의 탈락자들에게는 가혹한 사회를 만든다. 한마디로 승자독식, 패자무능이란 불평등과 낙인효과를 퍼트린다. 공동체와 만민이 평화로운 이상향은 허상이 되어 버린다.

내 울타리와 남의 울타리가 뚜렷하게 나누어지고 서로간 회색담을 높게 세우는 풍토가 횡행하게 된다. 나 자신은 나일뿐 타인과 아무런 관련이 없다고 생각하게 된다. 고립무원인 상황이 자연스러워 진다. 이런 현상이 혼술, 혼밥의 실체이다.

그리고 세대 갈등과 남녀 갈등의 근원이 되고 있다. 젊은이를 독려하거나 훈계할 사회적 어른이 소멸되고 있다. 이와같이 이런저런 자본주의 사회의 단면들이 악화되어 가면 갈수록 아집은 증가하기 마련이다. 아집의 폭증은 사회적으로 자기중심적 편견을 양산한다.

편견이 사회적으로 증가하여 군중심리나 가짜뉴스로 퍼져나가면서 점차 상식인 것처럼 변모하기 시작한다. 편견이란 자기 중심적 단견이 상식으로 자리잡는 방식이다. 이와같은 방식은 우리 역사속에서 쉽게 발견되는 사례들이 많다.

예를 들면 다음과 같다. 우리의 현대사 속에서 요즘처럼 사이비 종교가 젊은이들에게 각광을 받는 때도 드물었다고 생각된다. 옛날에는 빈천한 사람들이나 여성, 노비와 같은 사회적 약자들에게 종교의 영향력이 발휘되었다.

그런데 지금 000 개신교같은 경우 청년층 유입이 폭발적이라고 한다. 그것은 개별화된 청년층의 극심한 경쟁의 피로감을 어루만지는 선교전략이 성공하는 사례라고 볼 수 있다. 각자도생해야 하는 사회에서 자신이 혼자가 아니라 누군가 기대라고 어깨와 품을 내줄 때 빨려들지 않을 수 없기 때문이다. 외로운 세상살이에서 한 줄기 빛을 본 것과 같을 수 있다. 그런 상황에서 전달되는 교리나 말씀들은 그야말로 상식이 되고 규범이 된다.

편견이 상식이 되면 역사적으로 갈등이 심화된다. 내 말과 생각이 올바른데 나 자신과 다른 사람은 잘못된 것으로 보기 때문이다. 사람의 다양성을 획일적인 잣대로 보게 되고 여러 측면에서 검토할 것을 한두가지 잣대로 재단해 버린다. 그런 양상중에 가장 심한 것이 이념 논쟁이며 좌우 색깔론 시비라고 생각된다. 하물며 우리가 조상대대로 써온 우리말도 사용하면 안되는 단어로 치부한다.

대표적으론 인민이란 단어이다. 사람백성이란 뜻이지만 레드컴플렉스가 작용하는 극보수층에겐 금기어가 되었다. 이렇듯 편견이 상식으로 굳어지면 단어조차 배척대상이 되었으며 사람들간의 갈등은 이루 말할 수 없는 비극을 초래하기도 하였다.

지금도 여전히 우리 사회의 집단적 배척 대상 1호는 이념 살등으로 빚어지고 있다. 그러므로 편견이 상식이 되면 생각의 양극단화가 심해지며 사회 문제를 치유하기가 난망이다. 때문에 상식은 편견이 적을수록 옳은 생각이란 본래의 진면목이 발휘되어야 할 때라고 생각한다.

(안산신문 2023. 2. 22)

한국청년들은 커피 선택부터 남다르다.

한국 청년들이 아이스 아메리카노를 몹시 추운 한겨울에 얼어 죽어도 마신다. 말을 줄여 얼죽아 또는 아아라고 한다. 현재 대한민국의 청년 트랜드다. 다른 나라에서는 찾아볼 수 없는 풍속도다. 외국에서 특이한 문화라고 소개하면서 '빨리빨리' 문화라고 원인 분석을 한다. 전세계적으로 새로운 음료 문화이지만 그런 단순한 이유 때문만은 아닐 것이다.

요즘 청년들은 M세대(약 28~35세, 21세기를 청소년일 때 맞이한 세대)와 Z세대라고 자신들을 특화시켰다. 누군가 어떤 학자가 명명했겠지만 Z세대는 M세대와 10년정도 터울지는 나이대를 지칭한다. 대략 18~25세정도이다. 이들은 대학입시와 사회에 진출하는 가장 중요한 시기를 지나고 있다.

그리고 M세대는 직장 초년생이거나 취준생을 몇년간 준비하거나 공부를 더하고 있는 연령대이다. 그들중에는 상대적으로 번듯한 직장인이거나 주식과 코인대박 또는 쪽박, 금수저, 영끌투자, 첨단 기술 창업등등 실패내지 성공한 친구를 둔 세대이기도 한다. 이쯤이면 왜 한겨울에도 아아가 많이 팔리는지 짐작해 볼 수 있다.

첫 번째는 열을 식혀야 하기 때문일 것이다. Z세대가 지닌 긴장감과 혈기, M세대가 지닌 초조함 등등이 작용을 한다. 그리고 젊은 날을 입시전쟁과 취업전쟁, 상대적 열등감과 치열한 경쟁으로 빚어지는 마찰열을 식힐 필요가 있을 것이다. 한창 혈기 왕성한 나이대에 부모의 보호에서 벗어나기 위한 성장통을 수반한 삶의 궤적은 안쓰러울 지경이다. 이런 상황은 대한민국 청년이라면 거의 예외없이 겪는 필수 코스이다.

둘째는 한 겨울에도 얼음을 찾는 결기를 보여주는 것은 나름의 멋이 있기 때문이다. 도전과 응전의 멋이기도 하고 혈기를 자랑하는 에너지를 뽐내는 맛이 있다. 젊다는 특유의 가치는 춥다는 기존 질서에 순응하지 않는 파괴력을 지닌다. 추울수록 웃통벗고 바다에 뛰어들고 싶은 마음이 용솟음치는 나이대인 것이다.

한동안 시청률이 높았던 예능프로의 한겨울 찬물에 입수하는 장면들이 청년들의 잠재의식을 자극했을지도 모른다. 추운 기후에 저항하며 주변 환경에 대항하는 생각들이 청년들의 특권이기도 하지만 어쩌면 위태로운 자신들의 처지를 항변하는 뜻도 포함되어 있다. 그리고 자기 자신들을 위해 스스로 기존 관습을 바꾸고자 하는 주인 의식을 드러내는 음료문화이기도 할 것이다. 기성 사회의 법칙은 우리한테는 통하지 않으며 기존의 논리대신 새로운 논리를 창출하겠다는 의지의 소산처럼 보이다.

청년들이 거의 다 아아를 찾고 있다면 단순한 소비문화가 아니라 어떤 외침을 발하는 것으로 보아야 한다. 이는 이미 그들이 만든 트랜드이며 문화 현상이기 때문이다. 셋째는 아이스 아메리카노가 카페에서는 제일 저렴한 음료라서 선택되었을 것이다. 청년층의 앗쌀한 생각이 드러나는 선택이다. 자신들이 마시는 간식음료가 저렴하지만 자신들의 생각과 처지를 은연중에 표현하는 수단으로 적합했기 때문이다.

M세대와 Z세대는 자신들의 눈높이가 따로 있고 그 기준에 부합하지 않으면 관심을 두지 않는다. 그런 현상이 세대갈등을 빚거나 손위 사람에 대한 불손으로 비춰지는 부작용이 따르기도 한다. 그럼에도 청년층이 가진 식견과 안목으로 사회적 요소들을 평가하는 것은 당연한 행위라고 인정되어야 한다. 사회적으로 인정되는 결과물들은 모두

미숙과 훈숙 과정을 거쳤기 때문이다. 그런 과정이 누락되면 청년 시기의 추억거리가 반감될 뿐이다. 아무튼 가장 저렴한 아아로 가장 그럴싸하게 청년시기의 그림을 그려나가고 있는 중으로 생각된다. 넷째는 아아가 시원 쌉슬한 맛을 가진 만큼 쌉쌀한 현재와 시원하게 열릴 미래를 상징하는 것처럼 느껴지기 때문일 것이다.

옛말에 약관 20이면 입지立志 라 했다. 뜻을 세우고 준비를 가열차게 해야 하는 때에 딱 들어맞는 맛이니 선택의 여지가 없겠다. 나이든 사람들이 따뜻한 차와 커피를 마시는 것은 편안하고자 함이다. 속도 편안해지고 온기가 몸에 전해지면 안정감과 안온함을 느낄 수 있어서이다. 그와 반대로 차가운 음료는 속이 시원해지는 반면 열기를 식히는 작용을 한다. 더구나 쌉쌀한 차거운 맛이라니 청년의 심정을 대변하는데는 제격인 셈이다.

다섯째는 기능적인 측면에서 선호하고 있다. 다이어트 식품이며 입 안과 위장을 시원하게 한단다. 스트레스도 해소되는 동시에 뜨겁지 않아 빨리 먹을 수 있다는 능률적인 면이 청년들을 유인하고 있다고 한다. 지금 우리 사회는 청년들에게는 답답하고 두려우며 할 말 많은 사회인 것은 분명하다.

우리 사회에 아이스 아메리카노처럼 너나없이 청년들이 좋아하고 들고 다니는 이야기가 많아지면 좋겠다. 취업도 잘되고 하고 싶은 활동도 주저없이 할 수 있는 사회로 발전하는데 아아를 선호한 청년들이 큰 기여를 하도록 해야 한다. 그것은 품격있는 사회일 때 가능하다.

지금처럼 혼란스럽고 창피한 상황에서는 그냥 아아만 잘 팔릴 뿐이다. 청년세대가 선택한 아아처럼 갑갑하고 불안한 사회에서 시원하게 탈출하고 싶다.

(안산신문 2023. 3. 9)

국가 경쟁력

국제투명성기구(TI, Transparency International)가 2023년 1월 31일 발표한 2022년도 국가청렴도(CPI, Corruption Perceptions Index)에서 우리나라가 100점 만점에 63점, 180개국 중 31위로 역대 최고 성적을 기록했다. 2022년 우리나라의 국가청렴도는 전년 대비 1점, 국가별 순위는 한 단계 올랐으며, 2016년 청탁금지법 시행 이후 6년 연속 상승세를 이어가고 있다.

국가청렴도(CPI)는 국제투명성기구가 1995년부터 매년 국가별 공공·정치 부문에 존재하는 부패수준을 평가하는 대표적인 국제 반부패 지표이다. 이러한 역대 최고 성적이란 실적은 그만큼 우리나라의 민주주의 성숙도가 발전하고 있다는 반증이기도 하다. 국가와 사회의 청렴도는 건강하고 평등한 민주사회의 기준이기 때문이다. 그런데 과연 우리나라의 민주주의는 현재 어디로 가고 있는지 객관적인 외부 평가를 살펴 볼 필요가 있다.

한편 우리나라의 민주주의 지수가 영국 이코노미스트 인텔리전스 유닛(이하 EIU)의 2023년 2월 1일의 발표에 따르면 전 세계 167개국 중 24위라고 발표되었다. EIU는 2006년부터 167개국을 대상으로 정치참여, 정치문화, 국민자유, 정부기능, 선거과정과 다원주의 등 5개 영역을 평가해 각국의 민주주의 발전 수준을 평가해 왔다. 10점 만점에 8점 이상은 '완전한 민주국가' 6~8점 사이는 '결함있는 민주국가' 4~6점 사이는 민주와 권위의 혼합형이고 4점 미만은 '권위주의 체제'로 분류한다.

대한민국은 2020년 8.01점으로 세계 23위, 2021년 8.16점을 받아 세계 16위로 올라섰다. 그러나 작년에 8.03점으로 8점대는 유지했지만 순위로는 24위로 떨어졌다. 2021년도에 완전한 선진국으로 진입하여 세계 만방에 대한민국을 알린 민주주의가 다시 뒷걸음치고 있는 중이다.

EIU는 한국의 민주주의에 수년 동안 대립 구도인 정당정치가 타격을 주었다고 발표하였다. 정치에 대한 이분법적인 해석이 합의와 타협의 정치와 정책입안을 마비시켰다고 분석한 것이다. 그리고 국민의 민생을 개선하기보다는 라이벌 정치인들을 쓰러뜨리는 정치를 하고 있다고 일침을 가하고 있다.

위에서 말한 2개의 사안에서 청렴도는 진일보한 것이고 민주주의 지수는 후퇴한 것이다. 청렴도와 민주주의는 동전의 앞뒷면 같은 것인데 따로 관계없이 분리된 것처럼 보인다.

왜 그럴까? 우리나라는 정치, 경제, 사회문화, 복지 등에서 서구 유럽을 모델로 성장하고 발전하는 중이다. 우리만의 독특한 문화가 있지만 일단은 경제성장을 통해서 복지국가를 만들자는 계획이 오래전부터 국민의 합의사항이라고 볼 수 있다. 그런데 어떻게 경제성장을 이루고 어떻게 복지국가를 만들 것인가에 대한 방법론의 편차와 의견 대립이 있어 왔다.

이 방법론의 편차가 크면 클수록 사회는 대립과 양극화가 심해지고 대한민국호가 어디로 갈지 갈팡질팡하게 되어 있다. 우리가 20세기까지는 경제성장에 진력하며 좌우를 살펴볼 여유가 없었다. 21세기 들어서면 상황이 달라졌다. 민주발전과 복지국가라는 평화 평등관이 대폭 향상되었기 때문이다. 그러므로 현재 세계 무역대국 10위 경제 선진국인 대한민국은 이제라도 정치사회의 대립과 양극화를 줄여나가는 노력이 필요하다.

청렴도과 민주주의 평가 지표에 있어서도 20~30위권에서 10위권으로 올라서야 한다. 그러려면 정치와 정치 지도자들이 명심해야 할 것이 있다. 첫째는 견제와 균형을 통해 상호 관용과 이해의 정치문화를 실천해야 한다. 둘째는 권력을 가진 세력은 그 권력행사에 있어 신중함을 잃지않는 자제력을 발휘해야 한다. 이런 정치의 덕목은 민주주의를 후퇴시키거나 무너트리지 않는 최소한의 규범이다.

이러한 규범이 근본적으로는 민주주의가 건강하고 오래도록 유지해 주는 성문화되지 않는 덕목으로서 헌법을 뒷받침하도록 해야 한다. 극단적인 대립과 양극화가 민주주의를 죽음에 이르게 할 수도 있기 때문이다. 현재 대한민국은 극단적 대립이 임계점을 향하거나 넘어서고 있는 위태로운 상황이다.

청렴도와 민주주의가 성숙한 북유럽 노르웨이를 비롯한 3개국이나 덴마크, 스위스, 네덜란드, 아이슬란드 등 서구 유럽과 뉴질랜드는 세계 1위서부터 10위까지 변함없이 자리하고 있다. 이들 선진국으로부터 청렴도와 민주주의가 동시에 확보된 까닭을 우리 정치에 반영해야 한다. 그것이 우리나라의 국가 경쟁력을 향상시킬 것이기 때문이다.

(안산신문 2023. 2. 8)

호학(好學)과 사랑

위 두 단어는 긴밀히 연결되어 있다. 좋아한다는 말과 사랑한다는 말은 비슷한 것 같지만 담고 있는 총체적 의미는 다른 것 같다. 호고(好古)는 옛것을 좋아하고 호학(好學)은 학문을 좋아한다는 의미이다. 좋아한다는 말은 사랑한다는 말과 사뭇 다른 결을 가지고 있다. 좋아한다는 즐긴다는 뜻과 비슷하다.

좋아하거나 즐긴다는 말은 자신한테 집중하는 감성이다. 대상에 대한 일체의 미련이 없는 상태이다. 이모저모를 선험적 혹은 영(靈)적이든 경험을 따져서 싫으면 그만이다. 원망이나 미워할 이유가 별로 없다. 자신이 좋아서 그러했을 뿐이기 때문에 쿨(cool)하기 쉽다. 반면에 사랑한다는 말은 욕구와 비슷한 말이다.

사랑의 결과가 나쁘면 원망이 생긴다. 그리고 밉다는 감정을 동시에 수반하게 된다. 그 사랑하는 상태는 대상으로부터 심하게 영향을 받는다. 그 의미를 새겨보고자 한다.

첫째 호(好)는 스스로 선택한 감정이며 좋아하는 대상의 상태나 상황에 크게 영향을 받거나 간섭받지 않는다. 독립적인 결정이기 때문이다. 그러나 사랑한다는 감정은 상대방의 상황에 따라 많이 좌우되거나 흔들린다. 좋아한다는 것은 요산요수(樂山樂水)처럼 즐기거나 기뻐하는 감성이 내재되어 있다.

그런데 애산애수(愛山愛水)라고 한다면 산과 물의 상태를 선택하게 된다. 저 산은 좋은데 이산은 나쁘다. 이물은 좋은데 저 물은 맘에 안 든다는 비교 결정을 하는 과정을 밟게 된다는 의미이다. 흔히들 기독교의 사랑이 아가페로서 무조건적인 내리 사랑으로 인식한다.

사랑은 오래참고 온유하며로 시작하는 신약 말씀에 기인한다. 그러나 과연 사랑이란 현상이 무조건적이며 무보상성을 끝까지 유지할 수 있을까? 사랑한다는 감정에는 반대급부에 대한 욕구나 보상심리가 필연적으로 생기지 않을까? 가족관계에서 보면 부모의 자식 내리사랑은 끝까지 유지될 가능성이 매우 많다. 그것은 하늘이 부여한 천륜과 피를 나눈 관계라 가능하며 매우 특화된 감성이다. 하지만 사회관계와 종교관계에서 항상하며 지속적으로 돌아오는 보상이 없는 사랑이 유지되는 경우는 흔치 않다.

그래서 신약의 사랑은 특별하지만 실현성은 매우 적은 것이 현실적이다. 물론 테레사 수녀님 같은 성자는 있을 수 있다. 그러나 매우 큰 희생을 수반하게 된다. 다수의 사람들이 실천하기는 버겁다. 그러므로 사랑하려고 하지 말고 그냥 좋아하는 것이 보통 사람들이 조금 더 쉽게 할 수 있는 감성이라고 생각한다.

둘째 오래된 것을 좋아하는 것은 역사와 전통에 익숙한 상태라고 볼 수 있다. 역사를 좋아하면 공부와 지식의 습득은 물론 세상살이에 해박하게 된다. 그러나 역사를 사랑한다는 말은 매우 모호하다. 한국 역사를 사랑한다고 할 때 한국 역사와 관련이 없는 외국인은 그럴 수 있지만 대한민국 국민이면 한국 역사에서 사랑하는 것과 미워하는 것을 분별하게 된다. 역사에 대해 좋아한다는 것은 가치관을 형성하지만 사랑한다는 것은 주관적 감성에 의해 보다 객관적인 가치관 형성에 방해를 받는다. 그래서 감정적이거나 피상적 인식에 머무를 가능성이 많다.

역사를 주관적이거나 편견을 가지고 해석하게 하는 환경을 사랑이란 감정이 조성하기 때문이다. 그 부작용을 좀 심하게 표현하면 맹목적인 좌우 대립을 생기게 한다.

사랑하므로 편견과 비교와 분별이 생겼기 때문이다. 그것이 모든 전쟁의 근거로 일부 작용했다. 사랑과 미움, 욕망의 보상이 필수적으로 동반되었기 때문이다.

세째 호학(好學)은 호고(好古)하지 않으면 성취하기 어렵다. 사람은 홀로 배워 일정한 성취를 할 수도 있겠지만 대부분 스승과 선현(先賢) 때문에 지식을 습득하게 된다. 좋은 가르침을 받을수록 학문의 깊이와 폭이 커진다. 그래서 옛말에 온고이지신(溫故而知新)한다고 했다. 오늘과 미래를 위해 역사에서 배우는 것이다. 고루한 권위적 복고주의와는 관계가 없다.

호학은 개인과 사회 성장의 필수적인 상태로서 절차탁마(切磋琢磨)할수록 자신과 사회의 기여도는 상승한다. 그러므로 자주적 인격이 형성되고 인생의 실질적인 주인으로 삶을 살아가게 된다. 자신의 삶이 가진 의미를 스스로 충족하는 경지에 이르면 무엇도 별로 부럽지 않다.

고전 어디에도 애학(愛學)이란 말은 없다. 반면 호학(好學)이란 말을 자주 쓴다. 변화가 심하고 기복이 있는 감정 상태에 인간의 본성과 덕성을 확립하려는 학문을 맡길 수 없기 때문이었다. 주체적 심화과정인 호학(好學)을 통해서 천명(天命)과 인도(人道)를 밝힐 수 있어서이다.

우리는 사랑이란 말을 우리의 역사와 전통과 연관하여 사용해야 한다. 우리 선조들께서는 천지(天地)라는 음양론적 우주관을 확립하고 애(愛)보다 정(情)을 더 선호하였다. 그리고 정(情)을 바르게 해서 도(道)를 세우고 본성(本性)을 바르게 하고자 하였다. 그것은 1970년대에 발견된 중국 장사지역의 유명한 기원전 3세기 마왕퇴 무덤에서 출토된 성자명출이란 문헌으로 확인된바 있다.

이 문헌(백서)에 도시근정(道始近情), 정시근성(情始近性)이란 말이 있다. 도(道)의 시작은 감정에 가깝고 정(情)의 시작은 본성에 가깝다는 말이다. 성리학에서 주장하는 이기론 전체를 뒤엎는 논리라서 매우 센세이셔널한 발견으로 자리매김 되었다. 이 논의는 별도로 하더라도 오늘의 주제로 돌아가보고자 한다.

즉, 사랑이란 감정이 도(道)의 시작이라면 선현의 말씀대로 사랑안에는 정(情)의 정(正)인 덕성(德性)이 있어야 한다. 반면에 서구문명의 사랑이란 단어는 애착과 탐욕과 독선과 배척을 잉태한다. 원망과 미움의 샘물이다. 따라서 사랑이란 말의 역사와 담긴 의미를 잘 헤아려서 사용하면 좋을 듯 싶다.

사랑이란 단어를 무조건 흠결없는 지고지순한 단어로 생각하면 곤란하다. 서양문명에 기초한 의미가 아니라 동양 선현들이 말씀한 정(情)에 기초한 사랑이란 의미로 쓰여야 할 말이다. 지금껏 써온 사랑이란 의미를 다시 생각해 볼 일이다.

(안산신문 2023. 1. 11)

II

정치의 기본에 대해서

권력, 권한의 자의적 집행과 남용

　검찰은 이재명관련 압수수색을 언론에 나온 것만 335회 했단다. 그리고 경기도에 15일간 상주하며 압수수색을 했다. 초유의 일이며 앞으로 이런 일이 없기를 바랄뿐이다.

　검찰보고 한때 권력의 시녀, 권력의 주구란 말로 평가했던 적이 있었다. 일제와 유신과 전두환 독재시대의 일이다. 그러나 지금은 권력의 몸통 내지 권력의 본산이라 해도 과언이 아닐 지경이다. 무전유죄, 유전무죄를 넘어서 만능의 능력을 가진 듯이 검심창죄, 검위조죄 하고 있다.

　털어서 먼지 안나오는 법 없다고 정적 제거를 위해 계속 두들긴다. 어느 누구도 너덜너덜 헤어져 먼지가 될판이다. 무죄추정의 원칙, 죄형법정주의, 증거에 의한 처벌이란 인간 기본권과 헌법에 기초한 인간 존중의 법 정신은 온데간데 없다.

　그 많은 압수수색에도 증거는 없고 신빙성 하나도 없는 증언으로 망신 주는 정도가 아니라 짓밟고 있다. 오로지 일부 언론을 비롯한 여론 조작과 국민이 부여한 공권력을 참칭하여 정적과 보편 민주 의식의 말살을 도모하고 있다. 국민들의 인내심을 조롱하며 염증과 피로도를 증가시켜 야당 대표에 대한 여론을 악화시키려는 의도가 빤히 드러나고 있다.

　그리고 국민이 신성한 세금으로 위임한 권한을 마구잡이로 남용하고 있는 것이다. 국민의 안위와 국가의 안녕을 조금만 깊게 생각한다면 이럴수는 없다. 물신주의와 기득권 특혜를 우선하는 왜곡된 편파적 자유주의의 폐해가 지금의 현상을 낳은 배경임이 너무도 뚜렷하다.

그동안 각고의 노력으로 국민이 이룩한 성숙한 민주사회가 병적인 편협과 왜곡으로 시름시름 쇄약해지고 있는 중이다. 물신주의나 학력주의, 일등주의 같은 고질적인 경쟁사회의 단점들을 보편적 민주주의 덕목인 성찰과 화합, 상생으로 보완하고자 한 모든 노력들이 물거품이 되고 있다.

　이재명대표의 기소는 야당의 탄압, 정적 제거를 넘어 우리 사회의 근간인 덕치주의와 민족정신과 같은 누구도 부정할 수 없는 기본을 해치는 행위이다. 그러기에 지금의 상황은 대한민국의 자주성, 민족의 독립성, 보편적 인간애를 좀먹고 파괴하는 반 민족적 행위와도 맥락이 닿아 있다.

　시장 불개입을 빌미로 서민경제 왜면, 초부자 감세,등등을 비롯하여 일본 군국주의 부상에 대한 방관, 민주교육에 대한 간섭, 외교 아마추어리즘, 이념논쟁의 부활로 이어지는 총체적 난국 상황을 초래하고 있다. 더구나 대법원이 일제 강제동원에 대해 미쓰비씨등 일본기업이 배상을 하라는 판결을 뒤집었다. 일본에 대한 굴욕적인 외교를 관계 정상화로 치장하고 있다.

　권한을 왜곡해서 남용하는 것이며 혹세무민이다. 크게는 나라의 역사와 기강을 나락으로 추락시키는 매우 심각한 반민족행위이다. 너무도 요상하고 해괴한 발상으로 대한민국을 저열한 국가로 만들고 있다. 권력의 독식을 획책하는 일부 검찰 파쇼세력과 이에 부응하는 편파적 정치와 언론 세력들은 대한민국의 국민된 자격이 있는 사람들인지 최종적으로 묻고 싶을 뿐이다.

(안산신문 2023. 3. 22)

화천대유(火天大有)

　화천대유란 말이 있다. 주역의 64괘중에 14번째 역의 명칭이다. 괘명은 대유이다. 화천이란 태양을 말하며 대유란 크게 있다는 뜻이다. 하늘위에 불은 태양을 말한다. 하늘은 우리의 삶속에서는 지구의 대기권을 말함이다. 하늘이 파란 것은 한정되어 있는 지구 대기권이 태양 빛을 받아 산란으로 파랗게 보이는 것이다. 우리 지구는 대기권에 한정되어 있기에 유한한 것이며 그 속에서 살아가는 것이 우리다. 그런 하늘위에 태양이 있으니 화천이다.

　대유라는 말은 크게 소유한다는 말이 아니라 크게 있다는 뜻이다. 이런 뜻을 종합해서 화천대유를 직역해보면 태양이 크게 있다는 말이다. 그러므로 화천대유의 뜻은 태양의 속성인 무차별적이고 조건없는 아가페적 사랑의 빛을 지구로 보낸다는 특징을 담고 있다.

　태양은 무한하게 공짜로 지구에게 열을 보내준다는 뜻이다. 유한한 삶속에 무한한 은혜가 상존한다. 돈으로 환산하자면 셀 수없이 어마어마해서 계산할 수 없는 가치이다. 지구로 보내주는 그 빛과 열은 그어떤 재벌이 벌어들이는 자산과는 비교할 수 없다. 지구상의 그 어떤 가치보다 크다. 모든 생명을 키우는 원천이다. 또 다른 각도로 보자면 악을 막고 선을 들어내며 하늘에 순종하면서 천명을 아름답게 한다고 해석할 수도 있다. 태양이 모든 것을 드러내 주기 때문이다. 일테면 사람 사회에 올바른 영향력을 발휘하는 큰 일꾼이자 리더를 상징하기도 한다. 그래서 태양같은 존재로 추앙받기도 한다.

　인디언의 추장같은 존재이며 군자의 덕목으로 상징되기도 한다. 그러므로 올바르고 보편적인 통치행위로 태양의 역할을 비유하여 주역의 저자가 명명한 것이라고 해석해도 무리가 없을 듯 싶다.

그런데 우리는 지금 크게 있다는 말을 소유의 개념으로 인식한다. 그렇게 습관이 되어 버렸다. 우리 생활의 모든 것을 문명의 이기를 기준으로 금전적 개념으로 치환하는 버릇이 있다. 자본주의라는 역사적 단계속에서 물신주의에 삶이 지배되고 있기 때문이다. 그러니 대유라고 하면 태양이 주는 무한한 혜택이란 본래의 뜻으로 보지 않고 소유라는 경제적 개념으로 선뜻 해석하게 된다.

오로지 먹고 사는 이해득실의 문제로 확정하는 것이다. 그러니 태양이 주는 무한한 혜택이란 대유의 좋은 뜻이 왜곡이 되어 크게 이익을 취한다는 뜻으로 오인하게 된다. 현대를 사는 우리의 생각이 얼마나 좁고 협애한지를 알 수 있는 사례라 할 수 있다. 지금 벌어지고 있는 대장동 부동산 관련 회사의 이름이 화천대유이기 때문에 더더욱 크게 이익을 남겨 먹겠다는 뜻이라고 오해를 하게 되었다.

본래 주역이 뜻하는 14번째 괘명이 말하고자 하는 바와 정반대로 오해를 하는 상황이 되었다. 이렇듯이 현재의 우리는 어떤 사안의 전체를 파악하고 살피는 것이 아니라 단편적인 정보와 조작으로 잘못된 내용을 진짜인 것처럼 알고 있는 경우가 허다하다. 가짜가 진짜가 되고 조작이 정말인 것처럼 우리 생각안에 받아들인다면 그 얼마나 허망한 일인데도 말이다.

우리는 주역은 점을 치는 내용이라고 알고 있다. 대개는 미래를 예측하는 예언이라고 생각한다. 그러나 주역은 갑골시대부터 나라의 운명과 인생의 물음에 속한 것이며 역사의 중요한 사항들을 전해오는 모든 지혜를 모아서 답을 구하는 내용이다.

그러므로 사람 미래의 길(吉)과 흉(凶)을 알아보고 싶어 점을 치는 것은 타당하지만 구체적인 이해득실에 국한된 문제는 아니다. 더구나 경제적인 금전의 문제에 국한된 비중은 별로 없다. 점이란 개인의 화복이나 이해득실, 小利를 알아보는 것이 아니라 사람 내면의 궁금증이나 반성, 반추하는 의미가 더 크다고 생각된다.

그러므로 각종 도그마를 막고 있으며 편협한 자기중심적 주의 주장을 막는 역할을 한다고 볼 수 있다. 도교나 유교도 주역을 바탕으로 동양문명을 이룬 철학과 학문이 된 것이다. 주역이라는 것은 어쩌면 인류가 발견한 정신 가치중에 최고의 기적이기도 하고 무한한 해석의 여지를 주는 정신세계의 보고일지도 모른다.

그런데 안타깝게도 주역은 그저 사람들의 이해와 화복을 알아 맞추는 기복적 행위로 치부되고 있다. 이 또한 본래의 주역이 전해주고자 하는 우주 만물 운행의 이치와 생멸의 묘법이 한갓 돈 몇푼에 감언이설을 늘어놓는 아니면 말고식 헛말로 인식되는 불량한 세태가 되어버린 현실이다. 그러므로 모든 것에는 철학에서 말하는 과연 옳은 것인가라는 물음과 회의가 반드시 필요하다.

(안산신문 2023. 2. 1)

법위에 법으로 갈등 치유해야

　토론과 합의와 양보라는 조화로운 정치는 실종되고 끝도 없는 무조건적 혐오와 적대의 시작점은 어디인지? 양편으로 갈라져 싸우는 화해할 수 없는 지경은 루비콘강을 건너려는 것인지? 얄짤없는 타도와 부정의 끝은 함께 공멸하는 몰락의 길임을 알고도 모르는 척 해야할지 답답하기만 하다. 더구나 아는 척 해봐야 별볼일 없는 천박한 자본문명, 물질만능의 비루한 시대에 살고 있는게 우리의 자화상인 것 같아 씁쓸하다.

　어쩌면 우리 모두는 인간다운 길을 벗어나 근세 이후에 이해타산과 이해관계로 얽힌 사막같은 삭막한 상황에 길들여져 모질게 되었는지도 모른다. 비정한 세태를 증명하듯이 정치사회에 부정과 거짓이 횡행하고 있다. 시대전환을 위해 나아가기 보다는 시대살능의 골이 더 깊어지고 있어 우려된다. 이념갈등에 이어 빈부갈등, 남여갈등, 세대갈등이 가지를 뻗고 있다.

　대립과 갈등의 사회적 기원은 어디일까? 혹여 구시대의 잔재인 사라지는 진보와 퇴행화된 보수가 대립하는 양상이 새끼를 치는 걸까? 또 과학문명과 서구철학 사상의 이원론적 결정론 때문일까? 조선의 사색당파나 일재 잔재의 미청산 때문일까?

　콕집어 어느 하나를 원인이라고 정할 수 없이 복잡하고 중층적으로 누적된 현상들이 복합적으로 작용했기 때문일 것이다. 그러므로 현재와 같은 정치권의 대립은 여러 요소가 결합된 결과물일 뿐이다.

　다툼은 갈등원인의 해결을 위한 것이 아니라 그 원인들에 영향을 받고 사주받아 자행되는 피동적 상황에 불과하다. 그러니 대립은 시대전환과 나라발전에 하나도 기여할 수 없는 쓸모없는 소모전이 되어 버리고 만다. 타협이나 존중의 여지를 남기지 않는 대립과 갈등은 분열과 전쟁을 바라는 집단을 약화시키는 실천이 전혀 아니며 아무런 의미가 없는 것이다.

썩은 재료를 가지고 신선한 음식을 만들 수는 없듯이 구태의연하며 잘못된 관행의 되풀이일 뿐이다. 더우기 갈라진 한반도에서 남쪽마저 분열하는 상황은 기름을 지고 불로 들어가 공멸하는 핵심적 원인이다. 그럴 수는 없지 않겠는가! 그러니 평화와 화합을 바라는 쪽에서 더 큰 안목으로 적대적 국면을 전환해야 한다.

역사의식이라곤 개나 줘버리라는 무뢰한 호전주의자들의 망동에 제동을 걸려면 평화 민주주의자들이 고육지계(苦肉之計)를 짜야 한다. 나 살고 너 죽자가 아니라 진정성을 가지고 희생을 통해 국면을 전환하고 통합을 도모해야 한다. 이것이 사즉생 생즉사이다. 나 살자고 상대를 계속 공격하면 똑같은 부류가 될뿐 아니라 그것 또한 정글의 법칙을 인정하는 꼴이다. 미국 행정학의 갈등관리 이론을 보더라도 대립해소의 제 1덕목은 상호 존중과 역지사지이다.

그리고 꾸준한 대화와 소통이다. 지금처럼 모든 제도와 생각들을 타협없이 아전인수로 해석한다면 분열현상은 더욱 깊어질 뿐이다. 그러면 국가적 역량은 분산되고 사회적 비용은 하찮게 소모된다. 우리가 바라는 평등 선진복지국가는 물건너가고 양극화가 심화된 2~3류 국가로 곤두박질하게 된다.

몇몇 특권층은 상관없겠지만 대다수 국민은 심각해지고 나락으로 떨어질 커다란 위기에 직면할 수 있다. 더구나 위기를 조장하는 북한의 행태와 겹쳐 심각한 상황이 초래될 수도 있다. 갈등 조장과 배타적 대립은 어마어마하게 국익을 해치는 해악이며 근본적인 병폐이다.

모두가 평화로운 올바른 법치국가를 바란다면 법위에 법이 있음을 헤아릴 때 국민이 분열하지 않고 대동단결 할 수가 있다. 법위에 법은 상생과 조화로운 자연의 섭리이다. 가장 간단하게 말하면 미운 놈 떡 하나 더 주는게 적대라는 고질병을 치유하는 첩경이다. 극한 분열로 치닫는 세태를 어이하리오.

(안산신문 2022. 11. 2)

III

사회, 역사, 경제, 환경의 대전환

어느 한 여교사의 편지

12월 19일, 카타르 월드컵이 끝났다. 아르헨티나의 우승이다. 메시에게 월드컵이 갔다. 아니 메시가 월드컵을 쟁취했다. 축구의 신이라고 불리우는 메시에게 월드컵은 해결해야 할 마지막 솔루션이었다. 축구라는 종목에서 역대 최고라는 명예를 스스로 입증한 메시에게는 2014년 브라질 월드컵의 아픔이 있었다.

그당시 독일과의 결승전에서 패한 메시는 자신의 질책인지, 아니면 아르헨 축구 팬들의 비난때문인지는 몰라도 국가대표 포기 선언을 한다. 이런 메시에게 아르헨의 어느 평범한 여교사가 편지를 썼다.

리오넬 메시에게

당신은 아마 이 편지를 읽지 않겠죠. 하지만 저는 오늘 축구팬이 아닌 한 사람의 교사로서 당신에게 편지를 전합니다. 저는 비록 교사이지만 아무리 노력해도 저를 향한 아이들의 존경심은 아이들이 당신을 좋아하는 마음에는 미치지 못합니다. 그만큼 아이들은 당신을 사랑하고 있습니다. 그런데 아이들이 지금 영웅이 포기하는 모습을 보게 됐습니다.

당신을 지치게 만든 일부 아르헨티나인들의 어두운 면을 저도 잘 압니다. 그러나 대표팀 은퇴는 당신을 욕하고 깍아내리는 이들에게 굴복하는 것이나 다름없습니다. 그들처럼 승리에만 가치를 두고 패배를 통해 성장하는 것을 무시하는 어리석음에 넘어가지 않았으면 합니다. 아이들에게 이기는 것만이 우선이고, 유일한 가치 라는 선례를 남겨선 안 됩니다. 아르헨티나의 어린아이들이 인생의 목적은 다른 누군가를 행복하게 해야만 한다는 생각을 하게 해서는 안 됩니다.

당신이 어린 시절부터 어떤 어려움을 이겨내며 오늘의 메시가 되었는지 잘 압니다. 성장 호르몬 결핍이라는 희귀병을 앓은 당신이 어린 나이에 고통스러운 주사를 얼마나 맞으며 자랐는지 우리 모두가 알고 있습니다. 지금 당신이 은퇴하면 이 나라 아이들은 당신에게 배웠던 노력의 가치를 더 이상 배우지 못 할 것입니다.

지금 당신처럼 졌다는 이유만으로 포기한다면 오늘도 하루하루를 어렵게 살아가는 이 나라의 많은 사람들은 인생의 가치를 잃어버릴 수 있습니다.

저는 학생들에게 당신을 얘기할 때 당신이 얼마나 멋지게 축구를 하는지 얘기하지 않습니다. 프리킥으로 단 한골을 넣기 위해 당신이 같은 장면을 수천 번이나 연습한다는 사실을 알려 줍니다. 당신은 아르헨티나 대표팀 유니폼을 벗어선 안됩니다.

모든 팬들이 당신에게 승리와 우승만을, 트로피와 메달만 바라는 게 아니라는 사실을 알아야 합니다. 제발 우리 아이들에게 2위는 패배라고, 경기에서 지는 것이 영광을 잃게 되는 일이라는 선례를 남기지 말아 주세요.

진정한 영웅은 패했을 때 포기하지 않는다고 생각 합니다. 진정한 영웅이라면 이길 때는 같이 이기고, 질 때도 혼자가 아니라는 진리를 알려줘야 합니다. 당신이 우리나라를 대표할 때만큼은 리오넬 메시가 아닌 아르헨티나 그 자체라는 마음으로 대표팀에 남아 줬으면 합니다. 결과에 관계 없이 사랑하는 일을 해서 행복할 수 있다면 그게 가장 위대한 우승이라는 사실을 보여주세요.

진심을 담아, - 비알레 초등학교 교사, 요아나 푹스 -

초등학교 교사의 편지 내용을 보면 결과보다 과정이 중요하다는 걸 강조한다. 특히, 자라나는 어린이들에게는 축구뿐만 아니라 인생에서도 과정을 중시하도록 가르치는 것이 중요하단다. 과정이 좋으면 결과도 좋을 가능성이 많다.

때로는 과정이 좋아도 결과가 좋지 않을 때도 있다. 그러나, 우리는 늘 최선을 다하며 살아가야 한다. 그리고, 최선을 다했을 때 그 결과를 겸허하게 받아들여야 한다는 내용으로 압축할 수 있겠다.

이런 내용은 메시가 다시 생각하게 만들었다. 카타르에서 우승한 메시는 나이가 36살 이다. 다음 월드컵을 기약하기 힘들다. 그런데 우승 후 가진 인터뷰에 국가대표를 그만두지 않겠다고 한다. 챔피언의 경쟁력으로 계속 국가대표로 뛰겠다고 한다. 여전히 어느 여교사의 편지가 현재까지도 위력을 발휘하는 것 같다.

(안산신문 2022. 12. 22)

월드컵 국가대표가 준 감동

포르투갈전 후반 연장 1분 남은 시간은 5분여 남았다. 손흥민이 70여미터 드리블한다. 포르투갈 선수 5명이 페널티구역 앞에서 손흥민을 에워싼다. 황희찬이 쫓아 왔는지 힐끔 보고 패스한다. 선수들의 가랑이 사이로 유유히 빠져나간 공을 황희찬이 골문안으로 집어 넣는다. 2-1 역전승이다. 16강 진출을 결정짓는 역전승이다. 전 국민이 들썩한다.

이 한골로 국민들의 함성이 하늘을 찌른다. 어떤 이들은 감격의 눈물로, 어떤 이들은 함성으로 기쁨을 표현한다. 나도 또한 감동으로 울컥한다. 이전에는 대한민국 대표 선수들을 역전의 용사들이라고 말했다. 지금은 불굴의 투지 즉 꺾이지 않는 마음들의 결과라고 표현한다.

축구 국가대표 선수들의 경기를 보고 있으면 정말 보고 배울 점들이 많다. 상대방의 슛에 몸을 던져서 가로막는다. 공중볼에 몸을 사리지 않고 경합한다. 태클도 전광석화처럼 잔디위를 미끌어 진다. 근육이 뭉쳐진 건각들이 부닥치고 교차한다. 때로는 위태로운 부상을 당하기도 한다. 그런 걸 무릅쓰고 달리고 또 달린다.

월드컵 축구 경기는 선명한 근접 카메라로 선수들의 일거수 일투족이 화면에 잡힌다. 비오듯 땀을 흘리며 전력을 다하는 모습이 가감없이 또렷하게 잡힌다. 그럴 때마다 박수를 보내며 나도 저렇게 할 수 있을까? 감탄하게 된다. 꺾이지 않는 의지로 최선을 다하는 모습은 훈련을 통해 다져졌고 맨탈 관리를 통해

성취한 경지일 것이다.

손흥민의 아버지 손웅정씨는 '모든 것은 기본에서 시작한다'라는 책

의 저자이다. 이 책에서 손흥민은 갑자기 혜성처럼 등장한 선수가 아니라 어릴 때부터 착실히 기본기를 닦아 지금에 도달한 것이라고 강조했다고 한다. 그리고 위대한 축구선수가 되기 전에 인성의 중요성을 강조했다고 한다. 그 아버지의 그 아들인 셈이다. 이러한 내용은 축구 선수인 자신의 뼈저린 경험을 통해 습득한 평범하고도 고귀한 정신세계일 터이다.

가끔 손흥민 선수의 인터뷰를 보면 말을 아주 잘한다는 생각이 든다. 자신을 낮추기도 하고 동료들을 배려하는 말에서 참 잘 성장했다는 느낌을 들게 한다. 개인의 성적보다는 팀 성적을 앞세우고 챙기는 솔선수범의 자세를 갖추었음을 알 수 있다. 꼭 해야 할 말을 적시에 하는 모습에서 운동만 한 선수가 조리있게 말을 하는데 놀라운 마음을 금치 못하기도 한다. 16강 브라질 경기후 인터뷰도 역시나 마찬가지였다. 4대1로 졌으니 어떤 기자가 동료 선수들한테 책임을 돌리려는 유도성 질문에 대한 대답은 명쾌했다. '우리 대한민국 선수들은 최선을 다했다.

최고의 선수들이고 동료이다'라고 여전한 믿음을 보여 주었다. 이렇게 올바른 심성을 가진 능력은 아버지가 손흥민에게 일년에 반드시 많은 책을 읽게 했기 때문이라고 한다. 손흥민의 성공은 아버지의 노력과 그것을 잘 받아들인 손흥민 자신의 성과라는 생각이 든다. 이러한 상황은 다른 25명의 국가대표 선수들에게도 똑같이 적용할 수 있겠다.

국가대표가 되기까지 얼마나 많은 훈련과 인내가 필요했을까 짐작하고도 남음이 있다. 포루투갈전이나 브라질전이나 마지막까지 꺽이지 않는 투지로 성과를 만들어 냈다. 손흥민의 절묘한 패스로 이뤄낸 16강은 한편의 드라마였다. 그리고 브라질전의 마지막 장거리포는 답답했던 가슴을 뻥 뚫어주었다.

상대방 골키퍼의 선방과 억울한 패널티로 점수 차이가 났지만 세계 최강 브라질과 대등한 경기력으로 손에 땀을 쥐게 만들었다. 이 모든 장면들이 국가대표가 되기 위해서 수많은 기본기를 다지고 노력한 결과의 총화라는 생각이 든다. 오직 축구를 위해서 자신들의 젊은 날을 바친 청춘들에게 아낌없는 박수를 보낸다. 이들이 있기에 조마조마했고 이들의 선전 때문에 감격을 누릴 수 있었다. 그리고 전 국민들에게 감동을 준 이들을 폄하하는 어떤 불미한 시선도 없기를 바란다.

국민들에게 기쁨을 선사한 헌신과 희생은 다시 온전히 선수들의 복으로 되돌아가길 희망한다. 다시한번 국가대표의 주장 손흥민과 함께 그라운드를 누빈 25명의 전사들에게 아낌없는 갈채를 보낸다. 대한민국 카타르 월드컵 국가대표! 이보다 더 좋을 수는 없다.

(안산신문 2022. 12. 14)

많은 나무를 심고 싶지만

2020년 국립 산림연구원 분석에 따르면 우리나라 4인 가족의 일년 탄소 배출량이 약 4.9톤이라고 한다. 온난화의 주 원인인 탄소를 1인당 연간 약 1.25톤 발생시킨다는 분석이다. 엄청난 양의 탄소에 놀라울 뿐이다. 실로 무척 많은 양의 탄소를 우리는 만들어내고 있다. 숨쉬며 사는 동안 호흡부터 실생활에 필요한 물건과 자동차 이용 등을 합치면 그만큼은 될 수도 있다고 수긍되기도 한다.

또 OUR WORLD IN DATA라는 단체에서 2020년 조사한 바로는 우리나라는 세계 10위 탄소배출국으로 연간 5.98억톤을 배출한다고 한다. 이 발생량을 5천만 인구로 나눈 1인으로 환산하면 약 11.9톤이 된다. 세계 4위에 달하는 개인 배출량이다. 앞서 국립 산림연구원의 발생량 분석보다 10배나 많은 양이다.

이렇게나 많은 탄소를 살면서 배출하다니 더욱 놀랄 일이다.

더구나 온실가스 발생 증가속도가 지난 10년간 세계에서 가장 빠른 국가도 대한민국이다. 물론 탄소발생의 대부분이 산업활동에서 발생하는 것이겠다. 그러나 그 경제활동의 수혜자는 자국민인 우리이므로 국가 전체 발생량을 1인당 발생량으로 환산해도 무리한 것은 아니다. 지구 온난화의 주범인 탄소를 최소화해야 할 개개인의 노력이 강조되는 이유다.

한편 국립 산림 수목원의 분석에서 보면 대나무 1그루당 이산화탄소 흡수량은 연간 5.4 키로라고 한다. 소나무의 3배라는 분석이다. 그리고 활엽수가 침엽수보다 탄소 흡수력이 더 좋단다. 특히 굴참나무 같은 활엽 참나무가 많은 기여를 하고 있다고 한다. 그러므로 4인가족

1년 배출량을 약 5톤으로 잡을 때 대나무를 일년에 천그루 심으면 이산화탄소를 상쇄시킬 수 있다.

또 소나무 3천그루면 이산화탄소가 상쇄된다. 여기에 알아두어야 할 것은 모든 나무는 성장시기 즉 사람으로 따지면 청소년기에 더 많은 탄소를 흡수한다.

대나무는 3~4년, 소나무는20~30년 수령이 왕성한 흡수력을 나타내는 셈이다. 여하간 우리가 태어나서 사망할때까지 배출한 탄소량을 나무를 심어서 제로로 만들려면 대략 1인당 대나무는 250그루, 소나무는 700그루를 일년에 심어야 한다. 이를 평생 평균수명 80세라고 할 때 대나무는 2만그루, 소나무는 5만6천그루를 심어야 한다.

엄청난 양이다. 우리 자신이 배출한 탄소가 지구에 전혀 부담이 되지 않게 하려면 나무를 심어도 심어도 끝이 보이지 않을 양이다. 산업활동이든, 공공영역이든 탄소는 계속 발생되므로 국가와 사회 전체가 탄소 배출을 줄이는 가장 중요한 주체들이다. 그러나 한편으로는 개개인의 탄소 줄이기 노력의 총합이 국가와 사회의 탄소 배출 줄이기의 관건이기도 하다. 그러기에 이 푸른 지구를 떠나기 전에 가능하다면 많은 나무를 심고 싶다.

몇 만 그루가 불가능하다면 몇 백 그루라도 심고 싶다. 동시에 생활이 조금 불편하더라도 기후위기를 심화시키는 과소비와 무분별한 일회용품 사용을 자제하고 싶다. 물론 걷거나 자전거이용은 필수적이다. 그것이 건강에도 좋다. 우리 자신의 건강한 생활방식은 지구도 건강해지는 기본적 요소라고 생각된다.

(안산신문 2022. 12. 7)

발효와 부패

　김장철이 한창이다. 어떤 집은 항아리 안에서 또 다른 집은 김치 냉장고 안에서 김치가 익어간다. 뽀글뽀글 기포가 올라오며 소리를 낸다. 미생물이 숨을 쉬기 때문이다. 사람에게 유익한 유기물을 만드는 과정이다. 반면 부패는 악취가 나거나 독소가 만들어지는 것을 말한다. 단백질이나 탄수화물, 그리고 지방순으로 미생물에 의해 분해될 때 부패가 빨리 일어난다고 한다.

　미생물은 종류가 수백만가지이다. 토양과 기후에 따라 다르고 온도에 따라 번식하는 종류도 아주 다양하다고 한다. 어떤 종류는 유익하게 작용하고 어떤 종류는 유해한 종류이다. 그들도 생명체이기 때문에 산소와 반응하고 먹이에 따라 다른 결과를 생산하기 때문이다. 한쪽은 발효라는 유익한 결과물을 만들고 한쪽은 부패현상을 만들어 낸다.

　자연의 관점에서 보면 발효와 부패가 다 필요하다. 유익균과 무해균과 유해균은 서로 공존하기 때문이다. 썩어야 거름이 되고 발효되어야 생명체에게 유익할 수 있다. 잘 발효된 김치도 시간이 지나면 부패하기 때문에 사람은 아주 잘 익은 김치의 소중함을 알게 된다. 특히 발효음식은 우리나라 사람들이 건강식으로 아주 많이 선호하는 편이다. 그런 유효한 기능은 시간이 지나면 자연으로 돌아가는 부패과정으로 진입한다.

　필자가 발효와 부패라는 주제를 가지고 대강 살펴본 이유는 다음과 같다. 우리는 우리에게 유익한 발효라는 단어에 좋은 느낌을 가지고 있다. 반면 자연에 없어서는 안될 부패라는 단어에는 안좋은 선입견이 있다. 앞에서 언급한 것처럼 만물이 썩는 현상인 부패가 없다면 천지자연은 존재할 수가 없는데도 말이다. 왜 그럴까?

　부패가 되면 악취가 나고 독소가 만들어 지면서 사람에게 병을 유발하기 때문에 싫어하는 것은 당연하다. 그런데 부패하지 않고 없어지지 않는 물건이 있다. 프라스틱, 비닐류이다. 부패하지 않으니 직접적으로 사람에게 해를 가하는 것은 아니다. 그래서 사람들은 무의식적으로 간편한 물건인 프라스틱같은 부패가 매우 더딘 물건을 광범위하게 사용한다. 그 결과 이런 프라스틱이 모여 태평양 북부에 한반도의 8배 이상되는 크기의 섬이 있다고 한다. 그야말로 오랜 세월 없어지지 않을 쓰레기가 모여 있다. 이런 쓰레기가 다시 우리 몸으로 들어오고 있다.

　썩어서 없어져야 할 물건이 썩지 않고 프랑크톤과 물고기의 몸에 축적되고 참치나 큰 어류의 몸에 미세 알갱이로 남아 우리가 섭취하는 것이다. 그뿐만이 아니다. 프라스틱을 만들려고 기업은 온실가스를 품어낸다.

　탄소를 잔뜩 양산한 생산과정은 기후변화를 일으킨다. 기후변화는 가뭄과 홍수를 야기하고 사람들을 괴롭히고 있다. 특히 저소득층이나 저개발국에게 심각한 위해를 가하고 있다. 썩어야 할 물건이 썩지 않고 남아서 지구를 병들게 하는 걸 보게 된다. 결국 지구를 병들게 하는 건 부패에 대한 사람들의 상식이 잘못 되었기 때문이기도 하다. 부패를 무조건 안좋은 것으로 보고 썩지 않는 걸 만들어 낸 비상식의 결과이기도 하다.

　자연법칙은 일방적이지 않다. 항상 상호작용으로 유지되는 것이 자연이다. 유익균이니 유해균이니 하는 기준도 사람에게만 적용된다. 자연에게는 유익균도 유해균도 다 필요한 요소이다.사람들은 자연이 운행되는 보편원리를 자주 놓칠 때가 많다. 생명체이기 때문에 인간

본위로 세상을 바라보는 경향이 앞서기 때문이다. 그러나 진정한 안목의 소유자라면 자연법칙에 대해 깊이 있는 해석이 필요하다. 이는 인간사회에서도 적용되는 문제이다.

한 사회의 건강성은 정의롭고 진실한 사람의 숫자와 정비례하기 마련이다. 동시에 청렴하지 않고 부패한 사람이 많을수록 사회의 행복지수는 떨어진다. 그런데 사회의 부패지수는 자연의 프라스틱처럼 썩지않고 변화가 없는 사람들을 지칭하는 말이다. 한마디로 자연이 어떻게 되든지 변함없는 프라스틱처럼

이 사회가 어떻게 되든 자신들을 위한 기득권을 보존 유지하려는 사람들을 지칭한다고 생각한다. 즉 인간사회의 부패는 썩지않는 프라스틱같은 사람을 상징한다.

썩는 사람들이 문제가 아니라 썩지 않는 사람들이 문제이다. 이들은 공동의 상생원리나 긍정적 상호작용을 배제하여 자연법칙을 위반하는 부류이다. 프라스틱같은 사람들은 자연에 필요한 발효와 부패가 없는 사람들일 뿐이다.

(안산신문 2022. 11.16)

좋은 갈등, 나쁜 갈등

'영국의 대표적인 교육정책은 평생 운동 습관 만들기이다.(Creating a sporting habit for life.)'

대한민국에서 이런 정책을 만들었다가는 소위 SKY대학에 보내려는 학부모들로부터 많은 원성을 들을게 뻔하다. 당장 학부모가 학교에 찾아와서 항의를 할 것이다. 대한민국의 청소년들은 운동부족에서 나오는 뇌발달 부족과 스트레스가 많다. 특히 인스타그램 등 멋지고 예쁜 사진을 보며 자신들 스스로를 비관하고 있다. 이런 이유들이 겹쳐 청년 자살율이 세계 1위로 세계최악이다. 운동 부족은 뇌 활성화와 건강에 절대적으로 영향을 끼치는데도 그저 공부 공부한다.

이런 교육에 대한 열망은 우리가 농경사회라는 관습을 물려 받았기 때문이다. 한뼘의 땅도 놀리지 않고 새벽부터 농사를 지어온 우리 민족의 부지런함에 기인한다. 그런데 그 방향이 잘못되어 있다. 대학을 잘가야 삶이 편하고 성공할 수 있다는 믿음은 문치주의에서 비롯된 견해이다.

조선시대 후기에 우리가 그토록 반성하고 있는 고지식한 성리학을 배워야 양반이 된다는 편견이 전해 내려온 결과라고 볼 수 있다. 대한민국 국민은 수많은 외침을 겪었고 수십만에서 백만에 이르는 일본과 중국의 침략을 이겨낸 민족이다. 만주를 달리며 호랑이를 잡았고 강성하고 유서깊은 왕조를 지탱한 기질을 갖고 있다.

그리고 옛날부터 지식인은 문무를 겸비해야 진정한 지성인이라고 여겨왔다. 그런 민족이 단지 출세를 위해 하루에 열 몇 시간씩 청소년들을 책상머리에 묶어두는 건 민족정신의 고갈을 초래한다. 청소년들은 또래와 몸과 지식으로 경쟁하고 자연과 어울려 자라며 그 기운을 흡수해야 한다. 그런 과정이 긍정적 소통이며 갈등을 승화시키는 올바른 변화이다.

일제강점기와 6.25로 결핍된 대한민국은 산업발전을 위해 미루거나 생략된 교육으로 우리가 뒤늦게 겪고 있는 폐해는 성장만능 일등주의다. 그러나 너무 빠른 개발 성장 일변도의 사회 풍토는 갈등과 대립을 격화시킨다. 서로 소통하고 상생하려는 경쟁이 아니라 밀어내고 혐오하는 배타적 사회의 암울한 갈등이 만연하고 있는 것이다.

2021년 7월 UNCTAD(국제연합무역개발회의)에서 선진국으로 195개국이 만장일치로 찬성한 대한민국이 후발 추격국의 전략과 태도를 가지고 산업화시대에서 고도화된 IT강국으로 디지털시대가 되었지만 아날로그 시대의 마인드를 벗어나지 못하는 폐해는 너무나 크다. 자살율 1위, 노인빈곤율 1위, 이태원 참사와 같은 재난사고 1위 등 차마 꺼내고 싶지 않은 결과들로 이어지고 있다.

빌게이츠의 말처럼 "우리가 스스로 죽이지 않으면 적이 와서 죽인다."고 했듯이 우리의 산업 전반의 디지털 대전환을 꾀해야 할 시기이다. 그것은 AI 산업을 위해 어린 초등학생들에게 프로그래밍 코딩 기술을 가르칠 것이 아니라 그들에게 강제적인 주입식 교육을 금지하고 장기적으로 인문학적 사고, 수학적 사고, 논리적 사고력을 학교에서 가르치고 독서와 토론, 질문 등으로 훈련해야 한다.

대한민국은 세계 최고의 교육열을 자랑하고 있다. 그러나 세계 하위권의 독서량으로 문제가 심각하다고 볼 수 있다. 책을 안읽으니 생각의 깊이가 부족하다고 볼 수 있다. 청년들이 싫어하는 말중에 '생각해보라'가 있다고 한다. 이런 낮은 수준의 문해력을 당장 끌어올리기는 쉽지 않을 것이다. 동시에 청소년들에 토론문화, 경청문화, 질문문화의 정착도 단시간에 개선하기 쉽지 않다.

　따라서 오늘 부터라도 "왜"라는 질문을 통해 토론과 소통을 활성화하여 소모적인 갈등을 줄이고 긍정적 경쟁문화를 만드는데 심혈을 기울이면 좋겠다.

(안산신문 2022. 11. 9)

재조지은(再造之恩)

　　임진왜란때 명나라가 군대를 보내 참전하자 선조가 최대로 상찬하고자 지어낸 말이다. 명나라가 조선을 구했는데 그 은혜는 건국에 버금간다는 칭송이 포함되어 있다. 다시 말해 명나라가 아니었으면 조선이 망했다는 말이다. 선조는 의주까지 몽진을 갔다. 궁색하게 된 그는 임금의 지위를 이용하고 보전하고자

　　명나라에 극진한 예우를 한다. 이전과는 비교할 수 없는 사대와 모화사상이 등장하게 된 배경이다. 그러면서 그 당시 이순신을 비롯하여 권율, 김시민, 황진장군 등 관군의 전과와 의병들의 활약을 변변치 못한 작은 싸움으로 심하게 격하시켰다.

　　임진왜란은 1592년 4월 13일에 발발하고 5월 3일 한양 점령되고 6월 15일 평양성이 점령된다. 그러나 이후부터 선봉 왜군들은 평양성에 머무르며 더 이상 북쪽으로 진군하지 못한다. 이순신의 해전 승리가 보급품을 막았고 각지에서 일어난 의병들이 육지전에서 왜놈들의 괴롭히기 시작했기 때문이다. 더구나 처음 2달간은 연전연패를 거듭한 조선 관군들이 왜놈 조총에 대항하는 전술을 습득하고 화포를 비롯한 각종 무기를 동원하여 전투력을 회복하기 시작했다. 침략자 일본 왜놈들은 1592년 7월을 기점으로 이순신의 한산도 대첩과 전라도 웅치.이치 전투에서 패하면서 당황하고 사기가 떨어지기 시작했다. 그리고 경상도쪽으로 후퇴하기 시작한다. 이때는 명나라가 참전하기도 전인 상황이다.

　　임진왜란 초기 왜놈들의 압도적 전투력이 이순신을 비롯한 관군과 곽재우, 고경명, 조헌등의 의병장의 활약으로 쇠퇴하기 시작한 것이

다. 그럼에도 불구하고 선조는 위에 열거한 위대한 영웅들의 헌신을 깔아뭉개기 시작한다. 어명을 거역했다는 핑계로 이순신을 죽이려고 했으며 백성들의 신망을 받는 걸출한 인물들을 탄압하기 일쑤였다.

수많은 백성의 목숨이 경각에 달린 위태로운 상황에서 잘못된 명령을 내리고 책임을 회피하는 비겁한 모습을 자주 보여준다. 한마디로 무능을 넘어 교활한 위정자의 작태를 일삼게 된다. 전란으로 인해 국토가 황폐화되고 백성의 삶이 도탄에 빠진 때에 임금이란 자리보전에 급급한 모습은 민심을 떠나게 만들었다. 그런 상황을 잘 아는 선조를 비롯한 사대부 위정자들은 명나라를 앞세우는 수작을 부리게 된다. 명나라가 조선을 살렸다.

명나라가 우리를 구해주었다는 언설은 주체적인 내부의 힘을 억누르고 외부에 의존하게 했다. 그 과정은 이후에도 참담한 결과를 가져온다. 쇠퇴하는 명나라를 계속 떠 받들며 흥기하는 청나라를 무시하게 되었다. 그리고 또다시 정묘.병사호란의 빌미를 제공했다. 그리고 말뿐이 북벌론으로 백성들의 삶과 동떨어진 당쟁을 일삼는 단초가 되었다.

이렇듯 선조는 임진왜란의 수습과 피해 회복에도 실패했을 뿐만 아니라 잘못된 방향을 고집하여 조선이란 나라를 명나라에 더욱 복속시켰다. 명나라 군대의 상시 주둔을 허락하려고도 하였다. 이때부터 대외 의존적이며 사대주의가 더욱더 기승을 부리고 발호하기 시작한다. 그런 여파는 구한말까지 이어지고 더 나아가 현재까지도 여파를 미치고 있다.

지금은 현대사의 굴곡속에 상황이 변하여 친미주의가 임진왜란 당시의 재조지은에 버금가는 위치를 누리고 있다. 대한민국의 성숙한 민주주의가 마치 미국이 준 선물인양 인식할 정도로 추앙받고 있는 상황이다. 과연 그러한가?

　임진왜란 당시에도 우리 조상님들의 헌신이 전란을 극복하는 원동력이었듯이 지금도 대한민국의 성장은 온전히 우리 국민의 노력이자 몫이다. 미국과의 관계에 있어서도 상호 존중을 기반으로 대한민국의 국익을 우선해야 한다. 그런데도 미국에 의존하는 것이 대한민국의 국익이라고 생각하는 입장은 자기 자신을 무시하고 잃어버리는 처사이다.

　자체 생명력을 잃게 되는 것과 진배가 없는 것이다. 과거의 역사에서 교훈을 얻고자 한다면 이제부터라도 자주성을 회복해야 한다. 임진왜란 때의 재조지은 같은 터무니없는 쓰레기 같은 생각 때문에 조선 후기가 너무도 암울한 시대였음을 다시금 상기하고자 한다. 대한민국은 더 이상 외세 의존적인 나라가 돼서도 안되며 그럴 수도 없다.

(안산신문 2022. 10. 26)

역사의 단절과 왜곡의 후유증

동학운동의 창시자인 수운 최재우 선생이 쓴 한글가사 '도덕가'(1863년作)에 이런 글이 있다.

"아는바가 천지(天地)라도 경외지심(敬畏之心) 없으니 아는 것이 무엇이며, 천상의 상제님이 옥경대에 계시다고 보는 듯이 말을 하니 음양이치 고사하고 허무지설(虛無之說) 아닐런가. 한나라 무고사(巫蠱事)가 아동방에 전해와서 집집마다 위한 것이 명색마다 귀신일세. 이런 지각(知覺) 구경하소 천지역시 귀신이요 귀신역시 음양인줄 이같이 몰랐으니 경전을 살펴 무엇하며 도와 덕을 몰랐으니 현인군자(賢人君子) 어찌알리." 과거 150여년 전의 글이다. 그런데 이를 나름대로 해석해보면 현재의 상황과 다를 바 없다고 생각된다.

현대인은 과학문명과 지식이 풍부하고 넘쳐난다. 아는바 천지라는 표현 그대로다. 그러나 무한경쟁시대 서로의 존중이 없으니 그 무슨 소용이냐란 뜻과 같다. 서학에서 절대자 하나님이 계시다고 확언하니 동양정신으로 판단할 때 자연이치를 어긋난 헛된 생각이라고 음양이론을 동원해 비판하고 있다. 동시에 옛날 중국 한나라 말기에 수십 만 명의 목숨을 빼앗은 무고지화와 유사한 사이비 신앙이 가가호호 들어와 있음을 한탄하고 있다. 아동방이란 그 당시 조선을 지칭하는 말이다. 그러므로 천지 운행의 법칙을 잘 모르면 경전 공부도 소용없다. 또한 음양의 이치에 따른 도와 덕을 모르게 되어 현명한 사람도 알 수 없고 따를 수도 없다는 생각을 수운 최재우는 4.4조 음률로 노래하고 있음이다.

이러한 최수운의 판단이 현재 시사하는 점은 이렇다. 먼저 현대가 정보화 지식사회이지만 올바른 정보가 많은지 아니면 편견과 왜곡된 정보가 더 많은지 살펴볼 필요가 있다는 생각이 든다. 둘째 자주성에 입각하여 문명의 현대화를 도모하고 발전시키지 못하면 구한말처럼 외세의 침탈과 사대주의적 문화가 사회를 잠식하게 된다는 점을 인식할 필요가 있다. 셋째 예로부터 귀신이란 동양에선 천지운행의 기운을 뜻하지만 서구 종교에 의한 악마, 사탄, 고스트(ghost)개념으로 치환된 사례는 매우 잘못된 개념의 변화라는 점을 시사하고 있다. 넷째 동양에서 강조하듯 인간된 도리를 모르면 공부한다고 해서 무슨 소용이냐는 뜻을 볼 때 현대의 머리 우수하고 학력좋은 지식인들이 과연 제 역할을 하고 있는지 헤아려볼 필요가 있는 것이다. 다섯째 요즘 흔히들 어른이 없다는 말을 자주 하게 되는 상황에서 과연 이 시대의 정신적 지주가 될 만한 리더, 선각자의 부재가 안타까울 뿐이다. 끝으로 역사의식이 없으면 미래가 없다는 교훈을 우리나라 현대인들이 정말로 소중히 간직하고 있는지 많이 아쉬운 상황이란 점이다.

다시 말하면 역사속에서 면면히 이어온 정신이 끊기고 맥박이 희미하다. 때문에 백성과 민중의 바램과는 다른 강자 위주의 역사 기술이 얼마나 현재까지 영향을 주는지를 살펴보는 것은 매우 중요한 일이다. 우리의 고유한 자주성을 빼앗고 의존적인 역사관을 심은 내적, 외적 상황은 우리 사회의 성숙한 발전을 가로막는 근본적 원인이라 여겨진다. 그러한 비주체적 인식을 극복하기 위해서는 잊혀진 선조님들의 사상을 다시 폭넓게 조명해야 마땅하다는 생각이 든다.

하여 여기에 최수운의 한글가사 하나를 예로 들었지만 어디 그분뿐이겠는가? 무수한 침략을 막아내고 한반도의 자주성을 지켜온 조상님을 일일이 열거하기도 힘들게 많고 많다. 그 중에 대표적으로 우리는 고구려, 고려, 조선과 일제 강점기,그리고 해방이후의 선각자들이 주창하신 내용들이 무엇인지 회자되고 교육될 필요가 있다. 그런데 역사의식이 쇠퇴해서인지 아니면 역사의 중요성을 의도적으로 깍아내린 결과인지는 모르나 역사관이 희박해지고 왜곡된 정도가 걱정스러운 상황이다.

　얼마 전 유력 정치인의 역사인식을 반영한 발언이 기억난다. 그것 또한 왜곡된 역사관을 가질 수밖에 없었던 결과일 뿐이다. 이제라도 우리 선조들에게 이어져온 정신세계인 푸르른 하늘처럼 높은 기상, 그리고 한없이 귀하고 외세가 따라올 수 없는 자주적 역사성을 다시금 회복하기 위한 노력을 경주해야 한다고 강조하고 싶다.

(안산신문 2022. 10. 19)

무궁화

7월 어느날인지 기억은 안난다. 아마 무더위가 한창인 7월초였을 것이다. 출근길에 피어있는 무궁화를 보았다. 많은 꽃들 중 하나이기에 별 관심이 없었다. 한 여름꽃이니 당연히 피어있는 꽃일 뿐이었다. 무궁화나무 한그루에는 수십송이가 평범하게 달려 있었다. 그냥 평소와 같이 꽃을 많이 달고 있군하며 관심을 두지 않았다. 그런 가운데 매일매일 출근시간에 무궁화를 마주치게 되었다.

아침마다 피어있는 무궁화를 무심결에 쳐다보는 일이 잦아졌다. 그러면서 좀 자세히 보게 되었다. '무궁화 꽃잎은 오엽이구나. 색깔도 3~4가지 되네. 꽃잎 중앙에 찐한 색이 멋있네'하며 저절로 머릿속에 담아두기 시작한 것 같다.

무궁화 한그루에는 수십송이 꽃이 달려있다. 보통 사람 키높이 정도이거나 조금 더 크면 2미터정도 높이이다. 별로 크지 않은 나무에 올망졸망 달려있는 꽃들은 그저 소담스럽거나 수수했다. 4,5월의 꽃들처럼 눈에 확연히 들어오는 선명함과 화려한 꽃은 아닌 것 같기도 하다.

'내가 그의 이름을 불러주기 전에는 그는 다만 하나의 몸짓에 지나지 않았다. 내가 그의 이름을 불러주었을 때 그는 나에게로 와서 꽃이 되었다.'김춘수 시인의 꽃'이 생각나기 시작했다. 나도 무궁화를 바라보고 생각할 때 점점 그 꽃은 실제하는 꽃이 되었다.

무궁화는 내 생각의 곁을 돌다가 생각속으로 들어왔다고 표현해도 되겠다. 그런 무궁화는 9월말이 다가오는 오늘까지도 여전히 피어있다. 처음에는 여름꽃이니 1달 남짓 피어 있다가 지겠지 했다. 그게 웬

걸 석달 가까이 고운 자태를 과시하고 있다.

은근과 끈기가 대단한 것이다. 평범한 것 같지만 나로선 놀라운 일이었다. 수많은 꽃들 중 하나에 불과했던 꽃이 이제는 수많은 다른 꽃들보다 제일 먼저 생각나는 존재가 되어버린 것이다. 때문에 사진도 찍고 향기도 맡아보는 꽃이 되었다. 그리고 다른 꽃들에게도 관심을 더 가지게 만들었다. 무궁화를 통해서 생명력을 자랑하는 꽃의 신비에 감동하게 만들었다고 해야 할 것이다. 나에게 꽃에 대한 전체를 생각해보게 한 무궁화이기에 어째서 무궁화가 우리나라 꽃인지 알 수 있게 되는 것 같다.

그런 무궁화가 3달이 지나도록 지지않고 여태까지 피어있는 걸 보며 마음이 열렸다. 아니 무궁화가 내 마음을 열었다. 한 여름 내내 뜨거운 열기속에서 무궁화는 애를 썼을 것이다. 거센 비바람 태풍도 겪었다. 나는 많은 시련을 마주하며 아름다운 꽃봉오리들을 피우고 지켜온 지난날들을 사랑하게 되었다.

안산에는 무궁화 동산이 조성되어 있다. 2500여그루의 무궁화나무가 있다. 이쁜 무궁화는 색깔별로 6가지로 구분이 된다고 한다. 배달계, 백단심계, 홍단심계(자단심계), 적단심계, 청단심계, 아사달계로 일컬어 진다. 이런 구분은 무궁화 동산 안내판에 자세히 나와 있다.

지금이라도 안산 호수공원에 있는 무궁화 동산을 방문해 보시라. 그곳에 피어있는 무궁화는 지난 7월부터 9월말 현재까지 무려 3개월간 꽃을 피우고 있다. 한그루에 수십송이씩 자그마한 꽃들이 달려 있다. 그러나 필자에게는 큼지막한 꽃으로 각인 되었다.

겨우 한달내지 길게 피어봤자 2달정도 인줄 알았는데 더위가 가고 가을 초입인 요즘에도 날 바라봐요 하며 여전히 눈길을 사로 잡고 있는 중이다. 출근길에 매일 보던 무궁화! 보면 볼수록 꽃잎 하나하나가 도톰하고 앙증스럽고 과감하다. 무심하던 사람의 마음도 활짝 여는 힘을 가졌다. 그 에너지는 한 여름을 견뎌온 인내같기도 하고 여름을 사랑한 성품같기도 하다. 주어진 여건속에서 최선을 다한 무궁화는 내년 여름을 꿈꾸면서 꽃잎을 떨굴 것이다. 그러나 험난한 여름을 꿋꿋하게 지켜온 성실성으로 굳세고 치열하게 다시금 찾아올 여름을 위한 위대한 준비를 하게 될 것이다. 소박하지만 크고 찬란한 품성의 무궁화를 만나는 내년 여름도 기대가 된다.

(안산신문 2022. 9. 28)

스마트공장 보급사업 확대 절실

추석 물가가 천정부지로 치솟고 있다. 바야흐로 경제 지표는 총체적 난국이자 위기 상황이다. 이를 우리 모두는 살떨리게 심각하게 체감하고 있다. 코로나로 인한 수출부진에 대중국 무역적자가 진행되고 있다. 초유의 상황이다. 엎친데 덮친격으로 제반 물가 상승에 스테그플레이션인 저성장 국면이다.

경제 주체인 기업들도 초비상 상황이다. 그나마 굴지의 대기업과 최첨단 하이테크 기업들은 사정이 나은 편이다. 반면에 웬만한 뿌리기업과 원자재 수입 중소기업들은 죽을 지경이다. 필자는 경기도의 스마트제조혁신센터장을 하면서 스마트공장 보급 확산에 일익을 담당하고 있다.

오늘 아침에도 어느 기업이 스마트공상 구축 신청을 했다가 포기 공문을 보내왔다. 담당 부장에게 전화를 했다. 화장품 용기 포장 공급 회사이다. 납품받던 대기업이 수급 물량을 대폭 줄였다고 한다. 덩달아 수출 물량도 줄어서 심각한 경영난에 빠졌단다. 그러니 스마트 공장을 만들 수 없다고 기운 빠진 목소리로 말을 한다. 그냥 힘내시라는 말밖에 드릴 말씀이 없었다. 이같은 상황은 대부분의 중소기업 현재 상황일 것이다.

전국에는 2019년기준 44만여개의 제조기업이 있다. 이중 95%이상이 직원 100명이하의 중소 제조기업이다. 상대적으로 매우 열악한 제조기업에 생산 자동화, 고도화를 위한 설비와 솔루션 개선은 필수적이다. 그리고 이를 도입하는데 필요한 양질의 고급 일자리도 준비가 될 수 있다.

이렇게 스마트 공장이 구축된 중소기업들은 확실하게 생산성, 원가 절감, 불량률 감소, 납기 단축, 산업재해 감소를 20%이상 기대할 수 있다. 중기부의 평가 보고서가 증명한다. 그래서 본격적으로 2019년부터 올해까지 전국에 3만개의 기업에 구축할 목표를 달성해 가고 있는 중이다. 이처럼 중소기업 경쟁력과 경제발전에 주력 상품인 사업을 윤 정부는 내년에 대폭 줄인다는 계획을 입안했다. 어이가 없고 어처구니도 없다.

올해도 스마트 공장 구축은 인기가 높아 신청률이 400%를 웃돌았다. 현재도 경기테크노파크의 스마트제조혁신센터 직원들이 눈코 뜰 새없이 바쁘게 일처리를 하는 중이다. 기 구축된 기업의 만족도도 매우 높다. 그런데 윤 정부의 기획재정부는 스마트공장 보급 사업에 매년 배정된 3300억에서 2300억 이상을 삭감하여 1000억 이하의 예산을 확정하려고 한다.

정말 거꾸로 가는 정책이 아닐 수 없다. 중소기업을 살리자고 하면서 실제로는 죽이고 있는 셈이다. 스마트 생산을 실현하려는 기업도 죽이고 1700여 기술 공급기업도 죽이며 중소기업의 아우성을 외면하는 몹쓸 예산안이다. 중소기업 지원 정책 중 몇 손가락안에 드는 효과가 입증된 정책을 스스로 걷어 차는 꼴이다. 지금도 제조 중소기업에서 스마트 공장 구축은 상종가를 치는 경제살리기 효자 정책 이다.

특히 경기도는 전국의 약 30%의 중소기업이 밀집된 지역이며 스마트공장 구축의 약 25%를 담당하고 있다. 이런 수요에 대비하려고 경기테크노파크는 전문인력을 대거 채용했기에

좋은 일자리 창출도 병행하는 사업이다. 이런 상황에서 윤정부 기재부의 내년도 스마트 공장 보급 사업의 대폭 축소는 중소기업 살리기에 역행하는 심각한 사안이다.정책은 현장을 중심으로 실상이 반영

되어야 한다. 중소기업의 목소리에 귀 기울이지 않는 예산의 삭감은 약이 아니라 독이다.

실의에 빠진 중소기업을 살리려고 영양제 주사를 주지 못할 망정 호흡기를 떼내려는 행태이다. 진정으로 경제를 살리고 민생을 챙기려는 현장 행정이 아닌 탁상공론인 셈이다. 중소기업인들의 염원에 부응하지 않는 정책은 이도저도 아닌 무용지책이며 허무지책일 뿐이다.

(안산신문 2022. 9. 7)

자기 경영의 완성, 홍익인간

　리더쉽이 평생 교육의 화두로 등장한지 오래다. 각종 사회 교육원에서는 리더쉽 교육이 한창이다. 리더쉽 교육의 바이블인 데일 카네기 저서 '인간 관계론'은 성경 다음으로 많이 읽혔다고 한다. 피닉스, 크리스토퍼, 각 대학의 AMP과정 등 종류도 많은 리더쉽 코스는 사회 생활에 필수적인 요소로 작용하는 중이다.

　리더쉽 이론은 주로 서구적 모델을 중심으로 전개되어 왔다. 그것은 과거,현재, 미래를 나누어 설명하기도 하는데 과거형은 독재적 리더쉽, 민주적 리더쉽, 자유방임형 리더쉽으로 구분되기도 한다. 현재형은 카리스마, 서번트, 전략적, 협상적 리더쉽 등등으로 분류하는 식이다. 리더쉽 이론이 서구 사회의 필요에 의해 정립되었고 그것이 전파된 계기는 건강한 공동체를 위한 평생교육의 필요성 때문이었다. 사회에 올바른 인격체들이 많을수록 사람들이 살만한 환경이 되는 것은 자명하므로 리더쉽을 강조해도 지나침은 없을 것이다.

　그러나 우리가 배우는 리더쉽이 타인으로부터 인정받고 존경받기 위한 수단에만 머문다면 온전하지 못하다는 생각이다. 기존의 리더쉽 코스는 그런면에서 일종의 한계를 가지고 있다고 보여진다. 왜냐하면 우리 전통 정신에서 강조해온 전인적 인격체에 필요한 철학사상이 결여되어 있다고 보기 때문이다.

　필자는 대학교 경영학과에서 리더쉽을 강의하면서 셀프 리더쉽 (Self-leadership)을 강조하고 있다. 리더쉽 과정에서 최고로 높은 목표이자 완성태라고 보기 때문이다. 셀프리더쉽, 즉 자기 경영은 한마디로 자신을 콘트롤 할 수 있는 경지이다. 중용 정신으로 보면 수신

(修身)이며 극기(克己)이다. 신독(愼獨)이며 인부지이불온 불역군자호(人不知而不 不亦君子乎)이다. 노자로 보면 작위(作爲)를 배제하고 무위(無爲) 하는 정신이다. 불교로 보면 응무소주이생기심(應無所住而生其心)하는 반야(伴夜)의 지혜이다.

자기 경영은 자기 성찰, 자기반성, 자기를 존중하는 방안이다. 자신을 잘 알도록 훈련을 거쳐 습득하는 경지이다. 인간이 인간이 되기를 배우는 과정 그 자체를 의미하기도 한다. 인간이 된다는 것은 인간의 자기 발견이며 자기 비판이며 자기 검토와 배양을 통해 자기를 완성하는 의미가 있다. 그래서 궁극적으로는 자신의 주체성을 확립하는 과정이다.

자기 경영을 통해서 우리는 자신을 존중할 뿐만 아니라 타인을 존중하게 된다. 왜냐하면 자신이 소중한 만큼 타인도 소중함을 혜량했기 때문이다. 단순히 타자를 존중해야 한다는 도덕적 당위론이 아니다. 내가 있기 위해서는 너와 우리가 있다는 성찰에 다다른 결론이다. 즉, 내가 있기 위해서는 타인이 있어야 한다는 근본적 세계관을 담은 사유이다.

이처럼 자기 경영이란 말에는 고도의 철학적 사상이 담지되어 있다. 유한한 인간의 한계속에서 무한한 진리를 추구하는 고귀한 정신인 것이다. 그래서 으뜸가는 가르침이며 이를 달성하는 것이야 말로 최고의 학문에 도달하는 것이라고 역사 전통사상은 적시하고 있는 것이다.

이러한 자기 경영을 습득하였다면 흔히 말하는 수신제가 치국평천하가 이루어진다. 수신을 통해 가족과 공동체를 만족스럽게 운영할 수 있다는 뜻이다. 수신은 자기 경영의 동양적 표현 방식이며 홍익인간은 가장 큰 리더쉽의 한국적 이상향이다. 홍익인간이야말로 셀프

리더쉽을 완성한 경지이며 리더쉽의 최고의 목표인 셈이다. 전통사상에서 운위되는 군자와 성인이 실천하는 도이다. 나를 세우고자 하면 남도 세워주고, 내가 달성하고자 한다면 남을 달성하게 하는 위대함이 있다. 이를 중용에서는 위성지학이며 위기지학이라고도 한다. 사람에게 군자와 성인이 될 수 있는 가능성을 열어 놓은 생각이 홍익인간이란 큰 깨달음에 이르게 한다. 홍익인간은 그야말로 이러저러한 리더쉽을 모두 모아 놓은 엑기스이자 핵심인 셈이다.

　현대 사회에서 배울 가치가 있는 이치와 사상은 동서양을 막론하고 활발하게 전개되어야 한다. 그 와중에서 우리의 전통 정신이 전해 온 홍익인간이란 대오각성의 이치와 사상 역시 늘 강조하고 중요하게 받들어 모셔야 한다고 생각한다.

(안산신문 2022. 5. 4)

0.73%라는 국민 선택에 숨어있는 의미

24만 7077명의 차이로 당락이 결정되었습니다. 그 격차는 역대 대통령 선거중 최소입니다. 승자는 승자대로 인수위를 꾸리고 향후 국정운영을 준비하고 있고 패자는 패인 분석에 몰두하였습니다.

그리고 시간이 조금 흘렀습니다. 이제 좌절과 분루의 수위도 조절 가능할 만큼 진정되어 간다면 이번 국민 선택의 중요한 핵심을 탐구해야 할 겁니다.

승리한 쪽은 부동산을 정점으로 한 문재인 정부의 실책으로 이겼다고 생각합니다. 그 기저에는 기득권 보수 입장을 지지하는 정권교체 열망의 민심이 승리한 것으로 정리된 듯 합니다.

패배한 쪽은 불리한 제반 환경에서 지긴 했으나 거센 정권교체 바람을 잠재우고 아슬아슬하게 선방했다는 위안을 갖는 듯 합니다.

그러면서도 어떤 원인 때문에 졌는지 우선순위를 매기지 못한 채 갑론을박 중입니다. 다양한 견해가 토론을 통해 정리되는 것은 당연하지만 책임 소재가 불거지기 때문에 소모적 논쟁으로 비화될 가능성이 있습니다. 저도 이런 상황이 벌어질 것 같아 우려스럽습니다.

한편으론 재기의 발판과 교두보는 확보했다고 개인적으로 생각합니다. 보다 시대의 변화를 읽고 대처하며 정의로운입장에 있었던 혁신가가 계획한 국운 융성의 기회를 놓친 안타까움도 함께 느끼고 있습니다. 이긴 쪽이 벌써부터 집무실 이전 논란으로 민생과 유리된 혼란을 초래하는 걸 보더라도 앞으로 얼마나 잘못될까 걱정스럽기 짝이 없습니다 .

그러나 이렇게 이기고 지는 원인을 상대방의 잘못이나 스스로의 능력과 부족 때문으로 분석하는 것이 충분하고 올바른 것인가에 대해 단호히 아니다라고 말하고 싶습니다. 승패의 원인은 국민 마음속에 따로 깊이 깊이 숨겨져 있다고 생각하기 때문입니다.

그것은 각 개인이 개별적으로는 알듯 모를 듯하지만 합쳐지면 거대한 섭리가 되는 자연의 본성이자 현묘한 순리가 발현한 것이라 생각됩니다. 말하자면 현묘하고 혼융된 자연의 섭리를 담고 있는 사람들의 근본적 본성들이 총결합하여 형성된 국민의 암묵적 결론이 승패를 가른거라는 생각이 들었기 때문입니다.

바로 우리가 소위 천심이라고 불확정적 모호한 개념으로 말하기도 하는 민심입니다. 민심은 우리 대한민국이 과거로 부터 이념으로 지역간, 계층간으로 갈라져 있다는 사실을 잘 알고 있습니다.

더군다나 근래에 들어서서 민심의 저변에는 청년세대의 남녀갈등, 양성평등의 시각차이, 세대불통이 심화되는 상황에 있음을 체감하고 피부로 느끼고 있었습니다. 갈등과 혐오로 인한 심리적, 경제적 소모와 낭비가 극에 달했습니다. 행복지수 세계 60위권, 자살률 1위, 양극화로 극빈층 양산 등등. 그러니 공통 분모로 사분오열된 사회의 난맥상에 국민들은 심한 우려감과 피곤함이 정서 밑바닥에 깊게 깔리게 되었다고 생각됩니다.

그래서 청년세대는 사회 시스템이 불만이고 노년은 그냥 문재인 정부의 편향된(?) 국정운영을 불안해 했습니다. 국민 모두가 자신의 처지에서 코로나 때문에 업친데 덮친 격으로 나라를 걱정하느라 아우성 쳤습니다. 민심은 각자의 처지와 현실에서 본인이 바라는 후보를 찍은 것이지만 그 모든 선택들이 화학작용을 일으켜 융합되는 현상입니다.

그 융합 현상이 소위 천심으로 명명되어 국민에게 은연중에 회자되었다고 생각됩니다. 그 천심은 0.73%라는 결정을 내렸습니다. 누구에게도 일방적으로 이기게 하거나 진거로 만들지 않은 결과를 보여준거라 생각됩니다. 선거는 1표를 지더라도 진거고 다 빼앗기는 거라고 생각하지 마십시오. 현실이 과연 그런가요?

국민의 삶은 여전히 살아서 쉼없이 변화하고 순환하고 쇠퇴를 반복할 것입니다. 당분간은 상실되겠지만 쉼없는 자연 순환으로 곧 회복될 것입니다. 그러한 이치가 있기 때문에 상대를 부정함은 나를 부정함이요, 상대가 있기에 내가 온전히 완성될 수 있다는 성찰을 요구한다고 생각됩니다.

정치가 살아있는 생물이란 말도 뜻은 비슷합니다. 상대를 죽이거나 없애면 나도 죽는다는 상생적 인식이 기본적으로 성립되어 있는 겁니다. 그러니까 화합적 민심 결합의 향방은 서로 배제하지 말고 음양이나 낮밤처럼 서로간에 의존적 상대로 인정하라는 결정이자 명령을 내린 거라고 생각합니다.

대한민국은 온갖 이유로 사분오열 되어 있습니다. 더구나 코로나와 국제정세로 위기가 지속되고 있고요. 그러니 서로 결함있는 한 쪽만을 선택하지 않는 건 천심의 작용일 것입니다.

한쪽만으로는 온전치 못하다는 자연 본래의 섭리가 작용한 것으로 보입니다. 코로나가 인간 문명의 자연파괴와 비환경적 폭주를 경고한다는 시각과 유사한 측면이 있습니다.

그래서 서로를 부정하며 다투지 말고 힘을 합쳐 국가의 장래를 위해 위기상황을 돌파하라는 뜻이 화학적으로 융합되어 최종 결론을 도출해 낸 것이 이번 표심에 흐르는 깊은 뜻이 아닌가 생각해 봅니다. 이것이 이번 대통령 선거에 대한 저의 핵심적인 결론이라고 주장하고 싶습니다.

승자와 패자가 자기 중심적으로 사안을 들어다 보면 치우치고 편견이 생길 수 밖에 없습니다. 자기 주장에 충실하다 보면 객관을 상실할 수 있습니다. 그러면 제대로 올바른 분석이 나올 수 없을 것입니다.

이명박 박근혜 정부부터 문재인 정부까지 표심의 향방을 물리적으로 산술적 계산으로 정치에 반영한 결과는 마지막에 참담한 결과를 초래하였습니다. 선거에서 큰표 차이가 나서 일방적으로 이긴 나머지 나라를 전횡한 이명박 박근혜 정부는 비슷하게 정치적 낭패를 당했습니다.

문재인 정부도 말년에 와서 정권교체 대상으로 전락하는 치욕을 뒤집어 쓰고 있습니다. 물리와 계산을 넘어 화학적으로 민심을 살폈어야 합니다. 선거를 통해 국민 각자가 뿔뿔이 흩어져 주권행사를 했지만 그 총합은 의미 심장합니다. 구구한 설명보다 심플하게 보면 균형과 견제라는 국민의 직관과 통찰의 선택지가 0.73%라는 결과를 만든 것 같습니다.

3천4백여만 표심을 한데로 모아 융합하면 결론은 하나입니다. 어느한쪽을 믿을 수도 없고 힘을 몰아주기도 싫다는 것을 나타내고 있습니다. 그러니 "상대방을 인정하고 서로 혐오하지말고 지혜를 모아라. 같은 공기로 숨쉬고 있지 않은가. 대한민국 앞날의 희망은 서로를 부정하는데 있지 않고 서로를 긍정하는데 있다. 국민은 명령한다. 서로 죽일 듯 싸우지 말고 실력껏 경쟁하여 서로를 상생하게 하라"는 겁니다. 이번 선거의 의미는 민심의 은일한 지상명령이자 천심을 똑바로 읽을 때에 파악할 수 있습니다.

오랜 가뭄으로 갈라진 논처럼 사분오열되어 서로를 등진 세력의 편벽과 오만은 우리 삶에 도움이 안되는 해악일 뿐입니다. 혐오와 배제의 끝은 전쟁과 공멸입니다. 그 갈라진 바닥에 물꼬를 내고 물을 채워야 합니다. 그 물은 민심이 요구하고 명령하는 본질입니다. 이것이 이번 선거에 은밀하게 잠복된 민심의 명령이자 결정이라고 생각됩니다.

(안산신문 2022.4. 6)

높이 난 우상혁과 마후치크의 쾌거

지난 20일 세르비아 베오그라드에서 열린 세계 실내 육상선수권 높이뛰기에서 25살의 군장병 우상혁이 금메달을 거머주었다. 초유의 일이다. 높은 벽 세계육상 종목에서 최초의 성과이다. 불가능일 것 같은 목표를 달성했다.

2m34cm를 넘어 우승이 확정된 순간 시청하는 국민들에게 군인답게 거수경례를 깍듯이 했다. 감동이다. 자랑스럽다. 가슴으로 경례를 받았다. 가슴 뭉클하다.

우상혁은 기쁨의 눈물과 함께 환한 웃음을 보인다. 자신있는 표정으로 대한민국 청년의 젊은 패기를 유감없이 발휘하였다.

높이 걸쳐진 바를 향해 솟구쳐 오르는 모습은 아름다운 비상이다. 비상하는 청년의 기상은 하늘까지 뻗칠 기세이나. 우상혁이 넘은 2m34cm는 단순하게 높이를 나타내는 숫자가 아니다.

세계 육상종목 선진국과 나란히 어깨를 견줄 수 있다는 시금석이다. 대한민국이 노력만 하면 각분야에서 늠름하게 세계 최고의 엘리트로 성장할 수 있는 공정한 나라임을 표방하는 것이다.

또한 대한민국이 선진국의 자격을 갖춘 나라라는 것을 증명하는 쾌거이다. 더욱이 세계 최고 수준의 민주 평화 국가로 발돋움했다는 증거이다. 자랑스런 대한민국을 느끼게해 준 우상혁에게 감사한다.

한편 "여기가 나의 전선이다." 우크라이나의 여자 높이뛰기 선수 야로슬라바 마후치크(21)가 여자 높이뛰기에서 우승한 뒤 심정을 토로한 말이다.

여자 높이뛰기의 '샛별' 마후치크는 이날 결선에서 2m02를 넘어 정상에 올랐다. 그녀는 영국 BBC와 한 인터뷰에서, "나와 가족, 내 나라에 매우 중요한 승리다. 여기가 나의 전선"이라고 말했다

마후치크는 "여기까지 3일간 차를 타고 왔다. 내 마음이 내 나라에 가 있었기 때문에 여기서 점프하는 게 정신적으로 무척 힘들었다"

그러나 "나는 내 나라를 위해 잘했다고 생각한다. 왜냐하면 나는 트랙에서 내 나라를 지켰기 때문"이라고 소감을 밝혔다.

마후치크는 당분간 우크라이나로 돌아갈 수 없다. 그녀는 "4월에는 꼭 우크라이나로 돌아가 가족, 친구들과 만났으면 한다"고 전쟁이 끝나길 소원했다.

러시아가 우크라이나를 침공한 상태에서 조국에게 기쁜 소식을 전하려는 간절한 마음이 읽힌다. 스포츠가 단순한 선수들간의 경쟁이 아닌 것은 자기들 조국의 명예를 위해 훈련하고 싸우기 때문이다.

개인의 성공을 넘어 국가에 기여하려는 의지가 아름답다. 그래서 우상혁이 주는 감동과 마후치크가 주는 감동은 똑같다. 앞서 세계육상연맹은 러시아.벨라루스 선수들의 출전을 금지했다. 러시아.벨라루스 선수들은 어떠한 잘못도 없다. 단지 러시아 정권의 흉포함과 야욕의 희생양이 되었을 뿐이다. 그래서 우상혁과 마후치크는 평화의 승리이고 민주 정신의 승리이기도 하다.

(안산신문 2022. 3. 31)

왕건과 견훤이 나눈 편지

우리는 중국의 삼국지나 초한지를 잘 안다. 이야기 거리가 풍부하다. 역사적 인물들이 많이 나온다. 전쟁속에서 각 인물의 특징을 볼 수 있다. 전략과 전술의 다양함도 흥미롭다.

유비 관우 장비의 도원결의, 제갈량에 대한 유비의 삼고초려, 조조가 대패한 적벽대전, 유방과 항우의 대회전, 항우의 마지막 순간인 사면초가, 유방이 한신을 제거하는 토사구팽 등등의 유명한 이야기들이 전해 내려 오고 있다.

이러한 장면들은 하나하나 우리의 삶에 영향을 미친다. 무언가 전해주는 메세지가 있음이다. 때로는 교훈이 되고 역지사지하게 한다. 반면교사도 있다. 스펙타클한 중원의 영웅들이 생생한 모습을 연상하게 한다.

그래서 전쟁이지만 재미도 있고 지식도 된다. 삶의 지혜로?활용되기도 한다.?손자병법이 필독서인 이유이다. 개인과 사회생활에서 활용할 내용이 많다.

이렇게 유명한 장면들과 이야기 거리가 될만한 순간들을 우리 역사에서 한번 찾아본다. 삼국사기와 삼국유사에 공통으로 나오는 이야기이다. 왕건과 견훤에 관한 기록이다.

후백제 견훤은 무장으로 출중한 능력이 있었다. 그러나 성정이 난폭하다고 알려 졌다. 그것은 신라에 쳐들어가 경애왕을 죽이고 경주를 유린했다는 과오에서 유래한다.? 당시 경애왕은 포석정에서 술과 안주를? 띄우며 유희중에 주지육림 정도는 아니지만 흥청망청한 상태에 빠져 있었다고 한다.

그런 견훤이 고려태조 왕건에게? 먼저 편지를 보낸다.

"~전략~ 전쟁이 그치지 않으며 족하(왕건을 지칭)께서는계책으로 침략하여 소란스러웠으나 아직도 내 말의 머리도 못보고 내 털 하나도 뽑지 못하였소. ~중략~ 이기고 질 것은 알만한 일이니 내가 바라는 일은 활을 평양 누각에 걸고 말에게 대동강 물을 먹이는 것이오. 그러니 신라를 돕지 말라"며 경고한다.

이에 왕건은 "~전략~ 나도 싸움을 하지 않는 무를 숭상하고 죽이지 않는 어짐을 기약하여 군사를 쉬게 하고 백성을 편안케 하려는데 전갈의 독처럼 백성을 해치고 이리의 광기와 동탁의 간계와 흉악함이 걸, 주보다 더하고 어질지 못하니 하늘이 무너진 원통함이 극에 이르렀소. 견마지로하여 무기를 잡아 하늘이 부여한 천명을 다할 것이니 후회하지 마시오.(축약)"라는 답장을 927년 정월에 보낸다.

어쨌든 부하 신숭겸이 왕건의 옷을 입고 대신 죽는등의 우여곡절 끝에 승기는 왕건에게 기운다. 견훤은 아들들의 반란으로 왕건에 의탁하여 상보(왕의 스승)란 직함을 수여받고 말년을 보냈으나 흉악한 인간으로 역사에서 지탄받게 된다. 승자 고려 태조는 훌륭한 인품과 덕성으로 칭송받고 패자 견훤은 졸지에 몹쓸 사람이 되었다.

역사 기술은 이렇다. 대체로 승자 중심으로 쓰여지고 편집된다. 그러함에도 왕건과 견훤의 상쟁은 여러가지 흥미진진한 내용이 많다.

결코 삼국지나 초한지 보다 빈약한 내용이 아니다. 그런데 사람들이 잘 모르는 것은 우리의 역사를 등한시 하기 때문이다. 너무 많은 우리 역사가 관심사에서 멀어져 있다. 역사를 잊은 민족에겐 미래가 불확실한 이유가 여기에 있다. 역사의 퇴보가 반복될 수록 우리 것을 소중하게 생각할 때이다.

(안산신문 2022.3. 18)

103주년 3.1절을 맞이하여

역사를 잊은 민족에겐 미래는 없다! 지금과는 차원이 다른 새시대는 오리라! 만민 평등 실현하여 소수 특권 없는 나라로, 민주 평화 실현으로 수구 냉전 사라진 나라로, 성장과 공정으로 모두가 잘사는 나라로, 선진국다운 선진국으로, 기득권 특권 없는 평등세상 불가능하다구요? 아니요! 가능합니다.

이러한 희망을 실현하기 위하여 우리 사회에는 커다란 변화가 필요합니다. 현재의 고정된 피라미드식 위계적 사회구조가 개혁되어야 합니다. 피라이드 사회의 꼭지점 부근에 가려고 살벌한 경쟁이 얼마나 극심합니까? 밀어내고 떨어트리고 밟아버리고! 그런 사회를 둥그런 달 항아리 모습으로 변혁해야 합니다.

피라비드형 사회는 사대주의와 친일, 독재의 산물로 그들을 위한 사회 구조였습니다. 그들은 색깔론을 등에 업고 수구냉전 세력으로 잽싸게 변신하며 피라미드 정점에서 특권을 휘어잡게 됩니다.

기득권 카르텔이 만들어진 기반이었죠. 그러므로 기득권만 억제하면 상층과 중산층이 두텁게 평준화된 사회를 만들 수 있습니다. 그러면 상층 이동의 기회가 많아집니다.

청년세대의 좌절과 실망이 없어집니다. 이것이 진짜 선진국으로 변화되는 모습이겠죠. 이번 선거는 대한민국을 피라이드 사회에서 둥근 달 항아리 모양으로 바꾸는게 핵심일 겁니다.

그야말로 국민 모두의 평화와 번영을 위한 대전환이자 대변혁인거죠. 그러기 위해서는 무엇보다 먼저 정신과 의식을 형성하는 사상의 변화가 있어야 합니다. 기득권층이 특권을 가지고 주무르는 현실은 이데올로기 형성과 조작이 아니면 불가능합니다. 그들이 과거에 성공한 이유는 전적으로 교묘하고 지속적인 지배 정당성의 확보에 있었습니다. 그것은 역사왜곡과 물리적 폭압을 통해 자주의식을 뿌리채 뽑는 것부터 시작되었습니다.

구한말부터 역사는 더욱 엉망이 되었습니다. 망해가는 조선왕조는 더이상 미래 희망이 없었지만 그에 반해 새로운 척양척왜와 보국안민의 동학사상과 의병활동은 광범한 백성의 지지를 받게 됩니다.

구한말은 낡고 병든 왕조체제가 민초들이 열망하는 자주적 민본제로 대체되는 변혁의 시기였습니다. 그러나 그러한 동학과 의병의 주권의식은 일제와 썩은 세도정치세력에게 말살 당하게 됩니다.아주 철저하게 붕괴되었습니다.

그리고 일제 강점기가 진행되며 각처의 의병활동과 3.1운동을 비롯한 독립투쟁과 자주의식은 극심한 탄압을 받습니다. 일제의 하수인들은 해방후 미국을 등에 업고 좌우대립 상황과 한국전쟁을 통해 기사회생하던 자주적 주인 정신을 또다시 뿌리채 뽑아냅니다.

해방후부터 이승만, 박정희로 대표되는 정권으로부터 우리의 자존 정신은 탄압속에 병들고 약해졌습니다. 거의 모든 선각자들이 사멸해 갑니다. 4.19, 5.18광주항쟁을 비롯한 모든 개혁운동은 순간의 성공이 순식간에 독재 수구세력들에게 철퇴가 가해집니다. 그 속에서 우후죽순으로 기득권 특권세력이 자리를 잡고 대외의존적 사고, 사대 식민사상으로 우리 사회를 물들였고 정신을 마비 시켰습니다.

그 결과가 지금 현재의 대안없는 정치 혐오, 자존없는 미중일 편향, 맹목적인 정치, 국민분열 특권 추구가 여전히 남아 있습니다. 가슴 아픈 일입니다.

선거투표는 자유지만 퇴행적 행태속에 미래가 있을 것인가를 생각할 수 밖에 없습니다. 나라의 장래를 생각하고 선진국인 대한민국을 자랑스럽게 만들어가야 합니다.

경제 민주화와 성장 경제를 공정하게 추진하여 골고루 국민이 행복한 나라를 만들어야 합니다. 그리고 대한민국은 세계의 평화와 기후위기에 대처하는 리더 역할을 해나가야 합니다. 그에 걸맞는 대표 일꾼을 뽑아야 합니다.

그러므로 개인의 작은 이익과 유불리만을 따지면서 대의를 망각하고 훼손하면 우리 자식들과 청년들이 살아갈 미래는 어찌합니까? 현재가 고통스럽다고 미래마저 포기하십니까? 그리고 대다수 국민의 현실이 괴롭지 않은 적 있었습니까? 민생이 고달픈 원인은 무엇 때문이었나요?

현재의 고통과 고난은 돈있고 권력있는 기득권이 특권을 차지하면서 불평등을 서민들에게 행사했기 때문 아닌가요? 한마디로 수구 냉전주의로 어부지리 특권을 누리는 검언유착, 관피아, 모피아 등의 기득권 카르텔 때문임을 조금만 생각해도 알 수 있습니다!

특히 법조계는 제 식구 감싸기, 유전무죄, 없는 죄도 찍어 만드는 집단임을 요즘 여실히 보여 주었습니다. 그들은 자신들의 이익을 지키느라 법비로 전락해 버렸습니다. 그러니 더이상 특권세력에 기죽지말고 거짓말과 음흉한 계략에 속지 말아요. 일부 언론들의 음해와 모략을 믿지도 말고 잘라 내 버립시다.

선진국 대한민국에서 더이상 퇴행적인 저급한 정치가 용납되서는 안됩니다. 굳건하게 민주와 평화를 발전시키고 대동세상을 향한 개혁과 혁신의 대열에 동참해 가자구요.

현재 고통의 뿌리를 뽑아내고 우리 자신과 자손들이 행복한 대한민국을 위해, 국리민복을 위해, 민주주의를 위해, 평화통일을 위해, 역사의 대전환을 통해 지금과는 차원이 다른 국민 통합의 새시대로 3.1정신을 이어가야 합니다. 새로운 대한민국 만세! 만세! 만세!

(안산신문 2022. 3. 2)

밝은 미래는 역사의 재정립으로 열린다!

단군왕검이 나라를 다스린 고조선 건국이념이 홍익인간이다. 왜? 홍익인간일까?

고구려의 시조 고주몽은 왜 알에서 태어났을까? 신라의 시조 박혁거세도 왜 알에서 태어났을까? 그 당시 족장들은 알을 보고 괴이하게 여겨 길가에 버렸다. 그랬더니 지나가던 말도 피해가고 새가 날아와 알을 품었다. 돼지우리에 넣었더니 돼지도 알을 보호하더라. 이런 신화가 만들어진 것은 무엇 때문일까?

단재 신채호의 "조선 상고사"를 보면 김부식의 "삼국사기"이후에 참고할만한 고대사 사료가 거의 전부 사라졌다고 한다. "삼국사기"에서 인용한 한국 고대사 사료가 여러 가지 수없이 많이 나와 있는데 없어져 버렸다. 중국과 비교하어 기록을 잘 보존하시 못한 셜과이다. 신채호에 의하면 "삼국사기"가 한국의 고대사를 정리하기 위한 것이 아니라 고대사를 청소하기 위한 것이라고 의문을 제기하였다.

왜 그렇게 되었을까? 그 많은 고대사 자료가 어째서 없어져 버린 것인지? 또 광개토왕비는 무슨 이유로 글자가 훼손되거나 임나일본부설을 뒷받침하는 가짜 글자가 새겨졌는지? 생각하고 또 생각해 볼 일이다.

구한말 쓰러져가는 조선 왕조는 더 이상 백성을 이끄는 지도적 위치에 있지 않았다. 그러한 때에 의병활동과 동학은 한반도를 지키려는 보국안민의 가장 뚜렷한 역사적 족적을 남겼다. 그러나 일제는 집요하게 의병과 동학을 철저히 말살시켰고 막가는 세도정치는 이에 동조하였다.

어째서 이런 일들이 벌어지고 그 실상은 무엇인지 자세하게 알 수 없는지? 일제 강점기에 치열했던 독립운동과 그 활약상이 고스란히 국민들에게 알려지지 않는 것인지? 한국전쟁과 그 당시 좌우대립속에 국민들을 고통속에 몰아넣은 가장 주요한 원인이 무엇인지? 그리고 한국 현대사를 장식한 자랑스런 업적에 무엇이 가장 중요한 역할을 하였는지?

결국은 현재의 대한민국이 있기까지 무엇을 잘했고 못했는지를 국민적 합의로 가닥을 잡으면 좋으련만 그게 왜 잘 안되는지? "역사를 잊은 민족에게 미래는 없다"는 말을 다시금 생각해 볼 필요가 있다.

우리나라 역사를 살펴보면 참 많은 우여곡절을 겪었다고 간략하게 압축을 한다. 우리 역사속에 경험한 일들이 지금의 우리를 만드는데 자양분이 된 것은 틀림없다. 그러한 수많은 고난과 역경속에 지금의 대한민국은 세계가 인정하는 선진국이 되었다.

선진국이 된 지금 진짜 선진국이 되기 위해선 미래가 투명해야 하고 희망차야 한다고 생각한다. 그것은 우리 역사를 한번 더 자세히 의미있게 재정립한다면 성공할 수 있다고 생각한다.

그러려면 이제는 우리 역사를 자주적이고 주체적인 시각에서 재해석할 수 있을 때 가능하다.

우리는 대한민국의 역사를 아주 명쾌하게 정리하지 못하고 있다고 생각한다. 이 말은 역사적 시간이나 사건의 기록들이 불분명하다는 뜻이 아니다. 우리 한민족의 사상과 철학을 정립하는데 필수적인 역사적 의식이 또렷하지 않다는 의구심과 걱정이 든다는 생각이다.

왜냐하면 우리의 현대사는 너무 서구 의존적이었고 매우 사대적이었으며 식민 사관으로 오염되었기 때문이다. 우리의 자주성과 주체성이 결여 될 수 밖에 없는 시대 상황이었던 것이다. 그러나 이제 새로운 진짜 선진국으로 도약해야 하는 대한민국은 과거에 영향을 받던 제반 사조를 벗어나야 한다.

우리의 내부로부터 발휘되는 역사의식과 주인의식을 가지고 역사를 일구어 나갈 때 진정한 선진국이 될 수가 있음이다. 이를 우리는 역사의 대전환이며 시대적 전환이자 다시 개벽이라는 의미로 가치 부여를 하고 있다. 이를 바탕으로 우리 사회의 고질적 문제인 대립과 갈등이 근본적으로 해소되면 나라의 평화가 달성될 수가 있다고 믿는다.

역사를 다시 생각해 보고 또 생각해 보아야 한다는 관점은 그 동안의 고정된 역사 인식이 교정되고 변화하기를 원하기 때문이다. 위에서도 언급하였지만 외부에서 주어진 시각이 아니라 내부의 자주성에 입각한 역사 해석을 통하여 우리의 미래를 활짝 열 수 있다고 다시 강조를 해 본다.

(안산신문 2022.2. 16)

진정한 선진국이 되려면 무엇이 필요한가?

우리 사회는 능력과 학력을 가장 강조하고 열심으로 추구한다. 자식 낳은 부모의 교육열도 도시집중도 성공추구도 문명에 대한 관점도 능력과 학력에 기반한다. 압축 성장을 이루어 낼려면 교육과 능력을 강조할 수 밖에 없었기 때문이다. 그 결과 피식민지에서 선진국이 된 세계 유일국이 되었다. 그러나 그 성취 이면에는 짙은 그림자가 생겼다. 능력와 학력을 과도하게 추구하며 절대가치를 부여하는 도그마를 만들게 된 것이다.

그것은 능력주의와 학력주의라는 이름의 사회적 가치와 잣대의 형성이다. 능력과 학력을 최우선으로 선택하고 절대적인 권위를 부여하게 되었다. 특히 청년들은 너무도 많이 입시경쟁과 스펙쌓기에 에너지를 소비하는데 골몰한다. 아마도 그 노력속에는 청년들의 미래에 불필요한 교육과 지식도 많은 부분 차지하고 있을 것이다.

과도한 경쟁사회의 부추김속에는 불필요하게 에너지를 소모하는 스트레스가 작동하고 있다. 그러나 이처럼 능력과 실력을 강조하면 할수록 우리 사회에 상대적으로 능력없고 실력없다고 자의반 타의반 생각하는 국민이 너무 많다는 현상과 의도치 않은 엇박자가 생긴다.

그 숫자가 적은게 아니라 광범한 것이 현실이다. 국민중에 80~90%의 서민 대다수는 마음이 아프다. 남들과 비교하여 성공하지 못했다는 자괴감에 빠져있기 때문이다. 그래서 과열경쟁은 세계 자살률1위, 행복지수 5~60위권을 맴도는 가장 중요한 원인으로 작용을 한다. 이러한 사회적 현상은 경쟁대열에서 탈락한 사람들의 자존감이 붕괴되었다는 결과이기도 하다.

반면에 능력과 학력의 경쟁에서 밀려나지 않으려는 전 사회적인 필사적 노력은 일정한 성과를 내고 있다. 그것은 일종의 집단지성이라는 지식기반 사회라고 지칭되기도 한다. 이렇게 전반적인 지식의 함양은 개인 자신을 존중하는 자존감을 형성하며 다양한 개성을 사회적 덕목으로 인정하는 수준에 이르게 되었다. 다양하고 독특한 개성주의가 사회의 주류를 차지하는 현상이다.

이는 경제로는 다품종 소량생산이나 알고리즘에 의한 고객 맞춤형 정보제공이란 마케팅과도 연관이 깊다. 그리고 1인 가족이나 혼밥이 크게 증가한 상황이기도 하다. 이렇게 능력주의와 학력주의는 우리사회의 약도 되고 병으로도 작용하고 있다. 그리고 개인주의를 강화 시키며 사회를 파편화 한다.

즉, 세대간 갈등, 청년들의 젠더갈등, 실력 우선과 일등주의, in서울과 비수도권간의 격차를 심각하게 야기 시키게 되었다. 이는 현재에 우리사회 커다란 구조적 문제로 인구 절벽, 수도권도시집중, 농촌붕괴 등 심각한 사안이 되었다.

그래서 정치권에서 제 아무리 공동체를 강조하고 균형발전 정책을 제시하여도 개개인들에게 긍정적 반응을 얻고 공감된다는 신뢰를 받기가 어려울 수 밖에 없다. 그렇다고 선거의 공약으로 미래 청사진을 말하는데 공정과 사회적 복지와 책임을 말 안할 수도 없다.

더 나아가 우리 사회 불평등과 양극화를 해소하기 위해 기회 균등과 기회 확대라는 희망을 말할 수 밖에 없다. 그런데 이말도 아프기는 매한가지다. 이 말도 경쟁사회 극한 개인주의의 극대화를 유발한다. 기회가 있는데도 성공하지 못했다면 우리 사회는 그 책임을 무능력한 개인 책임이라고 생각하게 하기 때문이다. 그 기회를 잡지 못해 사회적 약자가 된 대다수 서민들에게는 기회의 평등이란 말도 그림의 떡으로 작용하기 일쑤이다.

한편 성공은 나의 책임이라며 극한 경쟁에 자신을 내몰거나 성공하지 못한 자신을 바라보며 자기를 자책하게 만들고 자신을 우울하게 비하하는 관념으로 작용한다. 이 모두가 능력주의와 학력주의에 찌들은 신자유주의 관념이 대한민국 속에 오래도록 고착된 현상이자 현실이다.

사회와 정치의 대전환, 대개조는 이러한 구조를 바꾼다는 계획이지만 현실에서는 대다수 서민들의 관념적 패배감과 감성적 이질감이 작용한다. 그래서 폭넓은 지지와 신뢰를 받지 못하는 상태를 전전할 뿐이다. 오히려 대전환은 커녕 과거로 회귀하는 수구적 관념에 밀리기도 한다. 이상할 정도로 누구나 인정해야 하는 진실을 외면하거나 미필적 고의로 거부하는 현상이라고 명명할 수도 있겠다.

선거 국면인 현재 정치권에서 제시하는 미래 청사진도 경쟁을 부추키는 스트레스나 마찬가지인 귀찮은 말잔치로 폄하되고 듣기싫은 것인지도 모른다. 이런 진단이 틀리길 바라지만 아니라면 우리사회는 압축 성장의 부작용으로 상식이 전도되고 오염된 상태라 하겠다. 이렇게 우려스런 사회의 병리현상을 구조적으로 해결하려면 정말로 고차방정식이 필요하다.

국가의 적극적 개입과 공동체 문화의 함양으로 돌파할 수 있겠지만 국민들이 그 여건을 만들 준비태세와 결정하는 판단력 즉, 올바른 집단지성과 주권행사가 조금 더디게 형성된다면 큰 불행이라 아니할 수 없다.

지금 현실에서 무엇을 할 것인가. 사회 대전환과 공정경제, 파사현정이란 해법이 펼쳐 질 천운이 오기를 기대할 수 밖에. 진인사 대천명! 이 말이 들어맞는 상황일 것 같다. 정말 고차방정식을 풀 지혜가 필요하다.

(안산신문 2002. 2. 9)

불상현 사민부쟁(不尙賢 使民不爭)에 동의하며

능력있고 머리 좋다는 사람을 따르지 않으면 국민끼리 다투지 않는 다는 뜻이다. 흔히 역사속에서 머리에 해당되는 부류를 특권엘리트층 이라 한다. 그리고 나머지 대다수 일반 국민들은 몸통내지 팔 다리로 여겨진다. 심지어 동물처럼 격하시켜 취급되기도 한다. 그러나 필자 는 주권시대 국민은 머리와 몸통과 팔다리를 움직이는 가슴이라고 생 각한다.

국민이라는 가슴의 박동과 도약은 대한민국에 피를 돌게 하고 살을 돋게 하는 역할을 하고 있다. 반면 역사이래로 위대한 역사를 만든다 고 머리를 쓰고 머리만으로 꾀를 낼 때는 반드시 이러쿵 저러쿵 문제 만 나타난다. 그러나 가슴을 쓰면 다함께 잘사는 역사가 이루어진다. 국민이 가슴이기 때문이다.

머리는 쓰레기를 담고 있어도 영악하게 돌아가지만 가슴이 쓰레기 로 오염되면 부패하고 병들어 정지한다. 그래서 진정한 역사만들기는 머리를 비우고 가슴이 감동하는 과정이다. 잘못된 역사는 머리속 오 염덩어리가 굳어진 관념이며 진정한 역사는 가슴 뛰는 울림이 있는 현실이다.

민심과 국민 정서는 가슴에 남아 있는 감성과 감흥으로 이루어져 있다. 머리로 민심을 엮을 수 있다는 생각은 오만이고 거짓이 대부분 이다. 그속엔 학력주의 엘리티즘과 신자유주의 괘변이 도사리고 있 다. 촛불 혁명과 같은 시대를 선도하는 집단지성은 머리가 아니라 가 슴이다. 그리고 화합과 평화도 가슴에 해당되는 영역이다.

시대전환, 패러다임의 변화는 가슴에서 나온다. 오직 가슴의 작용으로 올바르게 역사를 세울 수 있다. 그러므로 미래는 머리가 아니라 가슴이다. 가슴의 머리화가 아니라 머리의 가슴화로 올곧게 할 수 있다. 기존의 머리속 상식과 관념은 공동체 역사를 망가트린 외래에 의존하는 사상으로 오염된지 오래이다. 바꾸고 혁신해야 한다.

시대의 대전환은 머리속 쓰레기를 청소하고 가슴의 따뜻함을 채우는 과정이다. 차가운 이성, 뜨거운 가슴이란 따위의 이분법적 발상은 틀렸다. 올바른 이성은 차가울 수 없기 때문이다. 올바른 이성은 가슴의 뜨거운 피를 공급받아 뜨뜻하다. 이렇게 모두가 알고 있는 기본 상식이란 것도 외래사상에서 건너와 그냥 받아들인 오류일 뿐이다. 수많은 기존의 상식과 관념이 얼마나 오염되었는지 상상할 수 없다.

우리 사회의 문제는 거의 모두 여기서 발생한다. 오염된 상식과 관념이 자가 발전하며 특권과 불평등을 낳고 양극화로 분열하고 통합을 방해한다. 폭력과 전쟁을 일으키고 평화를 깨는 소이연이다. 기존 상식과 관념이 오염되었는지 살펴 볼 일이다. 우리 모두에게 해당한다는 생각이다.

얼마전 내일신문 일면에 나온 기사이다. 상위10%가 보유한 부는 전체의 58.5%, 하위50%는 전체 부의 5.6%를 차지하고 있단다. 서유럽보다 불평등이 심각한 것은 물론 OECD 국가 전체에서 불평등 심각도는 최상위권이다. 소득을 기준하면 상위10%와 하위50% 격차는 14배, 부를 기준으로 하면 상위10%와 하위50% 격차가 52배라는 것이다.

그래서 대한민국은 유엔의 지속개발 솔루션 네크워크에서 발표하는 '세계 행복지수 보고서'에 세계 60위권을 맴돌고 있다. OECD 국가 자살률 부동의 1위, 노인 빈곤율 1위, 산재율 1위 등 불명예를 안고 있다. 국민의 가슴에 피멍이 든지 오래이다.

가쁜 숨을 몰아쉬고 있는 국민에게 선거는 피를 돌게 하고 건강을 되찾을 수 있는 기회 요인이다. 그러함에도 대한민국은 UN에서 공식적으로 인정하는 선진국이 되었다. 그 기준인 선진국 지표를 더욱 발전시키고 점수를 잃어서는 곤란하다. 정치적 안정화와 사회적 평안과 경제적 평등을 국민이 여실히 판단하고 볼 수 있어야 한다.

분노가 누적되거나 곪아 터지지 않도록 대한민국 대전환은 필히 이루어져야 한다. 분노가 민심을 왜곡하거나 선거가 묻지마 투표로 가면 안된다. 그래서 대한민국호를 운행할 선장이 어떤 정책과 희망이 있는지 자세하게 살펴볼 일이다. 임인년 새해는 더욱 더 국민의 가슴이 도약하고 약동하는 신년이 되기를 소망한다.

(안산신문 2002. 1.19)

대동사회와 사회 대전환 시대의 지향점

서구외래사상이 들어온지 어언 300여백년, 서구 철학과 사회사상을 압축적으로 동양의 우리내 심성으로 표현하면 不取富貴 功取天下(불취부귀 공취천하, 동경대전 발췌)로 집약할 수 있겠다.

한마디로 부귀를 탐하지 않는 것처럼 보여야 세상을 쉽게 집어 삼킬 수 있다는 취지이다. 실제로 제국주의 시대를 거치며 그렇게 되었다.

이제 자본주의 사회에선 부귀가 세상을 지배한다. 取富貴 取天下가 된 것이다. 부귀를 가졌더라도 되도록이면 표시를 안내고 가급적 멀리 한 격조와 품격은 더 이상 미덕이 아닌 것이다.

그러니 개천에서 용 났다는 말도 비천한 환경에서 성공한 사연도 과거처럼 타인의 귀감이 되는 신화가 될 수 없는 각박한 세태가 되어 버렸다.

우리는 언론에 잘나오는 정치, 경제, 예술, 문화, 체육 분야의 성공 스토리에는 갈채를 보내고 환호를 하면서도 역사, 철학, 인문사회 분야에서는 평가가 극도로 인색하다.

기초 인문적 학문에 대한 중요성을 망각한 돈이 되는 성장주의와 보여주기식 미디어 언론의 영향 때문일 것이다. 성장주의는 사람들의 관심사를 돈과 흥미로 가치전환하여 자극적으로 이목을 쏠리게 만든다.

모든 걸 다 돈으로 환산하고 돈이 되니깐 더 부추키고 증폭시킨다. 인간관계를 돈으로 가치를 매기고 결탁하는 양상으로 깊이 추락하는 결과를 만들고 있는 중이다.

반면에 그런 세태에 문제를 제기하는 민주화시대를 거쳐 국민 주권시대를 이끈 민주 양심세력은 不取富貴 爲平天下(불추부귀 위평천

하) 입장을 견지하였다.

대체로 이런 입장은 자신의 안위보다는 공동체를 우선하고 우리 사회생활에서 평화와 정의를 앞세우는 경향성을 보인다. 자유 평등이란 서양의 보편적 가치를 반영하는 입장을 갖고서 사회를 바라보는 관점이다.

그러나 그 또한 서구 외래사상에 기인한 사고방식으로 一世之人 各者爲心 不順天命 不顧天理 心常悚然 莫知所向(일세지인 각자위심 불순천명 불순천리 심상송연 막지소향 : 세상 사람들이 개인 처지가 급급하여 천명, 천리를 따르거나 숙고하지 않으니 마음은 항상 송연하고 어디로 갈지 길을 잃고 있다)라는 상황속에서 의지를 가지고 세상을 변화시키고자 부단한 노력을 하였다.

하지만 근본적 사회 혁신에 실제적인 주도를 하지 못하고 한계를 드러내게 된다. 그 또한 위에 언급한 불취부귀라는 서구 가치 편향의 외래 사상에 경도되어 있기 때문이다. 결국 不取富貴나 取富貴는 똑같이 세상을 움직이고 차지해 보겠다는 의도를 가진 쌍생아일 뿐이다.

그래서 지금이라도 근원적으로 다시 관점의 전환이 필요하단 생각이 든다. 철학, 종교, 관념 등 우리의 思考안에 모든 것을 다시 점검할 때가 된 것이다. 그 출발로 우리 전통 동양학 사상에 입각한 정신의 宗旨(종지)를 다시한번 다음과 같은 말로 상기할 때가 되었다고 생각한다.

爲天地立志(위천지입지) 爲生民立道(위생민입도) 爲去聖繼絕學(위거성계절학) 爲萬世開太平(위만세개태평)는 유학의 사회적 역할을 간단하게 압축한 말이다.

(세상을 위해 뜻을 세우고 국민을 살리기위해 길을 만들고 사라진

진실을 위해 절세의 학문을 이어가고 오래토록 태평한 시대를 열어가야 한다)는 유학이 천명하는 역할의 핵심인데 다시 거론할 만한 하다는 생각이다.

이 말은 장자(장재)와 주자(주희)가 저서에서 표현하였고 유학의 실천 소명을 집대성한 말이다. 천년전에 나온 오래된 생각이다.

그러나 오래되었다고 새롭지 않은 낡은 생각이라고 할 수 있을까?? 사실 이러한 나의 생각은 기존 상식을 거스르기도 하고 단절시키는 생각처럼 보인다. 즉 역사는 시간이 지날수록 발전한다는 사관과 기존의 누적된 사고의 결집체인 상식과 관념의 보편적 성과를 인정하지 않고 부정하는 생각이기 때문이다.

그렇다. 우리가 현재에 가진 생각들은 통용되어 온 서구 주류사상에 큰 영향을 받고 있다. 그 주류사상이 삐뚤고 왜곡된 상태에 오염되어 있다고 생각한다. 상식이든 관념이든 근본부터 밑바닥부터 갈아엎어야 된다고 주장하는 바이다. 이 시대를 살아오며 어떠한 과정을 통해서 생각을 굳혔다면 그것은 오류일 가능성이 아주 많기 때문이다.

이 시대는 과거와 단절되었으며 그런만큼 과거를 단절한 지배 이념으로 왜곡된 지식과 정보가 오래동안 우리 사회에 누적되고 관류하였다. 그 영향권하에 피동적 상태에서 우리의 상식과 관념은 왜곡되고 가치관은 전도되었기 때문이다.

이쯤에서 무엇을 말하고 싶은지 설명드리면 좋을 것 같다. 서구에서 들어온 이념과 사상은 우리에게 맞지 않는다.

우리의 전통사상을 단절시키고 우리의 본래적 자주의식을 말살시켰기 때문이다. 하여 서구에서 발달하고 성취한 철학과 역사사상이 우리를 휘어잡는 한 우리의 자주성은 발휘되기 어려워질 뿐이다.

그것은 진정한 민주화와 평화통일을 가로막는 보이지 않는 가이드

라인이다. 서구 외래사상에서 우리에게 필요한 것은 과학기술 이론과 과학의 성과물이 전부다. 나머지 소크라테스 이전부터 현대에 실존하는 신철학들은 알면 좋은 정도의 연구의 대상일뿐 우리 삶을 맡기고 의존할 지혜가 아니라는 생각이다.

서양 사상은 그 내용 전체가 존재외적 비실상의 허구론에 근거하고 있다고 해도 과언이 아니라는 생각이 들기 때문이다.

그렇다면 우리는 무엇으로 살 것인가? 간단하지만 우리 실존에 맞는 문화가 녹아있는 전통사상으로 살아야 맞다. 우리는 단편적인 유불선 지식만 생활 문화로 접하고 있지만 깊고 ㄴ ㅓ ㅃ은 그 세계를 배우지 못했다.서양 외래사상은 폭넓게 배웠지만 동양 자주사상은 관심있는 연구자들만 배웠다. 완전히 꺼꾸로 된 셈이다. 그래서 비자주제인 오욕의 역사가 점철되기 시작했다는 생각이다.

이제부터라도 지금과 거꾸로 동양 전통 문화사상을 온 국민이 넓고 깊게 배우고 서양 외래사상은 연구자들만 연구하는 시대를 만들어야 한다. 이것이 역사의 대전환이요, 사회 개조의 완성태라고 주장하고 싶다.

그러면 不取富貴 功取天下가 진정으로 不取富貴 爲平天下가 되어 간다고 말하고 싶다. 즉 심각한 불평등 양극화시대가 점차 사라져 가게 된다. 그러면 구한말 이후 각자 살고자 차용했던 좌우이념, 수구냉전, 각종의 편향 차별의식과 특권 관념이 자리를 잡지 못하게 된다.

이것이 대동세상이라고 명명하는 사회상이며 우리가 전통적으로 도달하고자 한 사상과 문화의 극치라고 아니할 수 없을 것이다. 대동세상이 사회 사상의 대전환 대개조를 필요로 하는 까닭(소이연,所以然)이다.

(안산신문 2021. 12. 15)

신자유주의 세계화가 대한민국 정치 경제에 미친 영향

지난 수십년간 세계화는 대한민국 상류층에겐 혜택을, 보통사람들에겐 빈곤감과 무력감을 안겨주며 불평등을 확대시켰다는 분석이 있다. 때문에 서민 대다수는 분노와 실망이 크며 삶의 피로도가 견딜 수 없이 쌓여 있다.

설상가상 코로나 감염병이 서민 대중의 삶을 더욱 악화시키며 자괴감에 빠지게 했다는 것이다. 그래서 심각한 경쟁에 괴로운 사회, 불신이 만연한 사회풍조가 현실이 되었다.

한국 사회는 각자도생, 각자위심인 단절사회가 되어 공동체 가치는 무시되는 현상이 확산되기에 이르렀다. 그렇게 생긴 불안과 불만은 단순히 경제적 불만뿐만 아니라 정치적, 도덕적, 문화적 문제이며, 민생과 일자리 문제뿐만 아니라 사회적 관계망의 성숙도와도 관련이 깊다.

누적된 피로도는 주변 관계나 공동체의 가치가 상실되고 기분을 상하게 하고 자신에 대한 존중을 없앤다. 동시에 타인에 대한 사랑과 배려가 상실되기 마련이다. 사람간 신뢰와 믿음이 사라져 버린다. 이는 다함께 잘살자는 민주주의 위기를 불러오기도 한다. 일례로 민주주의를 위협하는 수구 특권의 권위적 인물에 대한 지지가 높아지는 문제가 나타나기도 한다.

그래서 불평 불만이 사회분위기를 장악하면 이에 편승하여 집권여당을 비롯한 기성 정치세력, 엘리트 기술관료에 대한 신뢰와 평가는 바닥으로 곤두박질하기 마련이다.

지금 대한민국에서 일어나고 있는 현상도 이와 유사하다. 정부와 집권여당의 권한과 170석이 넘는 의석으로 국민을 만족시키지 못했다는 평가가 비등하고 있기 때문이다. 정권교체를 원하는 사람들은 과거에 있었던 민주주의를 위협하는 수구 독재적 권위와 기득권의 폐해를 문제 삼고 있지 않는 것이다.

시장 만능 신진유주의 세계화로 불평등과 양극화는 더 심해졌다. 누구나 성공할 수 있다는 희망적 시장경제에 대한 신뢰와 믿음을 깨트렸고 국가적 정체성과 애국심도 약화시켰다. 이에 보통 시민들은 피동적 삶을 강요받고 점점 더 무력감에 빠지게 하였다. 평등과 분배를 강조한 정부와 시장의 거버넌스도 무용지물이 되었다.

수정 자본주의론에 의한 시장 경제 개선 해법은 고전적 경제 관념과 기득권 카르텔의 저항으로 무산되고 갈수록 시장 만능과 금융이 중심적으로 역할하면서 부익부 빈익빈이란 금권정치의 강화로 나타나게 된다. 지난 50년간의 세계화 과정은 그 과실이 불균등하게 배분된 결과를 낳은 것이다.

국민소득 증가분의 대부분은 상위 10%에게 돌아갔으며 가장 부유한 1%는 하위 50%가 버는 것 보다 더 많이 벌었다. 그 1%는 GDP 20% 이상을 싹쓸이 하였다. 이는 기회 균등이나 사회적 상승 가능성이 열려 있다는 민주체제가 속빈 강정이었음을 의미한다. 오늘날의 경제 상황에서 사회적 상승은 결코 쉽지 않은 목표인 셈이다.

가난한 집 아이는 대체로 가난한 성인이 되어 간다는 뜻이다.

그동안 우리가 경제성장을 하면서 구가해 온 노력과 재능으로 중상류층으로 올라 갈 수 있다는 신념이나 상식은 현실에서 달성되기가 어려운 것이라는 결과가 나온 것이다. 이러한 신자유주의 얼굴과 몸통은 부동산 폭등을 야기하는 배경이 되었다.

부자가 부를 독점하는 사회 경제 구조에서는 상류층으로의 진입이 더욱 어려워 졌기 때문이다. 그러므로 현실에서 능력과 재능만으로는 불평등을 당하고 사회적 상승이란 진입 장벽을 넘지 못하기 때문에 사람들은 부동산이 이를 해결할 거의 유일한 대안이 될 수밖에 없다고 생각하게 되었다 .

그런 상황에서 청년세대들이 번듯한 가정과 내집 장만이란 목표 달성에 무력감을 느끼며 영끌이란 신조어가 만들어질 정도로 부동산 투자에 몰두하게 되었다. 너도나도 부동산 폭등에 일조하게 된 셈이다. 이러한 사회 양상은 집권 여당에 대한 반감을 수반하며 정권교체라는 분노 조절용 열망으로 탈바꿈되기도 한다.

현재 신자유주의로 부터 형성된 분노는 집권여당에 대한 반감과 실망으로 나타나 청년들을 중심으로 부동산 폭등과 정규직 좋은 일자리 부족을 연료삼아 활활 타오르고 있다.

왜 나는 저들보다 가난하고 힘든가라는 고뇌에 기름을 부어 분노와 반감으로 다시 타오르게 만드는 근본 원인이 되고 있다. 결국은 신자유주의 세계화라는 불평등 , 양극화 확대 구조가 집권여당을 괴롭히는 배경을 되는 것이다. 그러므로 다음에 어떤 정부가 들어서더라도 시장 주도적 세계화라는 신자유주의를 보완하고 개혁하지 않는 한 청년 세대를 중심으로 한 서민 대중의 분노와 불만을 해소하기가 쉽지 않을 것이다.

그와 함께 미래 세대를 위한 대전환의 시대를 대비할 수 없게 한다. 기후위기와 식량문제, 인구절벽과 양성평등, 평화와 번영이란 과제를 풀기 위한 동력을 약화시키고 꺼버리는 암 덩어리로 작용할 터 이다.

따라서 다음 정부는 시장 만능의 신자유주의적 불평등 요소를 개혁해야 우리 삶과 사회의 활력을 되찾고 긍정적 공동체를 회복시킬 수 있음을 잘 알고 대처하고자 할 터이다. 그것은 기득권 카르텔을 보호하는 국가 관리 비용을 줄이고 국민 생활의 모든 영역에 대한 공공성을 확대하는 패러다임의 전환일 것이다.

일테면 정부가 적극적 시장 개입을 통해 기울어진 운동장을 바로 잡는 일이다. 그것은 관피아, 모피아, 상층 토건 카르텔로 상징되는 기득권 카르텔과의 싸움일 것이다. 여기에는 실천력과 결단력이 갖추어 지지 않으면 정말 실현되기 힘든 기득권 강자들의 저항이 존재한다.

그러므로 신자유주의 혁파와 개혁은 대동세상을 만드는 초석이 되는 것임을 분명하게 인식해야 한다. 동시에 문재인 정부의 공과를 극복하고 뛰어넘는 새로운 비젼을 보여주어야 한다. 그리고 정치개혁, 언론개혁이 뒷받침 되어야 한다. 그것은 시장 우선주의와 성장 지상주의를 권장하는 세계화라는 신 자유주의의 폐해를 차단하는데 있다. 그렇지 않으면 미국 사례처럼 포퓰리즘을 부추긴 트럼프같은 퇴행적 정치행위로 국가의 시간과 품격을 망가트리는 잘못된 선택이 벌어질 수도 있다.

그만큼 불평등을 고착시킨 신자유주의는 국민 전체에 심각한 혐오 바이러스인 셈이다. 다시한번 강조한다면 신자유주의라는 괴물은 기득권 강화와 불평등,양극화 심화의 원흉이다. 그리고 자주적이고 자발적인 집단 지성의 발휘와 올바른 민주제의 정착을 방해하는 걸림돌이다.

선진국 대한민국의 차기 정부는 부의 편중과 심화를 막고 선진국다운 건전한 공동체를 만들려면 청년세대를 비롯한 서민 대중의 분노 불만의 원인을 제거해야 한다. 그러므로 이번 선거는 불평등을 양산하는 바이러스에 편승할 세력인지 아니면 퇴치할 세력인지를 가름하는 의미가 있다 하겠다.

(안산신문 2021. 11. 17)

공부와 나이의 상관관계

커다란 난관이 있다. 나이 때문이다. 유불선 전통에 기초한 새로운 국학과 서구의 세계적 석학들의 서적들을 공부하자니 나이가 걸림돌이다. 이제와서 무슨 공부냐는 심사가 자꾸 얼굴을 내민다. 사실 나이는 나무처럼 뿌리내리고 가지를 뻗어 무성하게 살라고 부여한 숫자일 뿐이다. 그런데 자꾸 공부를 피하려고 나이 핑계를 본능적으로 하게 된다.

10여년동안 불교서적과 동양고전을 중심으로 공부했다. 졸고도 출판했다. 앞으로도 첫 출간한 책을 시발로 두세권의 책을 더 집필할 생각이다. 그런데 이제와서 무슨 일을 하겠다고 별무소용인 노고를 하려는 거냐는 생각이 불쑥불쑥 고개를 쳐든다. 공부를 하다보니 전문적인 탐구와 많은 공부 양이 요구된다. 공부와 연관된 기성지식의 습득만도 벅찬 상황이다. 관련 학문인 한문과 중국과 한국의 광대한 역사철학 등 전문분야를 더 세밀히 공부해야 하는 것도 큰 일이다.

일본 지식인들의 완성도 높은 동양사상 연구들도 익힐 필요가 있는데 벅찬 일이다. 세계적 석학들이 사회와 환경을 말하는 책등도 살펴야 한다. 이렇듯 공부와 관련하여 넓고 깊게 파야 하는 전문적 수고를 할 필요가 있겠냐는 의식이 나를 유혹한다. 학자도 아니고 새벽에 일어나 책상머리에 앉으면 고심이 시작된다.

내 공부는 한마디로 말하면 그동안 살면서 정신적으로 대외의존하였으니 앞으로는 자존하겠다는 것이다. 내 생각과 나의 몸은 그동안 내가 아니라 외부로부터 성형된 구조물일 뿐 내부로부터 주도된 형상이 아니다. 그러니까 내가 내가 아니고 나의 주인이 내가 아니었다는 각성이다.

내가 좋아하는 글귀가 있다. "오늘 나의 생각의 뿌리를 찾고자하는 이들에게 지식 고고학적 메스의 날카로움으로 뿌리를 파헤치는 방법과 방향을 제시한다.

동과 서, 옛과 오늘을 자유롭게 소요하는 대붕의 날개를 타고 독자들은 저자의 세계에 몸소 참여하여 웃고 또 울 수 있을것이다. 동양학은 이미 '공자왈'이 아니다.

나의 살아 움직이는 실존적 삶의 영원한 현재의 기록일 뿐이다."(동양학 어떻게 할것인가. 김용옥. 통나무)

10여 년 간의 공부는 그런 의식의 소산이었다. 그러나 다시금 그래서 뭐가 달라졌나라는 물음에 아직도 멀었다는 생각이 들때는 아주 공부를 더해서 무엇하냐는 자괴감 비슷한 것들이 가끔씩 내 의지를 방해하곤 한다. 일종의 유혹인데 그 맛은 달콤하고 끈질기다.

앞으로 해야 할 공부의 양과 깊이는 거의 무한대이다. 어쩔거나? 하다 말면 아니함만 못하다는 공자님 말씀에 의지해서 열나게 공부해야 하지만 해이해 진다.

어째서 공자님은 평생 공부하라고 가르치셨는가? 너무 힘든일인 줄 다 아셨을텐데!

노자 어르신은 왜 무위를 하라고, 아무것도 하지말라는 더 깊은 경지의 공부를 하라는 것인가?

부처님은 니르바나에 이르는 끝없는 마음공부를 설하고 있는데 근처에 가기도 힘들다. 서구 철학들은 보면 볼수록 난해한 관념과 생소한 언어들의 잔치판이라 순순히 감득되지가 않는 이유를 찾는 것도 커다란 숙제들이다.

이 모든 걸 떠나서 우둔하고 게으른 천성과 악착같지 않은 성품때문에 공부의 진전은 더디기만 하다. 그런 와중에 도올 선생의 돈후 박학한 지식의 가르침에 힘입어 조금씩 공부의 맥을 짚어가고 있는 중이다.

우리 선조들의 정신세계와 현실속에 나타난 삶의 지향은 너무도 넓고 방대하다. 전문적 학자외에는 접하고 배운바가 없는 내용들이 많은데 새롭고 신선하며 충격적이다. 그러나 서구사상의 유입에 따라 타의적으로 전승이 끊어지는 비극적 상황은

국학의 발전이라는 민족적 자부심의 맥을 끊었다.

그런 상황은 구한말과 식민지를 거쳐 사상면에서 예속적이고 의존적 실상을 초래하게 된다. 이에 따라 국가 사회 운영은 총체적 왜곡속에 심각한 불평등이 일상으로 벌어져 왔다.

주요하게는 동학혁명, 일제와의 투쟁, 제주4.3, 여순항쟁, 미군정, 6.25, 친미친일세력 집권, 4.19, 군사쿠테타, 5.18광주항쟁, 민주화투쟁, 촛불혁명으로 이어지는 근세와 현재의 상황은 전통과 서구의 혼용이었고 민족혼과 서구문명의 뒤엉킴이었다.

정신과 물질문영의 유입과 방어, 이용과 거부, 물리적 혼합과 화학적 결합, 기계적 습득과 창조적 적용의 시대가 현재도 진행되고 있다. 따라서 무엇보다 첫번째 나의 공부 과제는 자주적 나의 발견이요 발현이다.

둘째도 자주적 나를 알아감이다. 세째도 네째도 마찬가지다라고 생각한다. 이제 공부해서 머할꺼냐는 유혹에 넘어지고 자빠지고 빠지는 한이 있더라도 알아가는 즐거움은 터득하는 것 같다.

언제까지 할지는 모르지만 죽이 되든 밥이 되든 지속은 해야할텐데 괜한 의심이 들지 않기만을 바랄뿐이다. 젊어서 공부했다면 학자가 되었을 테지만 장년에 들어 배우는 공부는 온전한 인간을 만드는 것

같다.

  자기만족이지만 그것으로도 충분하다는 자기존중과 겸허의 깨달음을 얻어갈 것 같다. 나중에 이만하면 세상에 나온 까닭은 알고 가는거라는 자주적 자유인의 경지를 조금이나마 맛볼 수 있기를 희망한다. 그걸로 족할 수 있다면 얼마나 다행이란 말인가!

(안산신문 2021. 10.27)

정권 재창출과 정권 교체론

　정권 재창출은 어떤 의미이며 정권 교체론은 어떤 현상을 의미하는지 예측해 볼 수 있겠다.우선 2~30대 남성들의 성향이 특이한 현상을 나타내고 있다. 이른바 대체로 20대 MZ 세대와 30대 초반 Z세대 남성들은 정권교체라는 성향을 보인다고 한다.

　그래서 이들을 중심으로 생각해본다. 정권 재창출에 투표하는 건 좀 젊은이답지 않다는 분위기가 있다. 말이 정권 재창출이지 민주당이 더 해먹겠단 소리 아니냐?는 불만도 섞여있다. 집권세력인 민주당은 심각한 경쟁에 소진하고 상처받은 이대남(20대 남성)에 대한 공감능력도 없다는 원성이 높다.

　현 정부가 청년들에게 시원하게 도움을 준게 없으니 골탕 좀 먹이겠다는 심정들인 것 같다. 부동산 폭등에 집 마련은 커녕 주거비 부담이 생활비의 대부분을 차지할 지경이다. 일자리를 잡기 위한 서로간 경쟁은 극심한데 미래는 희망이란 보장없이 불투명하기 때문에 청년들의 절망은 깊다. 그러니 투표 지지 성향은 정권교체라는 멋있게 보이는 의미에 던지겠다는 현상이 뚜렷 하다.

　현재의 젊은이들은 한마디로 어느새 선진국이 된 대한민국의 선진국민이다. 20세기까지는 개인 손해를 감수하며 국가를 우선하는 산업화의 개도국 국민들이 주류였다. 그러나 이미 선진국이 되어 버린 지금의 명실상부한 선진국민으로 성장한 주류가 그들이다.

　그들의 감성에 맞아야 제대로 된 선진국인 셈이다. 그런데 국가는 선진국이라는데 젊은 자신들의 삶은 선진 국민이 누릴 수 있는 풍요로움이 결여되어 있다고 보는 것이다. 20년 월급 모아도 집 장만이 어렵고 온전히 가정을 꾸리기도 버거운 이 나라가 무슨 선진국이냐는 원망이 가득한 것이다.

답을 내놓아야한다. 국가부채니 국고가 비웠다느니 운운하면서 국가를 우선하는 개도국시대의 처방을 내놓으면 안된다. 이제는 국민이 아프고 병들었는데 국민없는 국가가 무슨 소용이냐란 집단정서를 인정할 때가 되었다.

국민은 가난하고 국가가 부자인 상태는 더이상 용납되기가 어렵다. 그것은 낡은 시대의 국가 운영이며 새로운 정책이 없는 철 지난 고전 경제학 원론에 해당되는 말이다. 그런 처방은 20세기 우리나라 정신사와 이념과 특권을 가진 기득권층이 설파하고 지배한 총체적인 왜곡의 산물이다. 근원적으로 시대정신이 왜곡된 사회의 반영정책일 뿐이다.

2-30대 청년들 한테 물어보라. 어떤 사회에서 살고 싶냐고? 80%이상이 열심히 일하고 애쓴 보람이 인정되고 보장된 사회에 살고 싶다고 답하고 있다. 누구한테도 신세지지 않고 노력한 만큼 행복 보장이 되는 사회를 원하고 있다.

그런데 그게 안되고 있으니 뭐가 공정이고 정의냐는 물음이다. 공부한 만큼 노력한 정도에 따라 우리 사회에 기여할 기회가 없는 것 같아 실망하고 패닉에 빠진 것이다. 그런데도 믿고 의지할 만한 대책이나 정치인이 없다고 보고 있다. 그렇다고 오래동안 참고 있을 순 없으니 영끌이니 코인 이니 하는 대박 신드롬에 열중하는 현상이 벌어지고 있음이다. 향후 우리나라를 선진국 5위이내의 상위권으로 올릴 주역들이 현재 지금 상황에서 살기 힘들다고 아우성인 것이다.

보라! 심각하게 바라보라! 이런 상황에서 현정부나 집권여당을 지지하고 싶은 감정이 들거라고 생각한다면 그게 바로 오만이거나 자가당착일 뿐이다.

다시 한 번 강조하거니와 이대남을 비롯한 젊은 청년들은 선진국민의 풍요와 관점을 지닌 21세기 대전환시대의 새로운 사람들이다. 그들이 앞으로 우리 대한민국을 선도적 선진국, 통일된 것과 다름없는 한반도를 만들고 운영해 갈 주인공들이다.

현재 기성세대의 관점과 안목으로 그들을 설득하려고 하지마라. 기성세대인 나도 도매금으로 더이상 꼰대라는 소리를 듣고 싶지 않기 때문이다.

정권교체를 당하고 싶지 않으면 청년들의 정직한 호소에 빠른 답과 중장기 비전을 내놓아야 한다. 동시에 그들의 상처받은 마음을 부모의 심정으로 어루만질 수 있어야 한다. 부모들은 장성한 자식들에게 장하다고 칭찬하고 잘 자랐다고 믿음을 보내주기만 하면 된다. 나머지는 그들이 알아서 할 것이다.

마지막으로 정권유지와 정권교체가 정치사회에서 큰일이겠지만 MZ세대의 상처와 실망을 치유하고 용기를 주며 믿어 의심치 않는다는 자존감을 높이는 일이 더 큰일이라고 생각한다.

진실로 자존감과 자주성이 우수한 청년들이야 말로 대한민국을 짊어질 동량이자 대들보이다.

그들이 기회가 없어 실망하고 희망이 없어 좌절하지 않도록 모든 책임있는 사람들은 정의로운 책임을 다해야 한다. 마침 집권여당의 대통령 후보가 선출되었으니 확실한 해답을 제시해 주리라 기대한다.

(안산신문 2021. 10. 13)

정치적 중용(中庸), 중도(中道)에 대해

요즘 검증이란 말이 난무한다. 특히 여야 권력쟁투에서는 밥먹듯이 호흡하듯이 돋보기를 들이대고 색안경을 쓰고 투척해 댄다. 네거티브도 검증, 알권리 충족도 검증, 인신공격도 검증, 나 말고 어느 누가 잘못하고 있는지 무슨 현미경 사회도 아니고 무조건 검증해야 한단다. 비리와 의혹을 검증하려면 검경에 수사의뢰하고 기다리면 될 일이다. 그러나 자신들이 말한 대로 될거라고 확신하며 국민들한테 믿어달라고 조르는 형국이다. 가뜩이나 정치 불신이 팽배한 상황에서 믿음을 강요하는 어거지가 많다.

동시에 언론을 동원하고 언론은 거기에 춤을 추며 온갖 추측성 보도를 자신들 입맛대로 취사선택한다. 보편타당성보다는 주관적 인식과 편견을 확산하고 객관적 입장을 취하기 어렵게 만든다. 항상 언제나 그러했던 깃처럼 구시대의 악습이 고쳐지지 않는 상황이다. 이것은 사람간 신뢰가 부족한 사회이며 공동체가 무너진 사회의 단면이다. 많은 언론과 온라인은 경제적 이익을 편취하는 먹고 살려는 경쟁이 극심하다. 그래서 자극적인 장면들이 필요하기도 하겠지만 관계를 파탄 내고 인성을 해칠 정도로 너무너무 심하다.

어쩌면 사회악일지도 모른다. 피상적 민주 의식이 불러 온 부작용이다. 이어령비어령, 내로남불처럼 다 남탓이고 아생살타이다. 위선적 행태들이다. 그것이 공정과 정의인양 허위의 탈을 쓰고 있는 모양새이다. 공정과 정의는 자신이 떳떳한가를 살피는게 기본이고 순서이다. 그걸 무시해 버리는 저열한 모습들이 안따까울 뿐이다. 그래서 두가지만 집고 넘어가야겠다. 하나는 검증을 하려면 제대로 하자는 거다. 똥 묻은 뭐가 겨 묻은 뭐를 나무란다든지 자기 눈에 들보는 못보고 남의 허물이나 티끌을 타박한다든지 하면 되겠는가. 국회에서 장관 청문회 때 탈탈 털리는 장면을 보면 뭐하자는 건지 한심한 때가 많다. 상대방이면 무조건 공격부터 해야 하고 자기편이면 따질 것 없이 수비부터 한다. 힘들게 지켜온 공정과 가치, 품격과 품위라는 사회적 합의는 쓰레기통에 처박힌다. 뭐 하나 건지려고 이잡듯이 하며 실컷 상처를 후빈다. 그러고도 의기양양에 득의만만하는 모습에서 시궁창같은 저질스러움을 본다.

검증을 하는 이유나 제대로 알고 검증하자. 자신들의 업보를 성찰하여 맑은 사회, 좋은 제도를 만들고자 함이다. 결코 남들을 탓해서 자신이 성공하려고 하는 것이 아니다. 누구나 있을 수 있는 검은 속이 남 탓, 네거티브, 검증으로 희어지는 건 아니다. 남 탓 하기보다 나 자신이 그렇게 하겠다는 자세 확립이 진짜 검증이다. 전통적으로 신독이란 의미이다. 특히 정치와 정치인은 공정과 정의를 실현하려면 정도라는 중용의 자세를 확립할때에 검증이 올바를 수 있다.

신독과 성찰 과정이 필수이기 때문이다. 그래서 신독과 자아 성찰이란 과정을 생략한 검증은 이율배반이고 위선일 뿐이다. 세상에서 제일 어려운 것 중에 하나가 자기중심적 편견을 뛰어넘는 거라고 한다. 새시대의 리더를 하고 싶다면 중용의 자세를 터득해야 한다.

둘째는 중도란 용어를 제대로 알고 사용하면 좋겠다정치에서 중도하면 좌우의 중간, 보수와 진보의 혼합, 여당이나 야당도 지지하지 않는 무당층. 색깔로 말하자면 흑백이 아닌 회색쯤으로 생각하는게 일반적이다. 그러나 천만에 말씀 !! 흔히 거론되는 중도란 용어는 좌우도 아니요 그때그때 달라지는 무당동요층도 아니요 전혀 회색도 아닌 푸른 쪽빛을 가지고 있는 단어이다. 청출어람이다. 중도는 융합, 통합정신이며 일원화된 우주적 세계관이며 생명 존엄의 가치를 자주적으로 확립한 개혁 정신이다. 화엄과 태극의 정신이다. 음양의 이치와 자연의 섭리와 상선약수의 본래 면목을 지칭하는 말이다. 그러니까 정치의 기계적 계산으로 중도라는 용어를 쓰고 말하지 말아야 한다.

잘못된 관념의 사용이며 오도된 편향적 단어 사용이다. 중도가 아니라 중간이라고 말해야 하고 특히 여의도와 언론에서는 그냥 무당층, 중간층, 가변적 선택층이라고 써야 한다. 정치와 언론이 표기하는 중도층이란 단어는 본말이 전도되어 본뜻을 왜곡해서 사용하는 적합하지 않은 사용이다. 중도라는 철학적 용어는 원을 상징하고 전체를 아우르는 뜻이 있다. 그걸 수직이나 산수같은 산술적이고 기계적인 계산처럼 사용하면 본래의 뜻을 왜곡하게 된다.

오해와 편견을 낳고 결과적으로 국민들의 올바른 상식 확립을 방해한다고 생각한다. 앞으로의 미래는 좌우도 없고 보수 진보도 무의미하며 편견없이 국민이 잘사는 대전환의 시기이다. 그런 시대를 대비하고 설명하려면 시의적절한 용어를 선택하여야 한다. 시대를 대변할 철학적 용어가 어떤게 적합할지 잘 선택해서 사용해야 한다고본다. 거기에 딱 어울리는 용어가 중도라고 생각한다. 중도정신이야말로 자주성에 근거해 미래를 여는 열쇠같다는 생각을 해 보게 된다. 때문에 정치권과 언론에서 선거와 지지와 관련해 사용하는 중도란 용어는 잘못 선택된 단어이다.

현재 우리나라는 크게 발전하고 변화의 계기가 넘치고 기회가 풍부한 상황이다. 대변혁기이자 대전환기로서 모두가 잘사는 국민 국가로 발돋움할 수 있는 절호의 시점이기도 하다. 그래서 통합적이고 융합적인 정치철학 사상을 포용한 중도라는 총합적 관점을 공부하고 의미를 올바르게 인식하면 좋겠다. 정치는 물론이고 사회통합과 민족화합의 사상적 근간이 된다고 생각하기 때문이다.

(안산신문 2021. 9. 29)

서민대중의 호시절이 오려면!

뒤척여 왔던 침상에 소슬한 바람이 늦저녁부터 아침까지 창문으로 스며든다. 더위가 스스로 물러나고 선선한 가을이 순순히 돌아왔다.

너무도 정확한 순환을 사람들은 섭리라고도 하고 조화라고도 한다. 천문과학으로는 지구가 23.5도 기울어 태양을 공전하여 계절이 뚜렷하다고 설명하겠지만 어떻게 뭇 생명이 생김대로 탈 없이 살도록 만들어 졌는지 알길은 없다.

그래서 사람들은 하나님, 하늘님, 상제나 알라, 제우스, 비슈누를 창안하여 궁금증을 풀고자 했을 것이다. 그것을 소수가 독점하였고 지배이데올로기와 관념이 생성되는 과정은 자연에 대한 경외와 인간 욕망이 뒤섞여 계급과 불균형을 낳기 마련이다. 하지만 관념은 저절로 족쇄가 되어 인간사회에서 근본적 고통의 원인자가 되었다. 뭇 생명이 살도록 보장된 자연과 계절의 덕목이 그 관념의 족쇄로 인해 인간의 계절속에는 옛날부터 조금도 허용되지 않았다.

광범한 서민의 삶과 유리된 지배와 특권을 위주로 역사는 기록하고 유산으로 남아 전해 질 뿐이었다. 그것이 역사라는 것이었고 진정한 의미로 국민의 태평성대는 어느 때, 어느 곳에서도 있은 적 없이 무릉도원이나 천국, 극락이란 말로만 존재할 뿐이다.

비감하다. 자연은 스스로 어느 한순간 더할 나위 없이 항상 성실하게 피고 지고 열매 맺어 생명을 가꾸는데 그와 닮았다고 할 만한 인간 역사를 찾아보기가 힘들다. 고조선, 고구려, 삼국시대와 고려, 조선을 거쳐 근세와 현재에 이르기 까지 단연코 천지무간의 시대가 도래한 적은 없었다.

다만 선각자들과 함께 잠시 잠깐 강강술래를 돈 적은 있으나 허사일 뿐이었다. 항거와 항쟁은 가차없는 탄압과 보복으로 무고한 희생과 원망이 점철되었을 뿐이었다.

계속해서 관념의 족쇄를 가진 자들이 지배적이고 고혈을 짜내는 불평등하고 고단한 시대는 유사이래 연속적이었다. 그런데 칠흙의 동굴에 빛이 스미고 터널의 끝을 빠져 나올 것 같은 서기가 서리운 듯한 기분이 들고 있다.

한반도에 한민족이 정착한 이래로 현재만큼 부강했거나 현재만큼 세계속에 선진 문화국가로 우뚝 설 기회가 도래한 시기가 없다고 들 말한다. 위기가 있지만 촛불을 들었던 집단 지성의 슬기로 난관을 헤쳐갈 역량을 축적하고 있다고 평가받고 있다.

시민 사회가 최고로 성숙하도록 튼튼한 교육과 지성인과 실천가들이 어디든지 활약하고 있다고 한다. 경제와 정치에서 현재의 역량을 토대로 올바르게 시대를 향도하기 만 하면 되는 시점이다.

우리가 코로나 팬더믹으로 심화된 양극화와 불평등을 개선하고 명실상부하게 국민이 풍요롭도록 국가가 봉사하는 나라가 된다면 동아시아를 평화롭게 만들 수 있다.

이러한 제반 상황에서 대통령을 비롯한 국민의 대리인 일꾼들은 가장 우수한 시대의 변화와 발전에 성심 성의를 다하면 그뿐이다. 그것이 대전환의 시대적 요청이자 공정한 사회의 진면목이다.

이 시대를 경험하고 분명한 분석을 통해 뚜렷한 의지로 일하고자 하는 사람은 진보와 보수, 좌우 이념을 해탈하고, 장삼이사, 남녀노소의 삶을 개선할 계획과 비전이 몸에 배여 있어야 한다.

오로지 유사이래 서러운 삶을 살아 온 모든 과거와 현재의 민초들이 어깨펴고 살 수 있고 두발 뻗고 잘 수 있는 공정하고 자주적인 사회 환경을 만드는 사회 대개조의 전환시대를 감당할 수 있어야 한다.

그런 사람과 그런 사람이 가능한 사회를 맞이한 지금이야 말로 여태까지 경험하지 못한 시절이며 진정한 국민통합 시대의 호시절이 만들어지는 서막이기에 두손 모아 엎드려 역사의 대변화가 실현되기를 순환하는 현묘한 자연이 강복하시도록 치성드릴 따름이다.

우리나라를 이끌어 갈 리더에게 바란다. 얼마나 평생 약자였던 국민의 삶을 변화시킬 수 있는지가 관건이다. 역사의 뒤안길에서 숨죽여 살아온 서민 대중의 간절하고 처절한 기대심을 실망시키지 않는 리더의 자격을 갖춘 사람이 응당 국민대중의 선택을 받기를 기원한다.

(안산신문 2021. 9. 15)

어떤 시대전환? 어떤 공정성장?

현재는 문명사적 대전환시대라고 한다. 대전환은 역사에 대한 관점과 가치판단에 새로운 기준을 도입할 때 쓸 수 있는 말이다. 대한민국의 경제와 사회 수준이 추격형에서 선도형으로 위치 전환이 되는 것도 해당될 수 있겠다. 그리고 개도국과 중진국을 거친 산업화에서 선진국 첨단 디지털사회(4.차산업혁명)가 된 상황도 포함될 수 있겠다. 그러므로 이런 상황에 기초하여 대전환의 방향을 잡아야 미래를 열어갈 수 있다고 한다.

맞는 말이긴 한데 좀 복잡한 설명이 필요하다고 생각한다. 먼저 대한민국이 선진국이 되었는데 그것은 현대 이성과 과학의 발달에 따른 성과이며 우리 민족의 근면성실(희생?)로 경제산업화 과정을 잘 했기 때문일 것이다. 동시에 서양 문물을 잘 받아들이고 교육을 최우선으로 했으며 서구의 민주와 평등사상과 제도를 잘 수용해서 활용했기 때문이리다.

그리고 기본적으로 우리 민족에 축적된 인내와 끈기의 문화인으로서 의지의 한국인이 소유한 DNA의 발현이자 당연한 결과이기도 하다. 더 나아가 우리가 알았으면서도 세월따라 잊혀져간 한국인의 고유한 정신이 서구사상보다 더 내밀하게 작용했기 때문일지도 모른다.

여하간 이러한 모든 요소가 우리 시대의 괄목할만한 변화를 가져오는 동인이었다고 생각한다. 아무튼 탈도 많고 문제도 많은 대한민국이 피식민지에서 선진국이 된 유례없는 성과를 거두게 된 연유가 무엇인지 분명해야 한다. 그래야 시대의 변화에 시행착오(국민 고통)를 줄이며 국민 행복이 발전될 수 있겠다는 생각이 든다. 때문에 시대전환이 순조롭고 국민 모두가 공정하게 성장의 과실에서 소외되지 않도록 고려해야 할 점들을 제시해 보고자 한다.

첫째, 격변기나 변혁기 등 시대변화를 말하려면 역사발전사관을 언급하지 않을 수 없다. 원시시대 이후 봉건을 거쳐 근대와 현대라는 도식화된 역사 발전 이론속에 있는 현재는 과거보다 문명이 앞섰고 발전했다는 직선형 발전사관에 문제가 없는지 생각해 볼 여지가 있다. 즉, 무조건 현대가 이전 시대보다 발전했다는 사고방식은 고정적 편견과 불평등을 낳고 사람을 급하게 만들고 사람간, 세대간 존중과 신의를 저버리게 한다는 점을 헤아릴 필요가 있다.

둘째, 대한민국의 지배적 사회적 관념들, 철학과 종교에서 말하는 상식과 비상식을 재정립할 필요가 있다. 기독교의 사랑과 박애와 그 속에 존재하는 독선과 침습, 불교의 자비와 보시와 무아라는 심성론의 이면인 고립적 자아. 유학의 고색창연한 도덕론과 윤리론의 분별과 재정립을 통해 새로운 시대를 열어 가려면 한가지만으로 편중된 가치관과 종교관을 불식하고 화해와 소통을 통한 관용과 통합적 사고방식을 관철해 가야 한다.

셋째, 지배와 피지배, 부자와 가난이란 가장 근원적 구조에 대한 변화, 개혁을 실현하여 미래의 찬란한 문명전환을 열 수 있는 민족적 사상의 정립이 필요하다. 그것은 모든 사상에 대해 창조적인 교섭이 가능하도록 풍부하고 보다 보편적이며 자주적으로 완숙한 사상과 견해일 것이다.

넷째, 미중러일이나 그 어떤 나라와 세력도 대한민국을 어쩌지 못하게 하려면 우리가 달성해 온 경제력, 국방력, 국민적 합의라는 현재의 내부역량을 선진국다운 수준으로 유지하고 발전하는 것이 필요하다. 그것은 대외의존형이 아니라 자주적으로 세계 한가운데서 자력으로 상생과 협력모델을 견지할 때 가능할 것이다.

　다섯째, 좌우,지역,세대,남여,빈부의 원한과 대립과 상처를 치유하고 개선하는 방법에 대한 전면적인 재정립이 필요하다. 이러한 모든 상대적 대립의 근원에는 역사관,세계관, 인생관이 작용한다는 점에서 전면적인 국민 교육 커리큘럼의 변화와 우리에게 면면히 흐르는 자주사상에 입각해야 가능하다.

　여섯째, 남북통일 이론과 방법론은 남과 북이 열린 자세로 검토하고 실천할 수 있어야 하기 때문에 국민들이 이해하고 수용할 구체적인 내용으로 마련되어야 한다. 적어도 그 내용은 독일의 사례를 뛰어넘는 동아시아 정신의 극치로 표현되는 통일론으로서 시대 전환을 이끌어 갈 내용으로 수립되어야 한다. 이상으로 올바른 시대전환을 이루고 불평등이 최소화된 공정한 사회를 위해 우리에게 있어야 할 종합적 판단을 따져보고 생각해 보아야 할 것들을 표기하여 보았다.

(안산신문 2021. 8. 25)

선진국 대한민국?

　지난 7월2일 유엔무역개발회의(UNCTAD)에서 만장일치로 한국은 선진국이라고 발표했다. 1964년 유엔무역개발회의가 설립된 이래 개발도상국에서 선진국 그룹으로 격상한 나라는 대한민국이 처음이다. 이보다 더 좋을 순 없다. 나의 조국 대한민국이 선진국이라니!

　정부수립 73년만에 폐허에서 고도의 문명국으로 성장하여 세계인들에게 선진국임을 인정받다니!

　한강의 기적은 낙동강, 금강, 영산강등의 모든 하천과 태백산맥, 차령산맥, 소백산맥등의 모든 산들의 기적을 상징하는 말이 되었다. 삼천리 금수강산의 남쪽에서 치열한 삶을 살아온 국민 모두의 승리이자 쾌거임은 두말할 나위가 없다.

　사실 세계에서 한국을 확실한 선진국으로 최초로 분류한 곳은 1991년 국제 통화기금(IMF)이다. 다음은 1996년에 세계은행과 UN통계에서 대한민국을 선진국으로 발표했다. 물론 1997년 IMF 관리하에 들어가는 수모를 당했지만 모든 국제기구들이 우리를 선진국으로 분류하였다. 그리고 2010년 이후 JP모건,S&P 등 세계적인 평가기관에서 발표하는 지표와 자료들도 대부분 한국을 선진국으로 규정하고 있다.

　2020년부터 대한민국은 세계 10위 경제대국으로 거듭 눈부신 성장을 하였다. 1인당 명목 GDP는 G7 국가중 이탈리아를 넘어섰다. 1인당 구매력도 영국, 프랑스, 일본을 앞질렀다. 명실상부한 선진국이 되었다. 피식민지에서 식민국 일본을 경제력에서 이긴 유일한 나라이다.

오랜 세월 그토록 부러워했던 서구 유럽국가와 어깨를 견주고 자부심을 가질 수 있게 되었다. 그토록 염원하던 국민의 열망과 소원이 달성된 것은 틀림없는 사실이다.

그런데 우리는 선진국이란 찬란한 금자탑을 이루고도 축제를 벌이고 희열을 느끼는 정도가 고만고만한 상황이다. 원래 우리 민족의 겸양지덕(謙讓之德) 때문인지 몰라도 드러내 놓고 기쁨을 만끽하지 못하고 있다. 실제로 그런가 하고 대부분 심드렁한 반응이다. 조상님과 기성세대가 오매불망하던 나라가 되었지만 공감하거나 실감하지 못하고 있다. 한없는 희생을 통해 달성된 상처뿐인 영광이기 때문일까? 고생 끝에 낙이 온다는 말이 현실에서 실현되었지만 체감도가 높지 않다.

왜냐하면 우리는 전반적으로 행복하지 않기 때문이다. 한국인의 삶의 행복지수는 선진국이 아니기 때문이다. 2020년 세계행복보고서에 대한민국은 62위였다. 불평등 수준이 높고 사회적 신뢰도가 OECD 최저수준이다. 국민이 행복하지 않은데 선진국이란 타이틀에 의미가 있을 리 없다. 우리 국민이 행복한 진정한 선진국은 요원한 것인가?

정치가 답을 해야 한다. 국민은 일류이고 기업은 2류인데 정치는 3류에 처하기도 버거울 지경이다. 시대가 전환을 요구하고 질적 변화를 요청하고 있다. 형식적 선진국에서 실제로 국민이 행복한 선진국으로의 전환이 이 시대의 사명이 되었다. 선진국 시민으로 태어난 청년들의 극한 경쟁의 피로감과 아우성에 해답을 제시하여야 한다. 선진국 만들기에 희생한 산업역군들의 보상심리를 어루만져야 한다. 기성세대는 청년들의 미래가 밝은 나라를 만드는 청사진을 흠결없이 준비하여야 한다.

그것은 과거의 잘못된 관행을 혁신해야 가능하다. 이념과 관념에 치우친 정치적 갈등은 가치가 없다. 지역과 연고와 학력주의는 극복되어야 할 구태이다. 남아있는 개발도상국 시대의 자유의 제한과 편파적이며 수직적 사고방식을 탈피하여야 한다. 선진국 국민이 가져야 할 수평적 공감능력을 익혀나가야 한다. 그래서 진정한 선진국가의 양극화 해소, 환경적, 사회적 지속가능성 지수를 달성해 가야 한다. 불평등이 심한 불건전한 경제 선진국이 아니라 모든 영역에서 국민이 행복한 선진국이 진짜 선진국이다. 끝으로 지구가 코로나19 백신으로 인간 바이러스를 퇴치하고 있다는 소리를 듣지 않도록 인류문명의 질적 전환에 기여하는 대한민국이 되어야 참다운 선진국이다.

(안산신문 2021. 8. 11)

마음속의 무지개

오늘 7월 19일 퇴근길에 무지개를 보았다. 쌍 무지개도 떴다. 같은 시간에 같은 공기를 마시며 정말 많은 시민이 무지개의 꿈을 품었다.

각종 sns에 무지개 사진이 홍수처럼 범람한다. 아름답고 아련한 무지개! 쌍무지개는 노처녀 노총각 시집 장가가게 하는 설레임이 있다는데 정말 그렇다. 멍하고 몽롱하게 가물가물 현묘한 색깔에 빠져들게 한다.

빨주노초파남보 색색의 향연이 맑은 쪽빛 하늘가에 우아한 아치를 그리며 다리를 놓는다. 견우와 직녀가 만나 헤어진 세월과 그만큼 그리웠던 심사를 해후하는 오작교이다.

가난한 이들도 조만간 넉넉하고 행복하게 살거라고 축복하는 희망교이다. 취준생두 장사하는 분들도 하루빨리 취직하고 돈좀 버는 꿈이 실현되는 총천연색 사다리이다. 사업가,직장인, 부모형제, 남녀노소 모든 사람들의 꿈과 소망을 품느라 찬란하고 아름답고 다채로운 색깔을 빚어내는 모양이다.

남북으로 갈라져 떨어져 있던 고신동엽 시인의 아사달, 아사녀를 얼싸안게 만드는 다리이다. 남과 북, 대립과 갈등의 양극점을 연결하고 포용과 상생하게 하는 창조물로 무지개보다 나은게 있을까?

우리가 살고 있는 이 사회와 이 땅위에 항상 무지개가 펼쳐져 있다면 그보다 더 좋은게 없을 테다. 그러나 현실은 꿈보다 좌절이 지배적이다. 신음과 아우성이 우리 삶의 영역에서 내를 이루고 강으로 흐르고 있다. 그런 신산하고 절박한 저변의 사정들 때문에 푸른 하늘에 나타난 무지개가 상대적으로 돋보이는 모양이다.

코로나19로 얻은 것이 있다면 이전보다 훨씬 푸르고 청명한 하늘이다. 그리고 인간이 자연에 저지른 무개념, 무지를 각성하게 한다. 동시에 인간의 오만함을 일깨워 겸허와 겸손의 미덕을 실천하도록 경고하고 있다. 무지개를 쳐다보며 생각한다.

모든 이들이 항상 마음속에 간직한 그런 무지개가 사라지지 않기를 말이다. 우리 모두는 어릴적부터 무지개를 품고서 파랑새를 쫓으며 살아 왔다.

무지개가 잠시 맑아진 대기에 떴다 사라지는 일시적인 현상이 아니길 바란다. 누구나 인간에 내재한 육체와 영혼의 가치는 무지개같은 아름다움이 삶의 여정에 농축되어 있기 때문에 소중하고 절실하다.

어느 누군들 무지개를 보며 찬연하고 홀황하다고 말하지 않을 수 없는 이유이다. 그만큼 우리 모두는 마음속에 무지개를 드리우고 살아 온 자주적 자유인들이다.

무지개를 보며 얼른 코로나 19가 종식되길 빌어본다. 정말로 사투를 벌이는 의료진과 자영업과 소상공인을 비롯한 모든 생활인들 마음속에 산뜻한 무지개가 쌍으로 겹겹으로 드리워지길 소망한다.

오늘 회색빛 고단한 도시위에서 정말 오랜만에 청정한 대기가 준 자연의 선물을 받아 보았다. 감사하고 감읍할 따름이다.

(안산신문 2021. 7. 21)

우리나라가 기재부의 나라인가? 1, 2

대통령위에, 청와대위에 국민이 있는게 아니라 기재부로 상징되는 관료가 있다. 틀림이 없는 말인 것도 같다.

문대통령이 적극적인 재정확장 정책을 지난 5월 국가 재정전략회의에서 주문하였다. 앞서서 2월에도 전국민 재난위로금의 필요성을 언급하고 전국민 재난지원금을 강조하신 것으로 알고 있는데 기재부 장관이 이른 한귀로 듣고 흘리며 패스 시키고 있다. 이러한 일부 관료의 불통과 고루함은 우리 역사 전반에 걸친 사회와 제도의 문제를 더욱 부각시키는 단적인 사례가 되고 있다.

관료에는 법을 움켜 쥔 사람들, 경제를 움켜쥔 사람들, 펜과 무력을 통해 국민의 안녕과 복리를 위해 일하는 사람들 모두를 포함한다.

이 사람들은 법과 제도를 철저히 지키고 유지하는 것으로 알려져 있다. 왜냐하면 법과 제도를 도입하고 때로는 편의대로 고치고 활용하기 때문이다. 그리고 대부분 그속에서 안주하며 보호를 받고 편안한 삶이 보장된다.

더 나아가 특권인 줄 알기 때문에 자신들에게 유리한 법과 제도를 보호하느라 노력한다.

그런데 이들이 욕을 먹는다. 법대로 하는데, 나라의 재정 안정을 걱정하는데, 국민의 안전과 알권리를 지키고자 열심인데 국민들이 알아주는 것 같지 않다고 생각한다.

그렇다. 억울한 면이 있다. 자신들도 모르는 대한민국 국가 시스템의 근본적 병폐가 자신들 책임은 아니라는 변명도 가능하지 싶다.

대한민국의 근본적 병폐란 무엇일까? 법으로 말하자면 일제의 흔적, 친일과 친미와 친중을 비롯하여 세계적 패권 흐름에 편승한 특권을 보호하는 각종 법률이 현재까지도 온존하고 있음이다.

경제로 말하자면 각종 금권 보호에 치중하는 특례법과 짜집기로 특권을 인정하는 규정들이 곳곳에 상존하고 있다.

거기에 언론과 교육시스템이 밀고 끌어주고 하는 유착과 서열문화가 병폐를 유지하고 있으며 그것을 주도하거나 기생하는 이들이 대부분 호가호위하고 있는 몰가치한 사회현상을 일컫는다.

현재 거대한 모든 법과 시스템의 형성은 애초에 일제의 아류와 그들과 유착한 지식인과 세력이 만든 특권구조에 복무했다.

그리고 계속 그 기조를 유지하느라 영혼없음과 생명유지 본능의 콜라보에다 지식과 성공 추구의 패러독스가 교차하고 연속되며 법과 제도와 악법은 복잡하게 개선불능 상태로 누더기가 되었다.

법과 제도의 요소요소에 특권 보호 문구가 조항과 행간에 자리를 잡았다. 아무리 유능한 법과 행정 전문가라도 어디가 머리인지 꼬리인지 분간 못할 정도로 실타래가 난마처럼 엮어져 있다.

그것은 노자 도덕경에서 찬탄한 현묘하고 현묘하다란 경지(?)와는 반대의 어긋난 방향으로 치달은 끝모를 수렁창이다

그런데 아이러니하게도 대한민국 헌법 1조에 대한민국 주권은 국민에게 있고, 모든 권력은 국민으로부터 나온다는 조항때문에 우리 선량한 국민은 자신이 주인이라는 주권재민 사상을 믿고서 원초적, 근본적 피탈과 양극화 상황에서도 그럭저럭 안심하며 살고 있는 중이다.

모든 각종의 법률과 제도 시스템이 소수의 특권이익을 보호하고 있는데도 선험적으로 익숙하게 된 박탈 상황을 체감 못하는 사람들이 연장자 중심으로 여전히 다수 존재 한다.

이러한 특권지배 상존의 카르텔은 어쩌다가 조금 위기 상황이 오면

자신들을 지켜준 법과 시스템에 조금 손질을 가한다.

일테면 헌법 1조를 강조하면서 자신들을 지켜온 규정 1조나 역할등에 국민을 위한 공공의 책임을 강조하거나 개념을 끼워놓고 헌법 1조를 지킬 것 처럼 형식적으로 적어놓는다. 그렇게 면피를 한 후 과거와 똑같이 각종 제도의 혜택을 유지하고 누리고 있다.

그러면서 국민들한테 정성과 성의를 다 한 것 처럼 홍보하고 언론은 받아 적고 종교계는 기도해 주는 거창하고 거룩한 쇼를 계속해 오고 있었다.

바야흐로 이게 해방후 대한민국의 현대사이다. 한마디로 특권의 역사, 반칙의 역사이다. 더구나 이에 저항하거나 진실을 밝히려고 하면 가차없는 폭력으로 군화발로 짓밟았던 역사였다.

그리고 최근까지 검언 짬짜미로 타킷을 정해놓고 폭격으로 감기감기 흠집내고 맨붕시키며 악날하게 멸문지화를 만들어 왔다.

좀 구체적으로 들어가면 헌법에 보장된 특례권한, 정부조직법, 금융관련법, 각종 금권우대 특례법들, 기재부의 거시경제정책 과장이 금융위원회와 한국은행을 관리 감독한다는 기재부 시행령, 검찰청법 37조에 검사의 신분보장이 헌법상의 국회의원과 유사한 특권이 보장되는 등 각종 법은 국민위에 군림하면서 안주하고 향유하게끔 특권층을 설정하고 보호하고 있다.

이를 누가 만들었겠는가? 그들 자신일 것이다.

그러면 거기에 포함되지 않는 다수 국민은 어쩔 수 없이 그 제도속에 포함되려고 피, 땀을 쏟으면서 일부가 편입되지만 나머지 대다수는 박탈감과 낙담과 자괴감에 빠질뿐인 상황의 연속이다.

이 현상이 자살률1위, 산재1위, 노인 빈곤률 상위, 유엔산하 자문기구인 지속가능발전 해법네트워크가 발표하는 행복지수 세계 5~60위권, 저부담 저복지사회로 대표되는 사회 부조리로 나타났다.

그 결과가 국가 재정은 넉넉한데 대다수 국민 개개인은 가난한 상태이다. 기재부는 국가 부채를 40%대를 안넘게 관리하고 있으니 걱정 말라고 한다. 발등에 불이 붙었는데 안심하라고 한다.

법과 제도의 보호막속에 있으면서 보호막을 확장하지 않는다. 이를 집약해 보면 대한민국 관료들은 권한은 막강하고 그에 따른 책임과 평가시스템은 부실하고 공복이란 정신은 사막화되어 고갈된 상황이다. 그런 상황에서도 우리는 대한민국 공동체를 잘 성장시키고 안정화 시키려면 알게 모르게 잘못한 사안들을 다 감싸 안아야 한다.

잘못을 포용하고 용서하자는 말이 아니라 잘못된 법과 제도로 특권을 누리는 사람들이 상생의 관점과 포용적 생각을 배워야 한다는 점이다.

이 사람들이 현재 한국사회의 강자들이기 때문에 진정한 강자들은 다수 국민들에 무한 봉사하고 헌신하는 자세와 태도를 갖추어야 실현된다는 진실을 각성시켜야 한다.

그동안 그 자리에 가려고 공부하고 노력한 바를 국민한테 칭찬받으려면 일제로부터 유지되고 물려받은 특권의식과 제도를 스스로 폐지 보완하여 모든 국민의 이익과 윤택한 생활에 기여하여야 한다. 그동안 의식적으로 또는 무의식으로 편승하여 국민위에 군림한 사람들은 이제 상생과 포용의 정신세계를 배울 필요가 있다.

그렇치 않으면 이 모든 것을 느끼고 알아가고 있는 집단 지성으로 무장한 국민들로부터 호되게 앙갚음을 받을지도 모른다. 아니 벌써 이명박.박근혜가 그런 사례가 되었다.

우리 역사가 남북으로, 좌우로, 지역으로 갈라쳐 진 원인이 저질 권력과 공정하지 않은 특권유지에 매몰된 결과라는 인식을 자각해야 한다.

여태까지 가지고 살았던 대립의식과 갈등유발로 극한 경쟁사회를 부추켜서 국가와 사회를 조정하거나 장악하려는 카르텔을 이제는 포기하여야 한다. 그리고 가슴에 손을 얹고 이제까지의 삶의 방식을 반성하고 성찰해야 한다

대립에서 포용으로 갈등에서 상생으로 라는 말이 그냥 듣기 좋으라고 하는 말이 아니고 우리 역사에 켜켜이 쌓인 울분과 원한과 절규를 씻어내리는 씻김굿 같은 역할을 하는 말이다.

허구허날 과거에 벌어진 일들을 잘못이다 아니다 따지다가는 머리 좋기로 세계 으뜸인 우리 민족끼리 결판이 나겠는가라는 회의가 있다.

다시 말해 그런 과정이 없으면 고스란히 피해는 미래세대인 청년들이 볼 수 밖에 없다. 벌써 그런 현상이 청년세대들에게 나타나고 있다.

특권을 유지하느라 심한 경쟁사회가 되었고 민주화세대는 확실하게 시대전환을 하지 못한 채 미필적으로 이런 상황에 기여한 것 같다고 청년세대들이 염증과 분노를 표출하기 시작하는 상황이다.

청년세대에게 해주고 싶은 말은 많지만 그들에게 인정받을 수 없는 사람들이 돼버린 지금 꼰대소리로 들릴 수 밖에 없게 되어 버렸다. 여하튼 시대전환과 새로운 가치관의 정립과 새로운 사고가 필요한 시점이다.

특히 기재부의 똑똑하고 나라의 키잡이라는 배타적 자부심으로 일하는 관료들은 나라를 움켜쥐고 주무르겠다는 생각을 버려야 한다.

그동안 짬짬이 카르텔과 누더기 법과 제도의 보호막으로 일반 국민이 접근하기 어려운 혼탁한 시궁창에서 국민 기본권과 주권 실현의 실마리이자 서광을 비추는 신선한 샘물을 퍼 올리길 바란다.

전국민 재난지원금, 기본소득, 기본금융, 기본주택 등 국민 삶의 질 향상과 정신함양과 자아실현의 마중물로 작용할 다양한 정책적 사고

를 열린 마음으로 받아들이고 여때까지 고수하였던 기계적 사고를 반성하고 고쳐야 한다.

더 이상 버티지 말고 국민의 바다에 순응하면서 함께하는 사람 중심 국민 존중 공동체 발전에 기여하는 역할로 새롭게 변신해야 한다. 이것이 시대전환이며 가치변동시대의 올바른 사고방식이다.

그러면 집단지성으로 뭉친 국민이 집단 무기로 그대들을 꺽어버리는 역사의 악순환적 상황을 슬기롭게 극복하게 된다.

더 나아가 유럽 선진국 모델을 따라가는 나라가 아니라 새로운 선진국 모델을 창출하여 세계를 리드하는 초유의 선진국으로 대한민국이 발돋움 하는데 지금까지와는 다른 긍정적 역할을 하는 것이다.

그러면 정말로 현묘하고 현묘한 궁극의 가치인 국민 주권의 실질적 완성태를 이룰 수 있을거라고 상상해 본다.

(안산신문 2021. 6. 30, 7. 14)

고전 인문학의 맛

깊고 험준한 산길을 가더라도 길은 있기 마련이다. 누군가 그 길을 걸었고 그 길위에서 사색하였기 때문이다. 또한 길이 안보여도 역사와 선현의 가르침을 더듬고 음미하다보면 어렴풋하거나 또렷한 내용으로 안내를 받을 수 있다.

그런 도움은 고전 인문학의 여러 서적들에 많이 들어있다. 특히 고전은 이미 길을 만들어 보여주고 있다. 우리는 그 길을 걷다보면 감사하게도 역사를 감득하게 된다. 그리고 때로는 그 길을 고치고 수정하며 아예 폐쇄하기도 한다. 그럼에도 고전이 발휘하는 가치와 의미가 쓸모없어지는 것은 아니다. 특히 유불선 문화가 삼천리 방방곡곡 속속들이 배여 있는 한민족에겐 더욱 그렇다.

고전은 우리 문화의 유래를 탐색하면서 미래 사상을 모색하는 길잡이 역할도 한다. 우리 민족에게 있는 고유하고 고귀한 정신을 기초로 자주 독립적 사상과 정신을 북돋아 준다. 그 정신이 여실히 발현된다면 민족의 웅대한 역사적 과제의 발로가 펼쳐지리란 기대를 충분히 가져봄직 하다.

우리 민족이 앞으로 열어갈 원대한 비전은 아마도 남북평화와 사람 중심 공동체인 대동사회라는 과제일 것이다. 이 중차대한 과제를 실현하려면 기본적인 땅고르기, 터 닦음이 있어야 한다. 일종의 기초 다시 세우기이다. 그동안 우리의 상식과 사고에 있어 문제가 없는지 살펴보는 성찰이 필요한 이유이다. 우리는 20세기 시대적 변화속에서 급속한 산업화와 서구사상의 도입에 따른 가치관의 변동을 경험하였다. 그 변화는 수많은 사연과 말할 수 없는 고통을 수반하기도 하였다.

동시에 인내와 끈기로 찬란한 역사를 만들어 가는 과정이기도 하였다.

세계 10대 무역강국으로 성장한 대한민국은 세계 유일하게 피식민지였던 나라가 식민지 본국을 정치경제등 다방면에서 앞지르는 성과를 내고 있다. 10년 전만 하더라도 우리 국민의 기성세대들은 일본을 따라잡으려면 멀었다고 생각하는 것이 상식이었다. 그러나 우리의 저력은 드디어 일본의 벽을 넘어 G7에 근접하고 있다. 국방력도 세계 8위권에 드는 강국이다. 얼마나 자랑스런 상황이 되었는지 가슴 벅차다.

이러한 상황에서 잠시 여유롭게 우리가 고전에서 빌리고 생각해볼 말이 있다. 그것은 노자 도덕경에 있는 말이다. 유약승강강(柔弱勝剛强)이란 말이다. 여리고 약한 것이 강하고 굳센 것을 이긴다는 말이다. 공자 논어에는 관유지교 불보무도 군자거(寬柔之敎 不報無道 君子居)로 세상에서 머물만한 곳은 너그럽고 부드럽고 도가 없어도 보복하지 않는 가르침이 있는 상황이라고 전하고 있다. 요즘처럼 일등주의와 과열 경쟁으로 사회 전반에 행복지수가 낮고 자살률이 높은 상황에서 곱씹어 볼 필요가 있는 생각이다. 즉 고전은 생활의 지혜를 공급하고 있는 보고이다.

보물은 숨겨져 있기 마련이다 악마(?)는 디테일에 있다는 말처럼 사상의 핵심은 은미하다. 그러나 반드시 드러나게 되어 있다. 그것이 우리가 간직해 온 동양사상의 정수이다. 그 동양 정신은 남북평화와 대동사회를 만드는 유일하고 유력한 수단이다.

그러므로 우리는 동양사상의 가치를 교육과 담론 등 모든 사회 수단을 동원하여 발현해야 한다. 그동안 가려지고 오염된 동양 정신세계와 한민족의 고명(高明), 돈후(敦厚)한 사상을 다시 일으켜야 할 역사적 사명을 따라야 한다. 바야흐로 천지 자연을 닮은 사람들이 나서야 할 시점이다.

그것이 우리 보통인 모두에 내재해 있고 모두가 할 수 있고 해야 할 마땅함이요 소이연이다. 대한민국의 정신세계속에 있는 가치는 각 시대 상황마다 단련되고 농축되어 선현들이 남기신 傳言에 녹아있다. 그렇게 남기신 말씀들을 다시 꺼내어 법고창신(法古創新)한다면 우리의 앞날은 더욱 밝아진다고 생각한다. 그것이 고전 인문학이 닦아 놓은 길이며 신선하고 감칠난 맛이라고 권해 보면서 고전에서 느끼는 풍미를 나누고 싶다.

(안산신문 2021. 6. 9)

피라미드와 달항아리

피라미드는 모든 것이었다. 세상 사람들이 모두 피라미드를 오르는 것처럼 보인다. 오르다가 힘이 부쳐 멈추거나 떨어지는 대부분의 사람들은 눈에 들어오지 않았다.

정상을 차지하거나 정상 부근에 깃발을 꽂은 소수의 사람들만 눈에 띄었다. 농경사회부터 지금까지 세상은 이들만 주목할 뿐이다. 그래서 현재도 이들이 역사와 사회, 정.경 모든 영역을 장악하고 있다.

나머지 대부분 필연적으로 탈락하고 떨어진 사람들은 실패와 박탈감을 곱씹을 뿐이다. 피라미드 세상은 구조적으로 그렇게 운영되었다. 인간이 만든 작위적 선택이며 강요이며 자연 질서를 거스르는 고정 관념이다.

기록을 보더라도 역사는 인간사회의 최강자들의 권력과 특권을 위한 놀이기구가 되었다. 그래서 세모꼴 꼭지점은 모든 폭력의 결정체이다.

그러나 그것은 너무 이상하다. 왜곡과 편견이 쌓이고 점철될 뿐이다. 폐단과 불평등을 양산할 뿐이다. 절대 다수가 아닌 소수 특권층이 대물림되고 있다. 그걸 유지하느라 전쟁, 탄압, 압제, 법률, 제도 등등 모든 에너지가 집중된다. 작위적이며 동시에 허위적인 횡포가 능력과 실력으로 포장되어 있다. 그것이 대한민국 사회에서는 사대와 친서구 사상과 대립적 발전이란 편견으로 장악되었다. 때문에 민족적이며 동양적이며 융합적 사고는 무시되고 밀려나고 탄압을 받아 왔다.

그러다가 요즘에 이르러 조금 상황이 좋아지기 시작 했다. 민주와 인권에 관심이 높아지고 IT가 발달한 사회상에 따른 현상이다. 지식

정보의 소통과 공유로 과거처럼 특권층이 작위나 독점적 행위를 마음대로 할 수 없는 시대이기 때문이다. 그러나 여전히 서구 사상은 과학기술 문명을 등에 업고 정신 영역에서 존속하고 맹위를 떨치고 있는 중이다.

그러므로 이제 피라미드라는 전형적인 사회구조를 탈피하려는 노력이 필요하다. 더 이상 피라미드속에서 사는 것은 양극화를 심화시킬 뿐이다. 그런 현상은 요즘 팬데믹 상황에서 K경제의 문제점으로 더욱 두드러지고 있다. IT기술, 플레폼 사업을 비롯한 신기술 경제는 상향을 지속하고 영세 소기업과 자영업, 날품 노동자들은 급전직하하고 있다. 양 격차가 갈수록 벌어지고 있다. 심한 경쟁과 대립의 사다리를 올라가는 모습은 좁아지는 차선에 몰린 트래픽을 일으키는 상황이다.

그래서 내부적으로 사람들 마음속의 피라미드는 존립을 강제할 힘을 점점 잃어가고 있다. 그런 사회 구조에 염증이 일고 있다. 그렇게 피라미드는 많은 문제를 가지고 근근히 버티고 있다. 하루빨리 피라이드 상층부가 추구하는 허위의식과 과욕으로부터 벗어나 기회가 다양하고 풍부한 사회상을 만들어야 한다.

그것은 둥그런 달항아리 사회상이다. 그 형상은 넉넉하고 편안하다. 달항아리는 보면 볼수록 우리 정서를 닮아 있다. 피라미드의 각과 끝을 둥글게 하고 긴장을 완화한다. 이성보다 감성을 담은 복심을 넉넉하게 한다. 여유와 배려를 느끼게 한다. 민족적이며 동양적이기 때문에 고조선으로 부터 동학까지, 유불선으로 부터 국학까지 면면히 흐르는 유려한 선을 담고 있다.

그러므로 홍익인간과 보편과 기본이 살아 있다. 그 속은 일등 독식을 대동사회로, 상쟁 만능을 중도 융합하는 평화가 지배한다. 이에 달항아리같은 사회가 만들어 지면 좋겠다는 생각이다. 그래서 개인적 삶의 영역에서는 지속적 수기, 신독의 자세를 견지하면 좋겠다. 사회 생활에서는 넓은 들처럼, 높은 산처럼, 깊은 계곡처럼 담아내고 포용하는 관계를 많이 만들어야 한다. 불평등 경쟁의 피라미드를 허물고 달항아리를 빚는데 일조하는 삶의 가치가 의미심장하다고 생각한다.

(안산신문 2021. 5. 26)

4월 때 이른 더위

벌써 덥다. 진달래, 벚꽃이 만발한지 엊그제, 모든 꽃들이 다투어 피어나는 걸 세월이 시샘하는지 더위가 몰려와 빠르게 봄을 밀어내고 있다. 계절의 변화가 빠른 탓인지 봄이 실종된 듯하다. 그런 가쁜 4월의 숨결 한 가운데에서 잊지말고 생각해 볼 일들이 있다.

1894년 4월 동학 농민군은 봉기하여 전주성을 점령한다. 반봉건과 반외세, 보국안민을 중심으로 한 4대 강령을 기치로 제국주의 침략의 먹잇감인 대한제국을 구하고자 하였다. 그해 4월 동학 농민군의 기세는 하늘을 찌를 듯하였다. 전라도와 충청도 일대는 압제와 차별을 벗어난 해방공간이 되었다. 그러나 그 찬란했던 순간은 오래가지 못했다. 불과 6개월 만에 공주 우금치 전투를 정점으로 3만 명 이상의 동학 농민군은 일본군과 관군에 의해 참살당한다.

101년 전 4월 5일 연해주 블라디보스톡 인근 신한촌을 일본군이 급습하여 만행을 저지른다. 연해주 13도 의군과 권업회를 이끌며 독립운동을 하던 최재형을 비롯한 300여 명의 독립운동 지도자와 한인들이 일본 만주군에 의해 학살당한다. 독립운동사에 혁혁한 공로와 수많은 희생이 있지만 4월이면 생각나는 가슴 아픈 일이다.

73년 전 제주도는 처참한 살육의 외딴 섬이었다. 정부의 제주 4.3 진상보고서에 의하면 어림잡아 10분의 1 이상의 제주도민 3만여 명이 희생되었다. 해방 후 6.25 이전까지 벌어진 참사 중에 가장 비극적인 현장이었다. 이러한 사실은 국민들 사이에 재갈이 물려진 채 1970~80년대에 간간이 폭로되고 알려지게 된다. 이를 알린 사람들은 독재정권에 의해 구속되고 탄압을 받는다.

1960년 4월은 부정부패와 부정선거로 얼룩진 독재정권을 몰아낸 시민혁명이었다. 대한민국의 헌법 전문에도 적시되어 있는 4.19혁명 정신은 해방 후 민주화를 이루어낸 찬란한 금자탑이었다. 물론 그 영광은 김주열을 비롯한 학생과 시민의 희생에 기초하고 있다. 수유리 4.19혁명 국립묘지에 224분의 열사가 잠들어 계신다. 이때부터 민주주의는 피를 먹고 자란다는 말이 유행하기 시작한다.

불과 7년 전 2014년 4.16일 세월호가 침몰한다. 그 속에는 제주도로 수학여행 가는 안산 단원고 학생과 시민들이 있었다. 파릇한 새싹들 250명을 포함하여 304분이 목숨을 잃는다. 모든 국민이 침몰하는 세월호를 보며 발을 동동 굴렀다. 국가적 재난에 대처하는 그 당시 정부는 허술하기 그지 없었다. 세월호 참사는 국가 재난과 국민 안전에 대한 경각심을 뚜렷하게 각인시켰다.

대표적으로 4월이면 생각나는 역사적인 일들을 추려본 이유가 있다. 먼저 작년부터 4월은 전 국민이 코로나19로 고통받고 있는 시기이다. 특히 만물이 생동하는 계절과는 무관하게 서민 경제가 붕괴되고 있어 큰 걱정거리이다. 노자에 天地不仁 萬物爲芻狗(천지에 인이 없어 만물을 풀강아지 취급한다)는 말이 있다. 천지는 어느 편에 기울어지지 않는다는 불편부당함을 강조한 뜻이지만 현재는 소상공인을 비롯한 대다수 서민만 피해보고 있어 하늘이 원망스런 상황이다. 환경에 해를 가해온 사람들을 향한 자연의 반격을 사회적 약자들이 감당해야 하는 사회적 불평등이 안타까울 뿐이다.

그와는 무관하게 4월은 至誠無息한 대자연과 우주의 섭리가 일 년 열두 달 가운데 가장 바쁘게 진행되는 것 같다. 쉼 없는 자연의 순환이 숨 쉴 틈 없이 돌아가는 느낌이다. 겨울을 지나 뭇 생명이 약동하는 봄의 한가운데 들어서기 때문일 것이다. 이를 두고 사람들은 찬란한 봄이라고 한다. 그런데 4월은 찬란하지만 수없이 많은 서글프고 시린 사연이 지워지거나 가려져 있다. 그래서 언제나 잔인한 4월은 진행형인 것인지? 바라건대 향후 미래에는 2020~21년 4월이 암울한 과거로 기억되지 않길 소원한다. 2-30년 후에 2021년은 전 국민이 합심 단결하여 바이러스를 퇴치한 해로 기억되었으면 한다.

(안산신문 2021. 4. 28)

정직한 자존감과 정치

　정치인은 국민에 대한 무한봉사를 하겠다고 공표하고 정치 행위를 시작한다. 자신의 정견을 펼치기 위해 주권자인 국민의 인정을 받고자 하기 때문이다. 그러나 평소 소신과 각오가 그러하다면 문제가 없으나 표만을 얻기 위해서라면 문제가 된다. 매표행위와 다름없으며 유권자의 눈과 귀를 더럽히기 때문이다. 정치인의 말이 표를 얻기 위한 얄팍한 수단이 되는 순간 정치는 시궁창이 된다.

　그래서 정치인은 국민앞에 솔직 담백해야 한다. 그리고 정치를 한답시고 자리와 권한이 있는 자에게 자존심을 굽혔을 때 그 순간부터 국민앞에 떳떳할 수 없게 된다. 자존심을 굽히느라 속에 없는 말을 지껄이거나 오로지 자기 자신만을 위해 머리를 쓰기 때문이다. 그리고 교언영색하며 편당과 무리를 만들려고 한다. 그러면 머리에 차지하고 있어야 할 봉사, 정의, 공정, 평등, 평화, 미래란 가치는 자리잡기가 힘들다. 동시에 어쩌다가 정치에 입문하여 권한이 생기면 자존심을 굽혔던 역사가 인이 박혀 습관이 되고 주변인에게 그걸 요구하게 된다. 한마디로 내가 누군데 하는 것이다. 정치의 초심은 온데간데없이 사라지고 국민에게 무한 봉사하겠다는 공복의 자세는 구석에 처박아버리는 것이다

　더 나아가 겸양지덕이라고는 겉으로 조작할지 몰라도 내심에서 찾아볼 수 없게 된다. 또한 국민을 두렵게 생각하고 그 앞에서 정직하게 일하고 보다 객관적이고 보편적인 실천을 통해서 평가받을 준비에 노력을 기울이지 않는다. 아예 유권자들에게 평가받을 때 또 다시 입에 침도 안바르고 줄줄 거짓말을 하게 되는 것이다. 그러면 그것은 야만

에 가까워 진다. 권력이 망나니가 되는 것이다. 그런데 아직도 이런 정치가 흔하다. 그래서 자존심을 굽히면 올바른 정치를 할 수가 없다고 생각한다.

반면 국민의 집단 지성은 자존심이 있는 정치인을 알아주고 밀어준다 그 정치인이 자존감을 발휘하도록 성원하고 응원한다. 국민앞에 정직하고 머리숙여 존중하는 정치에 누가 돌을 던지겠는가! 국민을 제대로 섬길 줄 아는 정치를 통해서 진짜 자존감을 살리는 자주적 사고의 정치인이 탄생하고 성장하게 된다. 그러면 정치의 본령인 분열과 대립을 지양하고 민주주의를 튼튼하게 지켜줄 상호 관용과 자제를 통하여 권력남용이 없도록 혁신하게 된다.

일반적으로도 자신의 주체성과 자존심을 소중하게 생각한다면 당연하게 타인의 소중함을 긍정하게 된다. 타인을 존중하게 되면 그 집합체인 국민을 섬기며 무한봉사하는 정치인이 될 것이다. 그러므로 국민에 군림하는 모든 기득권을 타파해야 하는 과제에 몰두할 수밖에 없다. 이것이 자존심과 정치 관계에서 나오는 방정식이다. 기득권을 억제하고 다수 대중의 보편 이익을 위한 정치 행보는 표를 자연히 모으게 된다. 이것을 진정성이라고 한다. 반면 표를 얻기 위해 적폐를 논하고 표를 얻기 위해 정의를 외칠 때 그 순수성은 의심받는다. 악취가 나기 때문이다. 정치인의 진퇴는 표에 매달리느냐 아니냐의 차이일 뿐이다.

예로부터 수신이 덜된 자들이 손바닥 지문을 없애가며 사회 곳곳에 또아리를 틀고 있다. 배타성과 견제 심리가 작동하는 정치세계를 마치 그래야 하는 것처럼 당연한 것으로 여기고 그게 다인 줄 아는 사람들이다. 인간적인 매력이 없다. 자신들의 행동이 무지한 것임을 알리 없다. 썩은 줄 모르는 것이다. 초록은 동색이란 말에 고개를 끄덕이게 되는 정치세계에 무슨 희망을 가질 것인가?

단지 영혼과 정신이 썩더라도 타인에게 피해를 주지 않는다면 그만이다. 하지만 권한을 국민으로부터 부여받은 속으로 부패한 정치인은 반드시 정치사회관계에서 부정적 작용을 하게 되어 있으니 문제이다. 자존감을 버린 정치를 더 이상 용인하거나 그럴 수도 있지라고 가볍게 보아서는 곤란하다고 생각한다. 그것은 정치의 초심과 국민의 기대를 지속적으로 훼손하는 좋지 않은 습벽이며 정치 수준을 높이지 못하는 부정적인 행태이다. 그런 정치이기 때문에 국민 신뢰도가 항상 밑바닥을 치는게 아닌가 한다. 다만 그런 정치를 알아보고 혐오하는 일반 국민의 정치의식이 놀라울 따름이다.

(안산신문 2021. 4. 7)

미얀마에도 봄은 오는가?

미얀마 이야기를 하기 어렵다. 미얀마에서 벌어지는 일을 끓어오르는 분노로 표현한다고 해서 실제 도움이 될까 걱정이다. 미얀마 국민들이 겪는 고통이 어떤 것인지 아는 우리는 조심스럽다. 처참함이 무엇인지, 울분과 피 토하는 절규가 무언지, 우리는 일찍이 경험했었다. 그래서 함께 한다고 말하기도 꺼려진다. 현지에서 당해보지 않으면 제대로 그 아픔을 온전히 공감하기도 어렵다. 그런 상황에서 말로 하는 응원조차 허망하다. 다만 기억의 우물을 퍼올릴 뿐이다. 오래전 일이다.

우리는 벌써 40년전에 겪은 일이 미얀마에서 재현되고 있다. 미얀마 군부독재가 쿠테타를 일으키고 민주주의를 압살하고 국민에게 총부리를 겨누고 있다. 1980년의 광주의 판박이다. 80년 광주 그때처럼 미얀마 국민도 고립감에 빠져 있을 것이다. 세계가 지켜보는 가운데 희생자가 눈덩이처럼 불어나고 있는데도 유엔을 비롯하여 미얀마 군부를 제재하는 조치가 별로 없다. 미국과 중국이 주판알을 굴리는 동안에 자국민을 지키고 보호해야 할 군경이 오히려 짐승 다루듯 야만의 폭력을 휘두르고 있다. 미얀마 군부의 쿠테타를 지원하거나 묵인하는 주요국의 속내엔 악취가 풍겨나올 뿐이다. 우리 광주항쟁때에도 비슷했다.

광주에서 미국은 관망하고 있었다. 베트남전 이후 미국은 세계 질서를 이끌 대국의 품격을 상실해 가고 있었기 때문이다. 더 이상 세계 경찰국가의 지위를 인정받기 힘든 상황이 되어 갔다. 그래서 아프카니스탄과 이라크 등지에서 그 위상을 회복하고자 하였으나 뜻대로 되질 않는다. 중국에 기울어진 미얀마 군부에 경고의 메시지를 보내긴 했지만 뚜렷한 제재조치는 없다. 지금 미얀마에서 벌어지는 민주를 파괴하는 만행에 대해서도 미국은 확실한 처방을 내놓지 못할 것이다.

또한 중국도 미얀마를 인도양으로 진출하는 교두보로 삼으려고 한다. 일대일로의 전형적인 확장정책 때문이다. 그러니 미얀마의 막강한 세력인 군부를 무시하지 못하고 있다. 속으로 미얀마 군부를 돕고 있는 것인지 모르지만 미얀마 국민들의 항쟁을 외면할 수도 없는 어쩌지 못하는 상황이다. 아마도 시간이 지나서 어느쪽으로 기울어 지는지 살펴보고 나서 중국은 자신들의 태도를 정할지 모른다. 중국은 자신들의 목적을 이루려면 미얀마 민중의 고통어린 절규에 귀를 기울어야 할 것이다. 패권을 버리고 대국다운 정의감을 세계에 보여주는 것이 중국의 미래상에도 바람직할 것이다.

여하튼 미얀마 국민들은 그 아비규환속에서 촛불을 들고 밤샘 시위를 벌이고 있다. 드럼통을 잘라 방패로 만들고 거리에 이것저것 끌어모아 바리케이트를 쌓는다. 앞으로 더 심각한 지경이 오면 미얀마 국민들은 정당하게 스스로 자체 무장할 지도 모른다. 그러면 무지막지한 군부는 압도적인 무력으로 대량 살상을 저지를 가능성이 농후하다. 그들은 벌써 로힝야족을 학살해본 경험이 있기 때문이다. 이처럼 국민항쟁의 수위가 높아질수록 최악의 경우가 발생할 여지가 많다. 제발 그런 일이 벌어지지 않기를 두손 모아 빌 뿐이다.

우리는 광주항쟁이후 당시의 희생자와 부상자들, 유족들과 정신적 트라우마라는 후유증으로 고통속에 지내시는 분들이 아직도 많다. 국민을 학살한 책임자에 대한 철퇴와 처벌도 미진하다. 광주항쟁이 벌어진지 15년이 지나서야 관련 피해자들의 증언과 정치권의 논의가 시작되었다. 1997년 5월 우여곡절 끝에 5.18 광주민주화 운동으로 국가에서 인정을 받았다. 그리고 광주민주화 항쟁이란 밑거름으로부터 우리는 세계에 자랑하는 민주 국가로 발돋움 하였다.

이처럼 빛나는 투쟁의 역사를 자랑하기까지 우리가 겪었던 비참함과 참담함은 이루 말할 수 없는 것이었다. 민주화의 열망과 끈기와 희생정신이 지금의 대한민국을 만들었다. 미얀마의 민주항쟁이 우리와 같은 결과를 가져오길 바란다. 그러나 지금 현재 벌어지고 있는 미얀마의 투쟁이 우리처럼 성공을 거둘 것이라고 장담할 수는 없다. 향후 벌어지는 모든 상황은 전적으로 미얀마 국민들의 역량에 달려있다. 미얀마의 봄은 미얀마 국민들의 손에 달려있다. 미얀마 국민들의 앞날에 군부독재를 밀어내고 서광이 비추기를 간절히 간절히 염원한다.

민주주의여 만세!

(안산신문 2021. 3.17)

김치의 힘

우리에겐 김치가 있다. 김치에 코로나 19 예방효과도 있다고 믿고 싶다. 더 나아가 우리가 방역수칙을 잘 지키며 참고 인내하는 요인에는 김치가 있다고 주장하고 싶다. 우리가 거리두기와 집합인원 제한을 감수하며 방콕을 잘하는 이유에는 김치가 있다고 생각한다. 항상 준비되어 있는 김치야 말로 생활리듬이 깨지거나 단조로울 때 우리의 심성을 지켜주는 음식이기 때문이다. 선조들께서 김치를 비롯한 된장, 간장 등 저장 발효식품을 전수한 음식이 있기 때문에 심심하고 무료함을 달랠 수가 있다. 그리고 어머니의 손맛이 배어있는 김치문화는 언텍트 시대의 고립감을 극복하고 정서적 안정을 취하는데 알게 모르게 기여하고 있다고 생각한다. 우리 모두는 살아계신 어머니, 돌아가신 어머니를 항상 그리워 하기 때문이다.

한편 이스라엘은 전 국민 50% 이상 백신을 맞았다고 한다. 작년 12월부터 임상자료를 넘겨주는 조건으로 백신을 확보했기 때문이다. 그런데도 하루 확진자가 천명 이상 꾸준히 발생하고 있다. 아마도 방역수칙을 잘 안지키거나 백신을 맞았으니 방심하기 때문일 것이다. 70%이상 백신접종이 되면 집단 면역력이 생긴다고 하는데 지켜볼 일이다.

이스라엘도 음식문화에 발효음식이 없을 리 없다. 세계 어디가나 발효음식이 있기 때문이다. 그리고 사막문화라면 낙타유를 발효한 차라든지 치즈같은 것이 있을 법하다. 그리고 주식으로는 효모가 발효된 빵을 먹을 것이다. 그러나 거기엔 어머니 손맛이 대대로 전수된 정감이 강조되기 보다는 유일신 하나님의 가부장적 문화와 족장 문화가 우리보다 훨씬 강력하게 남아있는 곳이다. 그 곳의 발효음식은 김치가 우리에게 끼치는 감성적이고 문화적인 영향력보다 많이 모자란다고 말할 수 있다.

　전통음식과 코로나 19 방역과 결과를 가지고 이렇게 두 나라를 단순 비교하는 것은 무리가 따를 순 있다. 그래도 무언가 시사하는 바가 있기 때문에 그 점을 강조하고 싶은 생각이 든다. 현재 대한민국 국민은 철저하게 방역수칙을 지키며 가족과 타인의 피해를 최소화 하고 있는 반면 이스라엘은 가장 빠른 백신 접종에도 불구하고 확진자가 매우 많다. 영국도 세계에서 가장 빠른 백신 접종국이지만 여전히 하루 확진자가 만명이상 나오고 있다. 프랑스도 하루 만명이상 꾸준히 나오고 있는 실정이다. 그런데도 런던이나 파리 시내 풍경을 실시간으로 전하는 SNS에는 사람들이 공원, 강변, 거리에 몰려있다. 그러니까 마스크를 잘 쓰고 있는데도 확진자가 떨어지질 않고 있는 것이다. 결국은 이스라엘이나 영국, 프랑스등 서구 유럽나라들은 백신의 효력에 기댈 수 밖에 없는 상황이라고 생각된다. 백신만이 코로나 19 해결의 유일한 통로이자 해결책이라고 굳게 믿는 모습들이다.

　물론 백신이 세계를 강타한 팬데믹 현상을 잠재울 것이란 과학적 분석을 의심하진 않는다. 과학의 힘이 코로나 19를 물리칠 것은 자명하다. 그러나 우리나라처럼 예를 들어 김치가 있는 문화는 과학에만 의존하지 않는 그 무언가 있다는 점이다. 과학이 만능이 아니기 때문이다. 코로나 19도 변종이 생기면 개발된 백신도 무력해지기 십상이다. 사람이 예측할 수 없는 자연현상에 대한 과학의 대처는 한계를 가질 수 밖에 없다. 현대 고도의 과학문명에서 코로나 19 전염병에 이토록 심각한 피해를 당한 것은 중세 유럽을 강타한 페스트와 같은 질병에 속수무책이었던 것과 유사하다. 과학은 자연의 변화앞에서 무력할 수 밖에 없다.

이와같이 몇백년의 역사, 몇천년의 역사를 이어온 문화에는 과학이 설명할 수 없는 영역이 있다. 서구 유럽민의 코로나 19 대처 방식은 과학을 신봉하는 태도로 경도되어 있다. 그들이 자랑하는 문화적 요소를 통하여 팬데믹을 극복하려는 모습은 찾기 어렵다. 문화의 힘이 과학과 이성의 가치를 매기는 것이지 과학과 이성이 문화적 가치에 결정적 역할을 하는 것은 아니다. 그래서 이른바 김치는 과학의 어머니이며 과학은 김치가 낳은 여러 현실의 하나에 불과할 뿐이라고 생각한다.

(안산신문 2021. 3. 3)

법치주의에 있는 그늘

법대로 하자! 정말 법대로! 어떤 법대로? 법은 한번 정해지면 누구도 침해할 수 없는 신성불가침인가? 죄를 지은 범법자는 당연히 그래야 한다. 법의 준엄한 심판앞에 고개를 떨구어야 한다. 반면 간혹 법위에 군림했던 사람들이 법을 쥐고 흔들 뿐이다.

그런데 우리 민초들은 왜 법 앞에 서면 다리가 후들거리고 쪼그라드는가? 아무런 죄도 없는 평범한 민초들이 두려워 할 이유가 없는데도 불구하고 옛날부터 그런 관행속에 살아왔다. 무엇 때문에 그렇게 굳어진 걸까?

임성근 부장판사는 2015년 산케이 신문이 박전대통령 세월호 당일 7시간 행적에 대한 비판기사가 명예훼손이 아니라는 판결문 초안을 수정 지시했다. 명예훼손이지만 비방목적이 없어 무죄이다라고 바뀐 것이다. 그것은 판결내용의 사전 유출과 재판 독립원칙(헌법 제103조)을 위반한 잘못이다. 한마디로 사법농단이 벌어졌다. 그것도 법복을 입은 당사자들 사이에서 자행된 일이다. 이렇게 사법 농단한 판사들이 곧 법복을 아무런 제재없이 벗을 전망이다. 그래서 국회의원 109명이 탄핵을 해야 한다고 긴급하게 움직였다. 헌법을 위반하고 재판 독립성을 훼손한 그 결과가 궁금하다.

작년 12월 24일 윤석열 검찰총장에 대한 2개월 정직 가처분 효력정지 청구가 받아 들여졌다. 공무원인 검찰총장을 징계 결의한 법무부의 징계 심사위 결정을 선임직 판사가 뒤엎은 것이다. 임명직 판사가 선출직 대통령이 임명한 법무장관의 조치에 대해 양심(?)에 따른 판단으로 결정을 뒤집었다. 25일 크리스마스 휴일에 윤총장은 여 보란 듯 출근을 한다. 조국 전 법무장관을 옥죄기 위해 압수수색한 곳이 100곳이 넘을 정도의 기민함을 과시한 최고 책임자다운 행보이다.

위의 2가지 최근 사례는 양심과 소신에 따른 법 결정이 어떤 사회적 파장을 일으키는지 가늠해 볼 수 있는 사안이다. 구중심처에서 일어나는 일이라 우리 민초들은 상관없기도 하고 알지 못하는 일이다. 그러나 그 지엄한 법과 관련한 업무를 業으로 삼고 있는 이들이 과연 그 지엄한 근거인 국민 정서와 국민이 인정한 합리성에 충실하게 복무하고 있는지 의문이 든다.

법이 권위를 갖는 것은 입법부에서 만들었기 때문이고 그 입법부는 국민이 만들었기 때문이다. 국민이 인정한 법 정신과 조항으로 법은 권위를 획득했고 그에 따라 모든 국민이 법에 수긍하는 것이다. 그런데 그런 위상을 가지고 있는 신성불가침을 자의대로 멋대로 요리를 한다면 이는 사법 농단을 넘어 국민을 가지고 노는 패륜이라 아니할 수 없다.

이와 같은 패륜적 농단이 우리의 법 역사를 흑역사로 만든 사례는 무수히 많다. 사법살인과 정의에 반하는 판결은 열거하기 힘들다. 권력의 시녀가 되지 말라고 만든 3권 분립을 무시하길 손바닥 엎듯이 했다. 판검사도 사람이 하는 일이라 실수가 있고 부실한 판단을 할 수는 있다. 하지만 법을 떡 주무르는 사고와 특권을 버리지 않는 한 공정한 법 정신과 집행에 오물을 던지는 것과 진배없다.

이렇게 법을 도마에 놓고 요리를 자의대로 한다면 우리 서민들은 법의 공평과 평등한 저울이 기울어져 있다고 체감할 수 밖에 없다. 그런 역사가 반복되고 누적되었기 때문에 국민은 법앞에 평등한 것이 아니라 쪼그라들고 위축되는 것이다. 흔히들 회자되는 무전유죄 유전무죄라는 푸념도 이러한 불평등의 연장선상에 있는 말이다. 우리 국민이 인정해서 만들어 놓은 헌법을 비롯한 모든 법률의 주인은 국민이다. 그래서 기소권과 판결권의 독점 구조를 혁파하는 것이 필요하다. 검.경 수사와 기소권의 배분, 배심원제의 도입이 그것이다. 진정하게 법대로 하는 것은 국민이 원하는 방향이다. 그것은 사법 권력을 분산하는 것이고 전횡하지 못하게 막는 것이다.

법치주의가 그늘이 없이 명백히 온전하려면 치세治世의 공정함이 최대한 구비되어야 한다. 치세의 공정함은 천지가 만물을 덮고 실어주며 육성하는 성실성에 있다. 국민앞에 성실한 법조인들이 되어야 법의 저울이 공정하고 불평등이 사라진다고 생각한다.

(안산신문 2021. 2 .3)

기본에 충실하기 위하여

지난 2월 개성상인의 후손 손창근옹께서 추사 김정희의 세한도를 국가에 헌납하셨다. 그는 이미 아버님때부터 모은 국보,보물급 300여점을 아낌없이 국가에 기증한바 있다. 특히 국보 180호인 세한도를 국민 모두의 자산이 되도록 하기 위해서 내놓으셨다 한다. 그 유명한 세한도는 값어치를 매길 수 없는 작품이다. 이에 12월 6일 문화재청은 최초, 최고의 영예인 금관문화훈장을 수여한다고 발표하였다.

歲寒然後知松柏之後彫는 논어 자한편에 나온다. '날이 차가워진 후에야 소나무, 잣나무가 마른다는 걸 알게 된다.' 이런 뜻을 담아 추사는 제자인 이상적에게 '歲寒圖'란 제목과 함께 '船是賞'이라고 써서 보낸다. 우선은 이상적의 호(號)다. '우선 보게나!' 란 뜻이다. 통역관이었던 제자 이상적은 제주도로 유배가 있는 스승 추사에게 귀한 책들을 보낸다. 자신이 연경에서 어렵게 구입한 책들이었다고 한다. 어려운 처지에 있던 아니던 한결같은 제자의 마음씀씀이에 귀양 가있는 처지를 그림으로 옮겨 보내준 것이다. 인장은 長毋相忘이라고 새겨서 찍었다. 오래토록 서로 잊지 말자고 말이다.

한국학 중앙연구원 전성호 교수는 얼마 전 세계가 놀란 개성상인의 회계의 비밀 장부란 책을 펴냈다. 개성상인을 통해 회계를 만나다란 주제로 서양보다 200년이나 앞섰던 회계 이야기를 접할 수가 있다. 그동안 회계는 베네치아 상인이 사용하는 장부 기록 방식으로 상징되어 서양의 지식으로만 여겨져 왔다. 그런데 실은 고려 개성 상인의 복식부기가 서양보다 200년이나 앞섰다는 것이다. 개성 상인들은 세계 최초이자 최고의 복식부기 장부를 사용했으며 장부 속에 합리적인 사고와 정직한 경제활동을 고스란히 담았다고 한다.

이 책은 이러한 개성상인들의 복식부기 즉 사개송도치부법을 스토리텔링으로 알기 쉽게 설명하고 있다. 그리고 개성상인들의 철학과 윤리, 그리고 상도와 상술에 대해 소상히 전해주고 있다. 동시에 자본주의 문화의 유럽 중심사관을 탈피하기 위해 개성 상인의 현대적 회계 방식으로 도전장을 정면으로 내민 연구이다. 한편 일본이 그토록 강조하였던 조선의 타율적 자본주의 근대화론을 뒤집는 역사적 사실이 되기도 한다. 때문에 남한의 역사학계에서 자본주의 맹아론과 조선 사회 내재적 발전론을 개성 상인 회계장부를 통하여 연구하는 계기를 마련하는 의미가 있다고 할 수 있다.

이렇게 개성 상인은 투명한 회계장부를 통하여 상단을 형성하였으며 올바른 금융제도를 운영 하였다. 서양보다 200년이나 앞서서 복식부기를 통해 자본의 합리성을 지키는 문화를 발전시킨 것이다. 이러한 의미기 있는 개성 상인의 후손이신 손창근옹께서는 과연 그 정신을 물려 받으신 결과가 이번에 나타난 것이라고 해도 과언이 아니다.

이와같이 2가지의 사례를 통해 무엇이 기본인가를 말해보고자 한다. 첫째 훌륭한 독지가의 노블리스 오블리제에 감동을 받듯이 타인에게 감동을 주고 있는지 살펴볼 일이다. 둘째 세한도의 정신에서 보듯이 변치않는 우정과 의리를 보게 된다. 셋째 개성상인의 정직하고 투명한 경제활동은 시대를 이끄는 자주적 정신으로 남아 후손에게 품격으로 전수되었음을 볼 수 있다. 넷째 우리의 선조들께서 남기신 고귀한 정신을 현대사회는 제대로 인식하고 있는지 반성해볼 일이다.

끝으로 가장 중요한 것은 2가지 사례뿐 아니라 무한이 넓고 깊은 선조들의 정신과 철학이 물질문명의 발달로 인해 소멸해 가는 현실을 개탄하며 바꿔야 한다는 점이다. 그래서 서구사상의 폐해와 자주적이지 못한 사회제도를 고착화시킨 근본 원인을 되돌아 보아야 한다. 지금 벌어지는 모든 대립과 사회적 갈등은 서구 사상에 기인한바 크다. 동양사상은 포용적이고 융합적인데 반해 서구사상은 대립적이고 배타적이기 때문이다. 2가지 사례를 단초로 보더라도 대한민국의 정신적 토양은 현재의 상황을 개혁할 기본적 소양이 된다. 이념적 대립과 탐욕적 갈등이 대한민국 사회에 과잉으로 넘쳐나는 세태이다. 그래서 국민의 역량이 모아지고 결집되지 못한 채 갈기갈기 소모되고 있다. 역사의 기본과 전통을 무시하고 배제한 결과일 것이다. 그러므로 우리의 선조들이 이룩해 놓은 정신세계가 우리사회를 사람이 살만한 사회로 복귀시키는 강력한 길이라고 생각한다. 물질문명 보다 정신문명을 강조하는 것이 가장 기본에 충실하는 것이라고 생각한다.

(안산신문 2020. 12. 9)

중도와 정의(Justice)가 있는 정치에 대한 생각

무릇 정치라 함은 좌(左)도 우(右)도 아닌 중도(中道)의 길이라는 생각이다. 국리민복(國利民福)을 위해 때로는 좌의 건실한 진보적 내용을 적용하고, 때로는 우의 안정적인 보수적 입장도 견지하려는 노력이 필요하겠기 때문이다. 그러려면 언제 어디에서나 적합한 실천을 해나가야 한다. 또한 정치가 국리민복(國利民福)을 위해 올바른 정책을 만들고 검증하고 실천하는 과정은 합리적이어야 하며 정의로운 것이어야 한다. 정치가 합리적이고 정의(正義)롭지 못하다면 그 존재 이유는 없다.

이는 저 유명한 존 롤스 전 하버드대 철학교수의 정의론에서 깊이 연구된 바 있는데 인용을 하자면, "사상의 제1의 덕목을 진리라고 한다면 정의는 사회제도의 제1의 덕목이다. 이론이 진리가 아니라면 배척되거나 수정되어야 하듯이 법이나 제도가 아무리 효율적이라 하더라도 정당하지 못하면 개선되거나 폐기되어야 한다" 고 쓰고 있다.

정치는 국리민복을 위해 법과 제도를 만드는 행위가 1차적 덕목이며 이는 다수와 소수가 공히 대접받는 민주사회복지의 기틀을 잡아가는 실천과정이다. 그렇기 때문에 합리적이고 정의(正義)로와야 한다. 달리 말한다면 정치는 민주적이고 공평하며 효과적이어야 한다. 이러한 정치의 기본요소를 충족하기 위해서는 소위 정치철학과 내용이 정립되어야 하고 정치인은 이를 유연히 습득하여 올바른 정치를 할 준비를 하여야 한다.

실로 올바른 정치란 모든 사람들이 희구하는 바 예로부터 천명(天命)이라 일컬어져 왔다. '하늘의 뜻'은 민심에 다름 아니며, 사람들의 공통분모인 행복추구가 민심인 것이다. 모든 국민의 행복은 약자와 강자가 구분되고 강자가 독식하는 사회에서는 가능하지 않다.

필히 공존 공생하는 사회에서 생명을 존중하고 역지사지(易地思之)하는 풍토에서 '하늘의 뜻' 민심의 핵심을 실천할 수가 있다. 강자는 약자를 배려하고 큰 것은 작은 것을 소중히 여겨야 공존 공생할 수 있음은 자명하다. 이는 인간사회 뿐만 아니라 지구상에 존재하는 모든 생명체와 무생물에도 적용되는 말이다.

지구는 하늘과 땅이 어우러져 있고, 하늘과 땅사이에 존재하는 모든 것은 지구를 이루는 요소들이다. 하나라도 없어진다면 그 만큼 지구는 불완전해 진다. 낱알 하나에도 온 우주가 들어 있음을 헤아리는 생명과 환경에 관한 성찰이 더욱 절실한 이유이다. 생명의 질서는 강자가 독식하는 질서와 상반된다. 달리 말하면 하늘의 뜻인 민심은 생명의 질서가 인간사회에 실현되는 상태이다.

정치의 본연은 곧 천명(天命)을 유지하고 훼손되지 않게 하는 것이라 해도 과언이 아니다. 천명을 이루는 민심이 올바른 사회질서로 자리잡으려면 제대로 된 정치의 역할이 더욱 강조된다. 따라서 정치인은 지식과 지혜를 부단히 갈고 닦아 자기 자신을 돌아보고 선한마음으로 준비되었는지 살펴보아야 할 이유가 여기에 있다.

정치의 길이 국리민복(國利民福)을 위해 좌우(左右)를 아우르는 중도의 길이라면, 그것은 편향되지 말아야 한다. 오직 생명의 질서에 천착하는 길이 올바른 정치이며 중도(中道)이다. 불교의 팔정도(八正道)가 바른의식, 바른실천을 강조하는 길이기도 하고, 유교에서는 정지정야(政之正也), 화이부동 동이불화 (和而不同 同而不和)의 길이며,

기독교에서는 99마리 양보다 잃어버린 한 마리 양을 찾는 길이기도 하다.

정치는 하늘의 뜻이며 생명의 길로서 성찰되어야 하고, 좌우를 갈라 벽을 세우지 않는 중도의 길이기에 더욱이 정의로와야 한다. 정치가 볼썽사나운 다툼이 대세인 이유는 결국은 나를 앞세우고 너를 인정하지 않기 때문이다.

풀한포기, 작은 곤충 하나도 자연이 온 힘을 다해 키웠듯이 정치에서도 차이보다는 공존의 정신이 필요하다. 자꾸 멀어지는 정치가 아니라 거리가 좁혀지는 정치를 보고 싶다. 생명은 서로를 존중하는데서 유지가 되듯이 정치의 생명력도 차이를 존중하는 중도가 필요하다. 모든 것이 동고동락하고 있는 지구상의 소중한 생명들처럼 민심 속에 생명력을 북돋우는 정의로운 정치가 펼쳐지는데 관심을 쏟을 때다.

(안산신문 2010. 2. 6)

장발장이 늘고 있다.

생계형 범죄가 늘고 있다. 생계형이란 단어는 경미하다는 말과 같다. 범죄이긴 하지만 딱히 타인에게 피해를 주는 정도가 미미하단 뜻이다. 오히려 생계형 범죄는 사람들로 하여금 측은지심을 불러일으키기도 한다.

옛날에는 이런 상황에 홍길동이나 임꺽정을 생각하게 했다. 가난과 기아는 폭정의 산물이었기 때문이다. 의로운 일을 하는 도적(義賊)이 나타나 횡포를 통해 치부한 부자의 곳간을 털어 극빈층과 서민에게 나눠준다. 서민층 백성들은 정서적으로 문제를 삼지 않는다. 단지 부자들이 권력자들인 관계로 법을 동원해 의적을 추포하려고 했을 뿐이다.

이때의 법은 부자들과 기득권의 보호 도구로 작동한다. 그 법과 서민과의 관계는 적대적일 뿐 우호적이지 않다. 기득권을 보호하는 데 사용되는 법은 악법으로 작용하는 대표적인 경우이다. 국민을 지배와 피지배로 나누고 지배를 용이하게 제도화 했던 것이다. 간혹 대동법이나 부과 세금을 감해주는 법이 있었지만 백성의 삶을 기본적으로 발전시키기에는 역부족이었다. 법이 백성위에 군림했던 과거이다.

그러하던 법이 이제는 국민을 주인으로 섬기고 존재이유를 국민으로부터 나온다고 적시하고 있다. 헌법 1조이다. 그리고 10조 이하에 보면 국민은 불가침의 인권과 존엄에 대한 보장과 보호를 국가로부터 받는다. 국민주권시대 서민의 삶이 망가지지 않도록 뒷받침하고 있는 것이다. 이렇게 기본이 마련되고 거의 모든 사회적 기제가 국민이 풍요로운 사회라는 목표에 사용되고 있는 때에 장발장이 늘고 있다니 이 무슨 청천벽력인가!

지난 1분기에 생계형 범죄가 5% 증가하였다고 한다. 이글을 쓰는 현재는 지난해보다 얼마나 늘었는지 궁금하다. 이곳저곳에서 우리의 이웃이 배를 곯으며 자신의 처지를 한탄하고 있다. 자괴감과 원망이 하늘을 치솟고 한숨에 땅이 꺼지고 있다. 국가와 사회는 기본권과 제도로 국민의 삶을 보호하고 있지만 손길이 미치지 못한다. 제도의 맹점이다. 때문에 헌법이 보장한 최소한의 인권이 보장 안되고 있는 것이다.

국가와 사회가 존속하는 이유는 그 구성원인 국민에게 있다. 가장 기본적인 의식주의 최소한의 보장이 필수적인 이유이다. 그래서 최대한이 아니라 최소한이다. 재정여력 때문이다. 그런데 국민중에 굶거나 열악한 환경에 처한 극빈층은 여전히 생기고 있다. 재정 규모로 최소한의 보장만 하는데도 죽음 일보직전의 한계층이 존재하는 이유는 무엇인가?

가난은 경제 제도와 관련하여 국민 세금과 재정 집행의 관점에 따라 다른 결과를 가져 올 수 있다. 빈곤을 비난하지 않는다면 가난을 멸시하지 않는다면 경제 제도는 헌법이 보장한 최소한의 인권을 지켜낼 수 있다. 폭주하는 기관차와 같은 물질문명의 구가는 춘향전 변사또의 잔치판과도 같다. 독점과 극도의 불평등이란 힘의 균형파괴는 자주적 노력의 결과이기 보다는 기득권의 배타적 횡포의 결과물일 공산이 크다. 우리 역사의 오랜 제도에서 파생된 사회적 관행은 가난을 모멸하고 무시하였다. 애초에 기득권의 배타성으로 탄생된 가난을 빈곤층의 책임으로 전가하였다. 그것이 사회를 지배하는 수단이었기 때문이다. 가장 두드러진 사례는 독립운동가의 자손들이다. 그 유명한 독립유공자들의 후손들이 어떻게 살아왔는지는 너무 가슴이 저려 상세하게 언급하지 않겠다.

우리 사회의 가난은 구조적인 측면이 강하다. 최소한의 보장이 완전할 수는 없다. 하지만 지금처럼 구멍이 숭숭 나있는 것은 승자 독식 사회의 단면이다. 또한 그 승자들은 나라의 문제를 스스로 해결하지 못하면서 열매를 갈취한 이념의 사생아들이었다. 기득권을 지키기 위해 국민을 억압하고 편가르기에 능한 사람들이었다. 각고의 노력과 헌신으로 성공을 이룬 사람들의 사회적 평가마저 인색하게 만들 정도로 심한 불평등을 조장하였다. 그렇게 만들어진 환경과 그걸 지키려는 의도는 모든 상식을 왜곡하여 왔다. 대표적으로 가난과 관련하여 나랏님도 가난은 어쩌지 못한다는 말이다.

그러나 훌륭한 목민관이나 정치가가 자신의 책임하에 지역을 평화롭게 먹여 살린 예는 과거에도 무수히 많았다. 왜곡된 기득권층은 왜곡된 경제관으로 왜곡된 사회 상식을 퍼트렸다. 필자가 흔히 쓰는 말이지만 획죄어천 무소도야인 철면피들이 경제적 풍요를 누리는 것은 자유이다. 그러나 사회를 이끌어가는 책임있는 자리에서 기득권을 지키려는 행위를 하게 할 수 없다. 국민주권시대에 장발장이 웬말인가. 그러므로 다시 기본에 충실해야 한다고 생각한다.

(안산타임스 2020. 11. 30)

2020년 늦가을의 풍경

가을이 깊다. 시간은 점차 겨울 문턱에 발을 들여 놓는다. 계절의 흐름은 어김이 없다. 계절 변화의 모든 현상은 한결같이 정확하다. 약간의 시간 편차는 있을지언정 같은 결과를 낸다. 항상적이고 지속적이며 지극한 성실성을 보여준다. 사람들로 하여금 경외감을 갖게 한다. 자연에 대한 경탄과 존경과 겸손은 당연히 사람이 가져야 할 덕목이다. 예로부터 이를 두고 至誠無息한 거라고 의미를 부여했다.

지극히 성실하며 쉼없는 자연의 변화 양상을 기준으로 만물은 행동하게 된다. 겨울을 준비한다. 옷을 장만하고 연료를 비축한다. 곰은 지방을 불리고 다람쥐는 알밤을 모은다. 동물들은 털갈이를 하며 보온 기능을 향상시킨다. 이러한 자연적 변화를 거스르고 무시하는 것을 미련하다거나 우매하다고 한다.

과도하게 인위적인 것도 자연에 역행하는 것이다. 자연스럽지 못하면 불편함이 생긴다. 하늘 높이 치솟는 빌딩이나 물길을 막는 댐이 그렇다. 화학적 실험과 조작으로 자연에 부담을 주는 경우가 그렇다. 자연을 낭비하고 핍박하고 경시하면 그 폐해가 부메랑이 되어 돌아온다. 코로나 19가 그 결과물일 것이다. 이에 사람들은 비대면적 상황에 직면하게 되었다. 마스크를 쓰고 사람간에 거리두기를 하는 상황이다.

그래서 현재 지구인의 외로움 총량을 계산한다면 아마도 어떤 시기보다도 비교 불가일 것이다. 그만큼 우울 증상을 호소하거나 견딜 수 없는 지경에 이른 사람들도 많을 수밖에 없다. 경제가 극도로 위축하고 고립감이 증대하는 것은 사회의 위험신호이기도 하다. 그런 위험한 상황은 빈곤층이 더욱 심하다. 경제적 빈곤층과 심리적 취약층은 사회적 약자임과 동시에 관심을 기울여야 할 우리의 이웃이다. 그러나 물질 문명 발전에 매진한 패턴은 불평등을 심화시켰고 사회적 약자를 경원시 하였다. 가난하고 취약한 사람들에게 가혹한 풍토가 만들어져 왔다. 반대로 정신문명은 야위어 가고 빈곤한 모습으로 격하되어 가고 있다.

사람이 갖추어야 할 정신과 물질은 어떤 균형을 이루어야 한다. 그런 상태에서 품격을 유지하고 가치를 증명하기 때문이다. 이것을 인격이라고 이름을 붙인 것이라 생각한다. 정신과 물질의 상호 교호작용은 엎치락뒤치락 하면서 사람들의 현 상태를 규정한다. 대체로 물질이 상승하면 변화가 심한 경향성을 보이며 정신작용이 상승하면 안정세를 보인다고 여겨진다. 양자는 사람들의 욕망이 비등하거나 억제하는 상태를 나타낸다고 볼 수 있다. 물질 상승 시기는 산업혁명과 같은 과학의 발달과 욕망의 추구가 급증되는 상황이다. 정신문명의 상승은 욕망의 억제와 연관이 깊다고 생각하기 때문이다. 그러므로 코로나 19로 어려운 시기에는 욕망을 억제하고 정신의 안정화를 의식적으로 강조할 필요가 있다고 생각한다. 특히 사회적 취약계층을 위해서도 그렇고 함께 살아가는 사회를 위해서도 그렇다.

올해 가을은 유난히 단풍이 아름답다고 한다. 실제로 예년보다 가을의 색조가 더욱 울긋불긋한 것 같다. 아니면 전반적으로 우울한 때에 멋진 색깔들의 향연에 감정이 적극적으로 반응했기 때문일지도 모른다. 여하튼 코로나 19가 사람의 활동을 위축시키면서 상대적으로 맑아진 공기가 나무를 기분좋게 한 것이 아닌가 싶다. 상태가 좋아진 나무는 자신의 본 모습을 자신있게 보여주는 것 같다. 어쨌든 선명한 가을 빛에 많은 사람들이 감탄을 자아내었다. 이처럼 자연은 인위적인 사람의 활동을 위축시킴과 동시에 사람들을 정신적으로 풍요롭게 만들었다고 생각한다. 일방적으로 물질 문명을 향해 폭주하는 사람들에게 경종을 울리고 있다. 정신과 물질의 균형감을 회복하라는 신호를 보내고 있는 듯하다. 올해 가을 찬란한 단풍을 보면서 들었던 생각이다.

(안산타임스 2020. 11. 23)

국정감사

국정감사가 한창이다. 감사 대상기관은 일년동안 진행한 일을 평가 받는다. 계획과 전략이 잘 수립되었는지 검증받는다. 업무와 집행의 타당성과 효과성을 인정받아야 한다. 그리고 부실하거나 잘못이 있다면 호된 지적과 질타를 받게 된다. 혹 위법한 사안이 생기면 책임을 면하지 못하게 된다.

대체로 이와같은 과정이 국정 감사라는 제도의 개략적인 내용이다. 국민 세금을 사용하는 기관과 조직이 당연히 거쳐야 할 필수적 과제 이다. 국민 혈세를 어떻게 사용하고 국리민복을 어떻게 증진하였는지 언론과 자료를 통하여 여실하게 드러나게 된다. 공인들이 일을 잘하 는지 못하는지 평가할 자료가 많다. 국정감사로 국민들은 국정 운영 을 자세히 알 수가 있다. 이렇게 좋은 제도는 온 국민이 칭찬의 박수 를 받을 일이다.

그러나 코로나 19로 2019년보다 11% 줄어든 643개 기관에 대한 2020 국정감사는 국민의 삶과 밀접한 것 같지 않다. 현재의 국정감사 는 피로할 뿐이다. 정책감사는 실종되고 정쟁만 난무하는 모습은 여 전하다. 올해도 부실 국감, 맹탕 국감이란 촌평을 벗어나기 힘든 것 같다.

그 많은 피감기관을 10월 7일부터 26일까지 20일 동안 정책 감사한 다는 것이 애당초 무리이기도 하다. 산더미 같은 자료를 충분히 검토 할 시간도 절대적으로 부족할 것이다. 이런 조건에서 국정감사를 통 해 국민의 삶에 어떤 긍정적인 변화를 가져올 수 있는지 가늠하기가 힘들다.

더욱이 열악한 조건에 300인의 국회의원들이 열심히 정책제언을 준비한다손 치더라도 국민들에게 인정받고 주목받기가 힘들다. 언론이 국민 이목이 쏠려있는 정치 쟁점 사안을 주로 다루기 때문이다. 국토위는 수도권 집값, 국방위는 공무원 피살, 법사위는 검찰청 공수처와 라임-옵티머스 사태, 기획위는 공정경제 3법과 같은 것들이다.

그리고 여야 대권후보에 올라있는 인사가 소속된 기관의 감사에 초점이 맞추어져 있다. 이러한 여야간 논쟁거리는 국감의 핵심을 흐리게 한다. 정쟁은 국민의 삶과 별 연관성이 없는 경우가 많다. 소속된 정당의 정치적 입지 확보가 주요한 목적이기 때문이다.

정치적 목적을 달성하려는 격돌이 벌어지면 국정감사는 산으로 올라간다. 감사장의 국회의원들은 언론에 나오기 위해 무리수를 두기도 한다. 국정감사는 본래의 목적을 상실한 채 표류하기가 쉽다. 이와 같은 현상을 2020년 국정감사에서도 발견되는 한 실망스러운 결과를 예상할 수가 있다.

한편 국정감사를 받는 피감기관 입장은 언론에 주목받기보다 대체로 피해가길 원한다. 왜냐하면 언론에 노출된다는 것은 문제가 있음을 뜻하는 것이기 때문이다. 주로 국감의 예상 질문에 대한 답변을 방어적으로 준비한다. 국회의원의 요청 자료도 두리뭉실하게 작성해서 제출하기 일쑤다. 이러한 태도가 국정감사에 대응하는 피감기관의 관행으로 굳어져 있다고 해도 과언이 아니다. 한마디로 쏟아지는 소나기를 피해갈 궁리만 하는 것이 일반적이라고 볼 수 있다.

국정감사가 국민의 삶과 직결된 좋은 제도라고 한다면 여야는 관행을 개선해야 한다. 국정감사에서는 정쟁을 삼가야 한다. 감사기간을 늘리거나 국회 회기내 상시감사를 해야 한다. 정책감사와 대안을 제시하여 피감기관의 공공적 역할을 발전시켜야 한다.

국민의 삶과 밀접한 핵심 사안을 적용하기 위한 실제적 연구를 병행하여야 한다. 국정감사의 품격을 높여 언론과 국민의 관심을 변화 발전시켜야 한다. 이렇게 국정감사 본연의 의미를 달성하기 위해서는 정치적 이해득실과 계산을 멀리하는 것이 좋다. 기존의 관행을 타파하고 새로운 방식을 도입하는 것이 필요하다.

국정감사가 공격하고 정쟁하는 소비적인 것이 아니었으면 한다. 피감기관이 잘한 것은 격려하고 잘못된 것은 정확하게 지적하는 생산적인 국정감사가 되길 바란다.

(안산타임스 2020. 10. 26)

민주주의에 대한 아쉬움

민주주의는 피를 먹고 자란다는 말이 한때 유행했었다. 나름 멋있게 들릴지는 몰라도 좋은 말은 아니다. 무언가 희생이 발생하는데 그 속에는 억울함이 있기 때문이다.

민주제도를 인간이 추구할 최상의 모델이라고 볼 수 있을까? 민주제는 권력독식으로 악을 자행하는 봉건제를 부수는 효과적인 무기였었다. 그러나 권력 분산은 어느 정도 이루었지만 그 권력에 존재하는 악은 여전히 활보하고 있다.

현대의 민주제도는 이익에 천착해서 사물을 바라보는 서양사상의 한계를 그대로 답습하고 있다. 민주제가 아무리 발달하고 최상에 이르러도 필자가 보기에는 인간이 도달할 수 있는 이상향의 절반에도 못 미치는 한계가 있다.

자연은 몇 백만년 주기로 모든 생명을 말살하고 생성시킨다. 빙하기와 지진이나 화산 폭발로 살아 있는 것들을 논밭 갈아엎듯이 한다. 인간이 거창한 문명을 이루었더라도 어쩔 수 없다.

더 길게 보면 우주는 빅뱅, 블랙홀, 별들의 탄생과 진화등에서 창조하고 멸망시킨다. 은하계, 태양계도 어쩔 수 없는 것이다. 인간의 상상력을 벗어난 창조와 파괴가 반복되고 있다. 우주와 자연을 선과 악으로 나누거나 규정할 수가 없다.

이러한 자연관을 동양사상은 천지인 사상으로 접목하고 있다. 동양정신은 선과 악을 대립하는 것이 아니라 순환하는 것으로 본다. 동양정신에서 악(惡)은 단지 추하고 올바르지 않다는 뜻이다. 올바르지 않다고 악마는 아니다. 그래서 읽을 때도 악(惡)을 추할 오로 읽어야 한다. 그리고 선의 반대말은 非善이다.

그래서 어떤 것은 나쁘고 저런 것은 좋다는 관점은 잠시동안만 유효하다. 시간이 지나면 나쁜 것은 발효되고 좋은 것은 부패한다. 변하지 않는 것은 아무것도 없으며 영원히 좋은 것, 영원히 나쁜 것은 없다. 악을 벌할 수는 있지만 없앨 수는 없다. 악이 없으면 선도 없다. 선만 있는 세상이나 악만 있는 현실은 없다. 이러한 세계관에서 보면 선과 악이 공존한다. 다만 인간 사회속의 민주주의는 선을 실천하고 악을 줄여나가는 행동일 뿐이다. 그래서 정도이며 덕성의 한 종류일 뿐이다.

민주사회는 선과 악이 순환한다. 다만 차별과 불평등이 없도록 선을 이루고 덕을 쌓아야 한다. 정의를 실현하며 평등을 만들어 나가지만 살기 위해서 타(他)를 죽이며 적자생존하는 사회이다. 동시에 아(我)가 존재하기 위해 타아(他我)가 희생했음을 알고 이에 보답하고 봉사하는 이타적 존재이다. 사회의 발전은 후자가 왕성해야 건전한 성장을 하게 된다. 다만 사회를 평화롭게 이끄는 이타적 생명활동도 여전히 타자의 희생속에서 이루어지기 때문에 검소하고 절약하는 것이 중요하다. 물질 풍요의 소비 만능 사회에서 진정한 민주주의 실현이 어려운 이유이기도 하다.

민주주의는 기득권층에게 좋은 것이지만 약자에겐 不善한 것이 많다. 인간 사회에서 저 인간은 이렇다 저렇다라고 평가하는 것이 어떨 때는 주홍글씨를 새기고 마녀 사냥하는 결과를 초래하기도 한다. 그것은 민주제도가 서양사상에서 유래하였기 때문이다. 서양사상으로 본 인간 역사는 선과 악이 대립한 산물이며 불확실한 선과 불확실한 악이 이전 투구한 양상이다. 악이란 말은 서양의 이분법적 발상에 기인한다. 유일신을 믿게 된 서양은 다른 신을 악으로 규정했기 때문이다. 대립과 투쟁의 세계관은 허구적이다. 서양의 배타적이고 이분법적인 善惡觀은 저열하기 짝이 없다. 자기 중심적인 논리일 뿐이며 변견(邊見)이다.

동양 철학 관점에서 보면 선과 악을 나눈 것도 우습지만 천명(天命)을 지닌 인간을 선과 악으로 구분하는 것 자체가 어설프다. 인간은 우주가 몽땅 파괴되는 빅뱅을 하더라도 자연의 섭리에 찬동하고 순응할 수 있는 우주적 존재이다.

자연은 인위적인 악을 혐오한다. 플라스틱, 프레온, 일산화탄소 같은 화학적이고 자연적으로 분해가 잘 되지 않는 것들이다. 그런 인위적인 것들이 인간의 삶을 편리하게 한다. 그러나 인위적인 발명품들은 인간 생명에는 도움이 되지만 자연에겐 위협요소이다. 참 이율배반적인 상황이다.

동양 세계관은 우주의 생성과 파괴에서 인간들이 어쩔 수 없는 것처럼 본질이며 실체를 설명하고 있다. 수신과 극기를 통하여 본연의 인간성을 갈고 유지하길 원한다. 인간이 어디에도 치우친바 없는 자유로운 마음을 가진 고귀한 존재이길 바란다.

이렇듯 생명은 선과 악(실제로는 不善)를 동시에 담지한 고귀한 존재이다. 생명을 유지하기 위한 자연적인 행위는 타자의 희생이 있기에 不善하면서도 선한 것이다. 단지 인위적인 해로운 물질 생산과 행동들은 지양하고 줄여나가는 것이 필요하다.

지구안에서 자연에게 위해를 가하는 주된 역할을 인간이 하고 있다. 그래서 민주주의도 서양사상에 기인한 인위적인 추함을 배제해야 한다. 과도한 비난과 혐오를 지양해야 한다. 보편적인 동양 정신이 민주주의의 결함을 보완할 수 있다. 이분법적인 서양사상을 극복할 수 있다. 인류가 고민하는 행복한 삶의 본질이 동양정신에 있다.

(안산타임스 2020. 10. 12)

획죄어천 무소도야 2 (獲罪於天 無所禱也)

　기독교 일각에서 반발하고 있다. 종교의 자유와 집회의 자유를 소리높여 외치는 중이다. 헌법을 인용하면서 정부의 방역 방침에 이의를 제기하는 중이다. 기독교 일각에서 보면 억울한 측면도 없지 않다. 자신들의 신념에 기초하여 익숙한 종교 생활 방식에 변화가 있을 뿐만 아니라 코로나 19 재창궐의 사회적 책임이 자신에게 쏠리는 것 같은 느낌을 받기 때문일 것이다.

　또한, 선량한 대부분의 교회는 방역 수칙을 지키며 신도와 국민의 건강을 염려해 왔으므로 비난의 화살에 불쾌한 상황이기도 하다. 그러나 그간 기독교계의 노력에도 불구하고 극히 일부 교회와 신도들이 상식 밖의 행동을 보이면서 상황이 꼬이며 문제가 더욱 복잡해지는 양상이 되었다.

　이러한 양상은 총체적으로 종교와 그를 포함한 사회와의 관계, 공동체와 개인 신념과의 통일성 내지 불협화음을 가름하는 기준이 있을까라는 의문을 들게 한다. 지금처럼 문제가 발생하면 그 원인 규명과 책임소재와 문제 해결을 위한 방안을 합의하는 모습은 전혀 볼 수 없다. 도무지 어떤 합리적이며 희망적인 내용으로 합의를 이루어 성숙한 방안을 도출해내는 기대를 가질 수가 없다. 그야말로 독선적 목소리만 넘치는 아수라장이 된 것 같기도 하다.

　정부의 방역 지침을 어기며 광화문 정치 집회를 연 극소수 기독교회는 대한민국 공동체 규범에 어긋나는 행위를 하고 있다. 그런 행동의 원인을 가정해 본다면 첫째는 그들의 종교적 신념에 기초하여 사회적 공동체보다는 자신들의 공동체를 우선하고 있기 때문이다. 둘째, 종교적 특성을 앞세우면서 법과 사회질서를 벗어나도 상관없다는 신념을 가지고 있는 것으로 보인다. 셋째, 정부와 방역 당국에 대항하며 전체 기독교의 사회적 힘에 의존하려는 의도를 가지고 있기 때문일 것이다.

이러한 생각의 밑바탕에는 기독교가 대한민국을 발전시킨 서구 사상이라는 자부심이 깔려있다고 생각된다. 그리고 민주주의 서구 문명과 함께 도입된 종교의 권위를 기득권으로 인식하고 그곳에 자리를 잡으려는 생각이 있기 때문이다. 또한, 대한민국에서 차지하는 미국을 비롯한 서구 문명의 독점적 지위를 기독교 자기 자신들과 동일시하는 시각을 갖고 있는 것으로 볼 수 있다. 그런 교회는 기존의 기득권에 의존하며 기생하는 비 주체적인 집단으로 변모하기 마련이다. 그러므로 자기를 되돌아보거나 반성없이 정부와 정치적 반대세력을 헐뜯고 있으며 거짓 비방을 난무하게 된다.

이러한 그들의 생각은 기득권을 지키려는 배타적 속성을 드러내는 것이다. 스스로를 돌아보지 않고 책임을 남에게 전가하는 부끄러운 행위를 서슴지 않는 몰염치이다. 신도들을 잘못된 길로 이끄는 형편없는 목자가 되는 것이다. 사회의 빛과 소금의 역할을 해야 하는 교회가 본분을 망각하면 그 폐해는 매우 심각하다. 사람들의 존경과 신뢰를 받게 되어있는 종교 지도자를 빙자한 방종 행위와 연관되기 때문이다. 아무리 사회 활동에 자유를 보장하는 민주주의 국가라 하더라도 사회 공동체와 타인의 생명 안전에 위협적인 일탈 행위는 즉각 엄단해야 한다.

공자께서 연세 70이 넘어 병에 걸리셨다. 수제자 子路가 기도하기를 청하였다. 공자는 물어본다. 그런 이치가 있냐고? 자로가 '하늘 신에게 기도하는 기록이 있습니다'라고 하자 공자는 대답한다. 나는 기도한 지 오래되었다고. 자로의 기도와 공자의 기도는 완전히 다른 관점이다.

공자가 늘 기도하고 있다는 말은 인문정신의 발로이며 나 밖의 존재에 내 운명을 빌 수 없다는 의지의 표현이다. 그리고 하나님이 우리 인간을 사랑하는 전제 조건인 하나님을 닮은 인간의 가치를 수용한 정신이다. 반면 자로의 기도는 인간을 벌하고 구속하는 신적 존재에게 의탁하고 의존하는 자주적이지 못한 생각이다. 공자가 강조하는 사람들이 갖추어야 할 덕목인 공동체 마인드와 인문정신을 망각한 주문일 뿐이다.

지금 우리는 코로나 19를 통해서 우리 사회의 공동체가 어떤 수준으로 어떻게 발전할 것인지를 가름하는 기로에 놓여 있다고 볼 수 있다. 서로를 격려하고 한걸음 전진할 것인가 아니면 혐오와 갈등을 부채질하며 더욱 파열할 것인가의 시험을 치르고 있는 중이다. 지혜를 모아 우리 사회의 고통을 줄이고 행복을 증대시키려면 하늘에 더 이상 죄를 짓지 않았으면 한다.

대한민국 국민의 생명과 안전에 위협을 가하는 행위는 어떤 명목으로도 죄를 벗어날 수 없는 법이다.

(안산타임스 2020. 8.31)

대동세상 "일본의 후안무치"

일본 정부가 강원도 평창의 한국자생식물원 내에 설치된 이른바 '아베 사죄상'에 대해 국제의례상 허용될 수 없다며 반발했다. 해당 작품의 원제는 '영원한 속죄(A heartfelt apology)'로 알려졌다.

7월28일 스가 요시히데 관방장관은 이날 오전 정례 기자회견에서 한국의 한 민간식물원에 설치됐다는 소위 아베 사죄상에 대한 질문에 대해 "사실 여부는 아직 확인되지 않았으나 사실이라면 그런 것은 국제의례상 허용되지 않는다고 생각한다"라며 "한일 관계에 결정적 영향을 미칠 수 있다"라고 경고했다.

일본이 민간이 만든 창작 조형물에 대해서도 민감한 반응을 보이는 데는 이유가 있을 것이다. 그들은 한국과 계속 신상 관계를 가지고 싶어 한다. 그래서 일본 극우세력의 혐한 시위가 극에 달한 상태인데 여기에다 기름을 붓는다. 이걸 이용해 일본의 자민당은 계속적인 집권을 꿈꾼다. 대한민국을 아직도 여전히 식민지 보는 듯한 그들의 생각에 소름이 돋는다.

일본은 침략으로 제국을 확장하려는 야욕을 보일 때는 그야말로 인면수심人面獸心의 만행을 거리낌없이 자행하였다. 중일전쟁을 일으키려고 노구교 사건을 공작하고 만주사변과 상해사변 등 모든 침략에 빌미를 제공하는 계획을 조작한 바 있다. 임진왜란도 중국 명나라를 치러 가는 길을 내달라는 정명가도征明假道 술책이나 조선을 개화하겠다는 정한론征韓論 등 권모술수가 파렴치하기 짝이 없었다. 관동대지진 때도 조선인이 우물에 독을 퍼트렸다는 유언비어로 수만 명이 희생되기도 했다.

그리고 여전히 독도영유권을 주장하며 침략의 야욕을 감추지 않고 있다. 그들의 국정교과서에 독도를 자국 영토인 다케시마(竹島)로 명기하면서 억지 주장을 계속하고 있다.

최근에는 일본은 지난해 7월 징용 배상 판결에 대한 보복으로 반도체와 디스플레이 핵심 소재 3개 품목의 한국 수출 규제 조치에 나섰다. 그 후에도 징용 기업 자산 매각이 이뤄지면 보복하겠다고 계속 밝혀왔다.

일본 정부는 한국 대법원이 일본 기업에 강제징용에 배상을 명령함에 따라 기업 자산이 매각될 경우에 대해 "온갖 대응책을 검토하고 있다"며 "방향성은 확실히 나와 있다"라고 말하고 있다. 일본 정부 대변인 스가 요시히데(菅義偉) 관방장관은 1일 요미우리TV와의 인터뷰에서 "모든 대응책을 검토하고 있다. 관련 일본 기업에는 정부에서 전담팀을 만들어 대응하고 있다"라고 밝혔다. 보복조치로 한국에 대해 비자발급 조건 강화, 주한 일본대사 무기한 소환, 추가 관세, 송금 제한 등을 고려하고 있다.

일본제철이 배상금 지급명령을 계속 이행하지 않자 피해자 측에서는 작년 5월 일본제철의 한국 내 자산에 대해 압류 및 매각 명령을 신청했다. 이에 한국 법원이 일본제철의 자산 압류명령 서류 등을 공시 송달하기로 결정했다. 이에 따라 8월4일 0시가 지나면 공시 송달 효력이 발생해 한국 법원은 일본제철의 한국 내 자산에 대해 압류 및 매각 명령을 내릴 수 있다.

일본 정부는 한국 정부에 대법원 판결이 국제법(청구권 협정) 위반이라며 시정조치를 요구했지만, 삼권분립 원칙에 따라 한국 정부가 대법원 판결을 뒤집기는 불가능하다. 다만 한국 측에서는 한일 양국이 기금을 설립해 대신 배상금과 위자료를 지급하는 방식의 대안을 제시했고 일본 정부는 이를 거부하고 있다.

이와 같이 한일 간 갈등 국면이 지속되는 가운데 민간 차원의 창작물에 대해서 일본이 딴지를 거는 것엔 어떤 음모가 도사리고 있다. 그것은 그들이 대한민국을 이웃이 아니라 적대국으로 보고 있기 때문이다. 과거의 정한론을 여전히 향수하기 때문이다. 그리고 대한민국에 친일 정부가 들어서길 획책하는 것이다. 동시에 그들의 헌법을 전쟁 수행할 수 있는 헌법으로 바꾸려는 계획의 일환이기도 하다.

일본은 남북평화 회담의 진전도 반대하고 미국이 G7을 G10 혹은 G11로 확대하는데 대한민국을 포함하는 것도 반대한다. WTO 사무총장 선거에 한국인 선정을 막고 있다. 이렇듯 대한민국의 발전에 재를 뿌리고 있다. 이런 일본의 행태는 무얼 의미하는 것인지. 부끄러운 줄도 모르고 반성할 줄도 모르는 후안무치일 뿐이다.

(안산타임스 2020. 8. 3)

대장부와 소인배

어떤 이가 국립묘지(현충원)에 묻힌다면 국가가 인정하는 존경스러운 인물일 것이다. 사후 국가의 예우를 받으면서 지정된 좋은 장소에 안장될 수 있다면 개인과 가족의 영광이며 자손들의 자랑거리가 된다.

국민 누구나 우리 조상이 그곳에 묻혀있다는 사람의 말을 들으면 박수를 쳐주고 조상 칭찬하는 말을 하게 마련이다.

이렇듯 국립묘지(현충원)는 성역 아닌 성역이다. 누구나 인정하는 장소이며 어떤 배워야 하는 정신이 깃든 곳이기도 하다. 그래서 어릴적 초등학교 소풍이나 호국 백일장 행사가 빈번하게 열리던 곳이었다.

필자도 마포 서교동에 위치하고 있던 국민학교에서 동작동 국립묘지까지 걸어서 소풍간 기억이 있다. 그런 의미가 있는 장소인 국립묘지(현충원)에 들어갈 수있는 자격과 그곳에 누가 묻혀야 하는지는 생각해 볼 일이다.

우리나라는 흔히 반만년의 역사를 가졌 다고 한다. 반만년인 오천년 동안 우리는 어떻게 살아왔는지가 우리의 정체성을알 수 있는 근거일 것이다.

아득한 고조선 부터 고구려, 삼국통일, 발해, 고려, 조선, 대한민국에 이르도록 우리를 규정하는 몇가지 말이 있다.

정신사精神史로는 홍익인간, 동방예의 지국이 대표적이다. 경제적으론 농업국가 에서 한강의 기적을 일군 나라가 되었다.

지정학적으로는 반도국가이며 4대 강국에 둘러싸인 나라다. 정치적으로는 단일 민족이자 분단국가이다.

이러한 특징을 가지고 있는 대한민국은 반만년의 역사의 틀에서 거대한 변화가 진행되고 있다. 그것은 150년 전부터 진행되어 온다.

반만년의 극히 일부분인 약 150년 만에 급격한 시대의 전환이 이루어 지고 있다. 1876년 일본과 맺은 강화도 조약부터 현재에 이르는 시기는 대한민국의 정체성을 급속도로 변화시켰다.

한반도는 중국문화권이며 거의 모든 영역에서 중국대륙과 연관되어 있다. 4천여 년에 달하는 중국과의 교류는 사회 문화 전반에 걸쳐 우리를 규정하던 시대였다.

우리 민족은 그 속에서 배우고 성장하고 생활을 영위하였다. 우리의 의식과 문화와 형식이 모두 중국대륙과 밀접한 관계에 있었다. 모든 사회제도와 지식과 상식 등이 중국의 영향 속에 있었다고 해도 과언이 아니다.

그런데 1876년 이후 우리는 제국주의를 접하고 일본 식민지를 거쳐 글로벌 사회로 접어들었다. 4천 년 이상 지탱해온 중심축이 이동하게 된다. 기독교가 들어오 고 일제 식민사관이 형성되고 서구 유럽 사상이 들어온다. 일본과 미국에 노동하기 위해 이주한다.

일본에는 강제적으로 보내지고 미국에는 도피하듯이 자의적으로 간 경우가 대부분이다. 또 공부하러 동경제대나 미국에 유학을 간다. 특히 현재 지식인 중에 미국 박사가 대부분을 차지 하게 되었다. 이렇듯 우리는 불과 150년 만에 모든 패러다임이 바뀌게 된 것이다.

이러한 패러다임 전환은 정치구조와 사회 상식을 바꾸었다. 중국과 관련된 것은 모두 낡은 구습이 되었고 일본, 미국 등서구사상에 관한 것은 현대적이며 新문물이 되었다.

이러한 과정에 앞장선 인물들을 사회 주의자, 민족주의자, 일본 예찬 매국론자, 미국 사대주의자 등으로 구분할 수 있다.

그러나 이러한 전환의 시기는 우리 민족 에게 엄청난 고통을 수반하는 시기이기도 하였다.

　시대의 중심축이 이동한다는 것은 변혁과 희생이 뒤따른다. 특히 급격한 변화는 무리수를 낳기 마련이다. 구한말 동학을 잔인하게 진압하며 등장한 식민통치를 통해 친일 정신이 정착되었다.

　6.25 민족상 잔과 독재를 통해 미국 자본주의가 자유 민주주의로 우리 사회를 점령하였다. 이과정은 자주적 민족정신과 민중 민주주의라는 또 다른 흐름을 탄압하는 것이었다.

　이러한 시대의 변천사 속에서 과연 대한 민국의 발전과 번영에 공로가 있다고 기준을 정할 수 있을까? 그 기준이 누구나 인정하는 것이라면 국립묘지에 안장될 자격은 충분할 것이다.

　아마도 그 기준은 순수한 것이어야 한다. 목숨을 바쳐서라도 대한 민국을 위하는 희생정신을 무릅쓴 가치이어야 한다.

　온갖 권모와 술수가 배제된 개인과 공동 체를 위한 헌신의 결과이어야 한다. 대의를 위해 소아를 버린 떳떳하고 당당한 실천의 징표여야 한다.

　자신을 위해 타인을 억압하지 않고 살신성인한 정신이어야 한다. 오로지 대한민국의 안녕과 번영을 위해 심사숙고한 공동체 정신이어야 한다. 대한민국 국민의 의무를 먼저 새긴 멸사 봉공의 자세가 기준이어야 한다.

　반대로 타인의 희생으로 만들어진 공로가 자격이 되면 안 된다. 다수 국민을 탄압한 독재자와 그 손발이 된 앞잡이들은 기준이 될 수 없다. 시대 변화에 오직 자신만 살고자 한 모리배들은 국립묘지에 얼씬거릴 수 없다. 이런 이들은 역사의 쓰레기일 뿐이다.

　국립묘지에 묻히신 순국선열과 호국 영령들은 위에서 언급한 전자의 사례들이 다. 이분들은 우리 모두의 귀감이 되는 대장부들이다.

반대로 후자인 사람들은 지위고하를 막론하고 출세와 영달만을 추구한 권귀權鬼들일 뿐이다. 그래서 그들은 소인배요 삼천리 강토를 더럽힌 몰염치한 자들이다.

부끄러움을 모르고 반성할 줄도 모르는 사람들이 묻힐 곳은 삼척三尺 의 땅도 아까운 법이다.

(안산타임스 2020. 7. 27)

역사에서 배운 상식常識을 재점검해 봐야

미국 대통령 국가안보 보좌관이었던 존 볼턴의 회고록은 여러 논쟁의 불을 지폈다. 남북 평화회담과 북미 정상회담을 설명하면서 트럼프의 생각과 문 대통령의 역할에 토를 달았다.

필자는 존 볼턴의 회고록에 나온 여러 이야기에 전혀 관심이 없다. 왜냐하면 그는 남북 평화에 도움이 안 되는 사람이라고 생각하기 때문이다. 그는 한반도의 긴장을 고조시키며 갈등을 조장한다.

왜냐하면 오직 미국 네오콘(신보수주의자, 군산복합체의 대변자)의 이익만을 대변하기 때문이다. 이들 네오콘들은 대부분 미국 동부의 명문 대학을 나온 엘리트 유대인들이다.

심하게 말하면 팍스 아메리카를 주창하는 전쟁광들이다. 다만 이번 회고록에서 일본 아베 총리가 북한에 대한 국제 사회의 제재 완화를 줄기차게 반대하는 것을 확인한 것만이 좀 의미 있을 뿐이다.

2020년 5월19일 내일신문에 기사가 났다.

6.25 동족상잔의 비극을 둘러싼 국제 관계 자료에 근거한 내용이다. 그 당시 미·중·러·일의 입장에 따른 한반도 전략은 한반도가 희생양일 뿐이었다.

'미국은 북한이 남침하는 경우 유엔군 형태로 참전해 낙동강까지 후퇴한 후 인천상륙작전을 통해 반격할 것이란 내용의 전쟁계획인 SL-17을 1949년 9월 작성했으며, 이 계획을 전쟁 발발 1주일 전인 1950년 6월 19일 모든 관련 부서에 배포했다.

낙동강 방어전선 구축과 인천상륙 작전이 6.25 발발 이전에 모두 계획돼 있었다는 의미다. 한국국방연구원이 번역해 출간하는 리처드 쏜

턴 미국 조지워싱턴 대학 교수의 저서 '강대국 국제정치와 한반도'에 담긴 내용이다.

김일성의 남침야욕에 맞선 이승만의 북진통일 의지가 빚은 동족상잔의 비극. 6.25전쟁에 대해 우리가 흔히 알고 있는 상식 수준이다.

그런데 한 가지 빠진 대목이 있다. 당시 세계를 움직이던 큰 손들이다. 미국의 트루먼, 소련의 스탈린, 중국의 마오쩌둥이 김일성과 이승만 대결에 단순 조력자에 그쳤을까. 이런 의문에서 출발해 6.25의 기원에 대한 기존 생각을 완전히 달리해주는 것이 이번에 나오는 번역서다.

트루먼, 스탈린, 마오쩌둥이라는 주요 행위자 3명을 중심에 놓고 6.25의 기원과 진행과정을 재해석했다. 저자인 쏜턴 교수는 6.25전쟁을 통한 냉전체제 정착과 미군 재무장이 미국과 소련의 주도면밀한 노력의 산물이라고 주장하고 있다.

일견 음모론적 시각처럼 보이지만 그렇지 않다. 1970년대 비밀해제된 문서들과 그 이후 밝혀진 사료들을 중심으로 이런 정황들을 입증하고 있다.

저자는 중국을 자국에 예속시키기 위해 미군과 중공군을 격돌시켜야 한다는 계산으로 인해 스탈린이 미국, 중국 및 소련의 주요 관심지역인 한반도에서 전쟁을 도발했으며, 미군의 참전을 용이케 하고, 북한군 남침이 실패하게 만들고자 노력했다고 주장하고 있다.

마찬가지로 유엔군 형태로의 미군 참전에서 유엔군의 압록강 진격 등 6.25전쟁의 모든 과정이 미군 재무장을 위해 중공군과 미군을 격돌시켜야 할것이란 트루먼과 에치슨의 치밀한 계획의 산물 임을 설명하고 있다. (내일신문 2020.5.19.)

이상이 인용된 기사의 내용이다.

여기에 덧붙인다면 그 당시 미국 트루먼 정부는 6.25 전쟁에 대비하여 국방예산을 일거에 4배나 증액하였다고 한다. 6.25 전쟁이 발발하자 트루먼과 군산복합체는 미국을 재무장시킬 절호의 기회를 잡은 것이다. 한편 일본은 배후 보급기지로 톡톡히 막대한 경제적 특수를 누렸다. 이는 2차 대전 후 패망한 일본의 경제와 극동아시아에서의 입지가 대폭 강화된 계기가 되었다.

그리고 러시아는 중국과 미국을 견제하며 극동 팽창 정책을 실현시켰다. 중국은 북한을 도우면서 자국의 군사력과 정치를 다시 결집시켰다. 이렇듯 6.25는 한반도를 둘러싼 강대국을 위해 우리 민족이 희생되었다 해도 과언이 아니다. 잘못된 적화 통일과 북진 통일론자들이 이들 강대국의 광대 노릇을 한 것이다.

이 여파는 70년이 지난 지금도 진행되고 있다. 헤아릴 수 없는 좌·우 대립의 고통이 우리를 소모시키고 있다. 이념적 정치, 사회 갈등이 여전하다.

대한민국은 세계 10위의 무역 대국이며 7위의 국방력을 가진 나라인데도 그렇다. 그러므로 세계 민주주의를 선도하는 주권 국민인 우리가 외세의 영향력에 끌려가서는 창피한 일이다. 이제 남북문제는 우리 스스로 해결한다는 자세를 견지하였으면 한다.

이와 같이 현대사를 잠깐 살펴보아도 잘못된 상식이 많다. 특히 일제 식민지 사관과 사대주의가 잘못된 내용을 상식화하고 고착시켰다. 당쟁 문화니 모래알 같은 민족이라느니 등등. 우리 민족에 있어 역사와 철학, 종교 등 인문 사회 사상에서 기존의 엉터리 상식을 고쳐야 할 것들이 즐비하다.

더 나아가 고구려 역사를 비롯한 민족의 역사에서 다시 정립해야 할 상식이 많다. 역사 바로 알기는 이 시대가 요구하는 정의로운 사회상 만들기의 일환이다.

바른 상식은 따뜻하고 행복한 대동세상을 만드는 재료이다.

심히 불평등하고 양극화된 사회를 개선하는 무기이기도 하다. 고대로부터 현대에 이르기까지 외세와 의존적 세력으로부터 고정화 되어버린 잘못된 상식을 하나하나 고쳐가는 드높은 정신문화가 다시 활짝 피어나길 기대해 본다.

(안산타임스 2020. 7. 6)

아프다. 남북 연락소 폭파

한반도는 남북의 화해와 협력 없이는 내외적으로 끊임없이 시달릴 수밖에 없습니다. 대한민국이 세계를 호령할 국력과 국방력을 갖고 있다면 그무엇도 우리를 흔들 수 없을 것입니다.

그러나 모두 아시는 것처럼 상황은 녹록지 않습니다. 국내에 존재하는 사상 및 이념 대립과 미·중 양 대국의 패권다툼으로 3중고를 겪고 있기 때문입니다.

민주주의가 급속하게 발전한 대한민국은 이제 사상과 표현의 자유가 최고 수준에 이르렀습니다. 넓어진 자유의 광장에서는 소위 극좌와 극우적 생각과 발언도 난무합니다. 불과 20년 전까지만 해도 상상하지 못할 사회적 현상입니다.

이렇게 생각과 표현의 스펙트럼이 넓어지고 확장된 것은 우리 사회의 포용성과 필터장치가 제대로 작동하고 제도가 마련되어 있기 때문일 것입니다.

그만큼 국민의 주권적 집단지성과 다양하고 건강한 여론 형성이 사회의 기틀을 유지하기 있기에 다행스럽 게도 아주 심각하고 극단적 파괴 현상은 일어나지 않고 있습니다.

그러나 북한이 갑작스럽게 남북 연락사무소를 폭파했습니다. 그리고 표면적 원인 제공자인 탈북민 삐라 유포자들은 정부와 지방정부의 만류에도 불구하고 민망하고 저질적 내용을 계속 북으로 띄우겠다고 합니다. 사람이 생각이 다르고 관점이 다양한 것은 자연스럽고 유익한 것이겠지요.

그러나 그것에 邪가 끼고 魔가 스며 있으면 백해무익할 겁니다. 때문에 긴장관계가 또다시 고조되는 안타까운 남북의 현 상황을 개선하려면 어떤 생각이 필요한지 의견을 피력해 봅니다.

첫째 우리 안에 있는 좌·우 시각의 차이는 낡은 이념과 사상의 틀에 여전히 영향을 받고 있습니다.

그래서 남북 간에 일어나는 모든 일들은 정치권을 필두로 국민 사이에 매우 큰 오해와 불신을 야기하여 왔습니다.

그 근본 원인을 살펴보면 너무 슬프고 경악스럽고 소름 돋는 사실들이 켜켜이 역사로 남아있고 깔려있어 모든 이들의 의식에 직간접적으로 영향을 주고 있기 때문일 거라 생각합니다.

그것은 독립운동가에 대한 일제의 토벌과 만행, 해방 후 보도연맹과 4.3 제주와 여순사건, 일부 기독교인이 앞장선 서북청년단, 6.25와 이승만 박정희 전두환 정권으로 이어진 좌파색출과 빨갱이란 죄목의 광범위한 살육과 탄압에 피해입지 않으려는 생존의 몸부림으로 나타납니다.

그리고 민족주의자도 권력에 방해가 되면 빨간 색깔을 입혀 암살과 사법살인을 자행하고 재갈을 물렸던 독재하에 대다수 국민들은 무엇이 진실이고 거짓인지 분간이 어려웠습니다.

즉 빨갱이를 죽여야 내가 산다는 집단의식과 군중심리가 퍼진 것입니다.

그래서 처참한 살육을 당했거나 자행한 모든 당사자와 직간접적 영향을 받은 가족과 관계자들이 상존하는 한 우리 내부에 존재하는 이념 대립은 늘 유지되어 왔고 없어지지 않을 것입니다.

낡고 무익한 이념일지라도 마지막까지 이용가치가 있는 한 친북 용공과 종북이란 색깔을 입히거나 수구냉전과 친미사대주의라는 서로의 공격은 지속될 겁니다.

하지만 이러한 대립은 좌파든 우파든 이념이란 것이 한때의 시대 유행에 불과했던 낡은 사상일 뿐이라고 국민 사이에 인식되고 합의에 이르면 종식될 것입니다. 그런 날을 손꼽아 기다려 봅니다.

둘째 미·중의 패권 다툼은 한반도를 언제나 흔들어 댑니다. 일본과 러시아도 묵인하거나 거들며 자국의 득실을 계산합니다.

미·중·러시아의 핵무력을 비롯한 전쟁수단은 전 지구의 80% 이상입니다. 지정학적, 역사적으로 자주적 외교를 펴나가기 어려울 수밖에 없습니다.

미국에는 정치 군사 적으로 동맹관계라는 조건에서 의존할 수밖에 없는 처지입니다. 동시에 중국과는 가장 큰 시장으 로서 경제적으로 매우 밀접한 관계입니다. 그래서 외교적으로 한편에 치우칠 수 없는 상황입니다.

이런 조건에서 남북이 힘을 합쳐도 모자랄 판이지만 서로가 깊이 불신하며 일체의 대화가 진전되지 못하고 평화선언이 소용없이 무의미하게 들리는 현실은 너무도 참담하며 난감하기 짝이 없습니다.

그러나 우리 남한부터 모든 벽을 인내하고 극복 해야 할 겁니다. 우리나라는 역사의 처참하고 공포스러운 학살과 살육과 탄압으로 20세기 전반부 일제 치하와 해방 이후 우리 민족의 핵심 인 선각 자와 선구자들을 대부분 잃어버렸습니다.

그 사실은 우리 민족의 두 눈과 뇌리와 감각에 여전히 남아있어 수구냉전과 레드컴플렉스 청산을 방해하고 있습니다. 우리 민족에게 큰 상흔을 남긴 것입 니다. 어떻게든 북한과 평화롭게 남북통일을 바라는 민족 우선의 시각이나 북한을 적대하는 분들이나 모두 똑같이 그 상흔의 피해자일 뿐입니다.

그러나 이제 그 큰 아픔을 봉합하고 승화시키려는 염원은 촛불정신과 집단지성의 횃불로 변모하 였습니다. 대한민국 국민의 혼과 넋에 민주주의를 각인하였고 민족의 웅비가 가능하다는 자부심에 불을 지피고 있습니다.

따라서 이제라도 남북의 평화 노선을 견지할 독자적인 플랜을 실천해 가야 한다고 생각합니다. 그러면서 대립을 부추기는 우리 사회의 이념론자들을 억제하고 양 대국에 지금 보다 조금 더 당당한 외교적 자세를 견지하였으면 합니다. 코로나 19로 한결 대한국민으로서의 자부심과 주권의식을 갖춘 국민들을 믿으면서…

(안산타임스 2020. 6.22)

21대 국회에 바란다

지난 5월30일에 21대 국회의원 임기가 시작 되었다. 7일 현재 국회의 여야원 구성 협상이 공전하고 있다는 소식이다.

각 당의 3선 이상 의원이 어느 알짜 위원회의장이 될 것인지 예측을 하며 귀추가 주목된다고 한다. 언론은 알짜 상임위는 어디며 누가 물망에 오르는지 도배를 한다. 특히 법사위원장으로 양당이 팽팽히 맞서고 있는 상황을 핵심으로 보도하고 있다.

지난 20대 국회는 역대 최악이라는 평가를 받았다. 1만5천2건의 민생법안이 미처리되었다. 법안 처리율은 37%였다. 역대 최악이란다.

그래서 동물 국회며 식물 국회라는 비판을 받았다.

일하지 않는 국회를 빗댄 조어이다. 박근혜 탄핵으로 인한 국회만의 후유증이 심각한 결과를 초래했다. 이렇게 불명예를 안긴 20대 국회가 21대 국회에서 재현되지 말아야 할 것이다.

여야는 21대 국회는 일하는 국회여야 한다고 경쟁하듯 외쳤다. 그러나 벌써 여야는 냉전 중이다. 국회의장 선출도 야당이 표결에 응하지 않았다.

잘못된 선례를 남겼다고 한다. 이에 여야 서로는 책임을 떠넘기고 있는 중이다. 여당인 더불어 민주당은 국회원 구성 협상이 되지 않을 경우 단독으로 표결을 강행한다고 예고를 하고 있다.

법사위원장 자리를 추호도 양보 하지 않고 있다. 서로 칼자루를 누가 잡아야 유리한지 잘 알기 때문이다. 힘을 쓰는데 유리한 샅바 싸움이 지속되고 있다.

하지만 주권자인 국민 입장에서 볼 때 어느 당이 법사위원장 자리를 차지할 것인지가 중요할까? 법사위원회의 위원들은 무슨 역할을 하는 것일까? 위원장이 다 결정하는 자리인가?

상식적으로 납득 안가는 싸움이다. 법사위원 장이 누구이든 법사위원회가 논의를 통해 채택하고 총회를 거쳐 통과시킬 법안들은 누구를 위한 것인가? 주권자인 국민에게 필요한 법률을 누가 막고 지체시킬 수 있단 말인가?

그들은 국민의 머슴이 아닌가? 그들은 지역에서 선출한 유권자를 포함한 국민의 지엄한 견해나 의사를 충실하게 반영해야 할 의무를 가진 존재들이 아닌가? 그런데 어째서 법사위 원장 자리를 가지고 지루하고 소모적인 정쟁을 하며 시간과 힘을 낭비하고 있는지 도대체 이해할 수 없는 상황이다.

법사위원회가 중요한 법률안을 통과시키는 절차와 권한을 가진 건 맞다. 그래서 일하는 국회가 되려면 177석으로 다수당인 된 여당은 국민의 뜻을 충실하게 따라야 한다.

그 연장 선상에서 법사위원장도 여당이 맡아야 한다는 논리가 더 합리적일 순 있다. 타협과 양보를 해나 가야 할 여의도 정치에서 유리한 고지를 선점 해야 할 필요성도 인정된다.

권력이 집중된 국회에서 칼자루를 잡아야 그 칼을 잘 쓸 수 있다는 점도 긍정할 수 있다. 그러나 일하지 않는 20대 국회가 모두 법사위원장 자리 때문에 벌어진 현상이라고 할 순 없다.

적어도 21대 국회가 국민과 국가를 위해 일하는 국회가 되려면 철저히 국민의 공복이 되어야 한다. 그들이 잡으려는 칼자루도 위임받았을 때만 사용되어야 하며 국민에게 통제받아야 한다.

잘못 사용하면 소환되어야 한다. 자칫 권력 집중과 특혜로 인하여 특권의식에 사로잡혀서는 안 된다. 그래서 일하는데 필요한 편의 제공 이외의 국회의원 특혜는 소멸되어야 한다.

그 특권은 언제적 권력의 떡고물인가? 국민 위에 군림하기 위한 개발의 편자가 아니었던 가? 아니면 허례허식이거나 쌈짓돈처럼 사용되는 일제 잔재와 독재 권력이 부여한 잘못된 관행일 뿐이다.

그리고 20대 국회를 동물국회니 식물국회니 하는 언론이 부여한 별칭도 일종이 언어도단 이다. 잘못된 어휘선택이다. 자연이 부여한 이치를 거스르는 법이 없는 순수한 동물과 식물을 국민의 뜻을 거슬러 일을 팽개친 경우와 동일시할 수 없다.

인간 이외의 다른 생명체를 끌어들여 할 이유가 없다. 다른 생명에 대한 모독일 수 있기 때문이다. 20대 국회 같은 경우는 그저 한심하고 한심한 국회였을 뿐이다.

주역周易에 이런 말이 있다.

'덕이 적은데 지위가 높으며 지혜가 작은데큰 계획을 도모해야 하며 역량은 적은데 책임이 많으면 화가 없는 자가 드물다.' 이제 20대 국회를 반성하고 올바른 역할을 하기 위한 21대 국회의원에게 다시 한번 부탁 드린다. 진정한 머슴이 되라고. 특권의식을 버리라고. 그리고 오직 국민만 생각하며 과거의 낡은 관행과 의식에 얽매임 없이 새로운 길을 개척하라고.

(안산타임스 2020. 6. 8)

무학대사의 교훈

코로나19 여파로 불기 2564년 부처님오신날 봉축 법요식이 연기되었다. 법정 공휴일인 4월 30일(음력 4월 8일)을 윤달 음력 4월 8일인 5월 30일로 옮겨서 봉행한다. 그러나 이태원 이나 인천 등 지역 집단 발생으로 생활 속 거리두기를 지키고 행사를 대폭 간소화하여 진행하기로 하였다.

무학대사(1327~1405)는 조선 초의 최초이자 최후의 왕사이다. 원나라에 가서 공부하며 고려 공양왕 시대의 왕사인 나옹선사의 가르침을 받았다고 한다. 나옹선사는 우리가 잘 아는 '청산은 나를 보고 말없이 살라 하고 창공은 나를 보고 티없이 살라 하네 (이하 생략)'라는 시로 유명하신 분이다.

무학대사는 태조 이성계가 조선 선국 후 수도 개성을 한양으로 천도하는 데 중대한 역할을 한 인물이다. 현재의 경복궁은 건국 공신인 정도전이 궁궐을 삼각산(현재의 남산)을 바라보며 남향으로 지어야 한다는 주장대로 지어진 것이다.

다만 인왕산을 배경으로 터를 잡아야 한다는 입지 선택에 무학대사의 의견이 많이 반영 되었다고 여겨진다. 그리고 정도전은 무학대사의 의견을 반영하여 궁궐의 화기를 막기 위해 경복궁 정문에 해태상을 세우고 연못을 파서 용을 넣어 두었다고 한다.

특히 무학대사와 태조 이성계의 부처와 돼지 문답은 널리 알려져 있다. 천도를 한 이후 어느 날 모임에서 흥을 돋우기 위해 태조가 무학대사에게 농을 던진다. '대사는 생김새가 돼지 같구려.' 이에 무학대사는 임금께서는 부처님처럼 생기셨습니다.'라고 대답한다.

자리를 즐겁게 하자고 던진 유머인데 미안했던지, 아니면 아부하는 것처럼 들렸던지 연유를 물었다. 이에 '돼지는 돼지가 잘 보이고 부처는 부처를 잘 본다'는 대답을 하자 태조 이성계는 너털웃음을 지었다는 이야기가 전해온다.

이런 장면을 보면서 몇 가지 교훈을 현실과 대비하여 생각해보고자 한다. 먼저 태조 이성계가 한양으로 천도한 상황은 매우 중요한 시기였을 것이다. 고려를 멸망시키고 새로운 왕조를 세운 시기는 매우 혼란하고 급변하는 시기였다.

건국 초기의 불안을 조속히 안정시켜야 했으며 개성에 몰려있는 귀족들인 왕씨의 몰살을 강행한 것처럼 엄혹한 시기였다. 민심의 반발도 많았을 것이다. 일테면 고려가 통치이 념으로 내세운 숭불정책이 여전히 백성들에 게는 존속하는 때이기도 했다.

이러한 엄중한 시점에서 왕과 왕사가 나눈 대화는 촌철살인의 유머러스한 장면으로 역사에 남아있다는 점이다. 지금은 국민에게 중대한 역사적 장면 들이 낱낱이 알려지는 현실이다. 그런데 이렇게 후세에 남을 멋들어진 이야기가 있는지 묻고 싶다.

둘째로 태조 이성계의 너털웃음을 현재의 상황에 대입해야 한다고 생각한다. 조선 초무소불위의 권력자 이성계는 당신이 돼지라는 역설적 가르침을 흔쾌하게 소화했다. 여기에는 어떤 불쾌감이나 뒤끝이 없다.

어느새 세계 선진국으로 진입한 대한민국의 민주사회에서도 찾아보기 힘든 장면이다. 숭유억불 정책을 펼쳐 나가려는 유림들의 입장에서 보면 무학대사의 발언은 지엄한 임금에 대한 모욕이요, 역적이 내뱉을 말이었다. 정치 공학적으로 보면 불교를 탄압할 명분으로 호재였던 것이다.

그러나 무학대사 발언의 여파로 보복이 이루어졌다는 역사적 증거는 없다. 조선의 건국 이념이 결국은 숭유억불로 정립되었지만 태종을 거쳐 세종에 이르도록 여전히 민간신앙은 불교가 차지하고 있었다는 점에서 더욱 그렇다.

이런 관점에서라면 현재 정치적 입장과 지지 세력 간에 얼마나 많은 반목과 혐오와 비난 일색의 보복이 자행되는지 반성해볼 일이다. 그리고 그런 연유가 무엇인지 깊이 생각 해보아야 한다.

셋째로 돼지 눈엔 돼지가, 부처 눈에 부처가 보인다는 말은 자신의 관점으로 세상을 재단 해선 안 된다는 말이기도 하다. 똥 묻은 개가겨 묻은 개를 비난한다든지 성경에서 남의 눈에 티는 보면서 내 눈에 들보는 못 본다는 격언을 생각나게 한다.

타인에 대한 비판이나 지적이 과잉인 경우가 허다하다. 언론 자유가 언론 방종과 그릇된 여론몰이로 변모한다. 일부러 침소봉대하 고 물어뜯고 흠집을 내는 경우도 허다하다.

시비是非를 따지면서 시비를 만들기도 한다.

최악은 가짜뉴스가 넘쳐나는 상황이다. 자신의 내면과 기품을 성찰하지 않고서 이때다 하고 공격하고 모멸하려는 것은 허망한 행위 임을 자각해야 한다.

예를 들어 요즘 벌어지는 정의기억연대에 대한 시각도 정립될 필요가 있다. 문제가 있다면 응분의 사회적·법적 지탄을 받을 일이나, 일제 식민지 폐해와 싸운 역사를 지우려는 공격은 매우 불순한 것이다.

이와 같이 타인에 대한 배려나 존중 없이 자신을 위해 트집을 잡는다면 그것이 어떤 것이든 귀담아 들을 가치가 없는 쓰레기일 뿐이 다.

넷째로 태종 이방원이 정도전까지 죽이는 왕자의 난을 일으키는 상황에서 무학대사는그 시대의 어른 역할을 한 것으로 보인다.

함흥차사로 이성계의 분노가 극에 달하는 상황 에서 태종은 무학대
사를 통해 이성계를 설득 했다는 장면이 전해진다. 여하튼 한 시대 어
른 존재의 무게는 그때나 지금이나 대동소이하다. 그런 어른이 누가
있는지 눈이 빠지게 살펴볼 일이다.

(안산타임스 2020. 5. 25)

비판과 비난

함혈분인 선오기구 含血噴人 先汚其口 란 말이 있다.

'피를 머금고 남에게 뿜으면 먼저 자기 입이 더럽혀진다.' 위수 강변에 미끼 없는 낚싯줄을 드리우고 때를 기다린 강태공이 한 말이다. 은 나라 주왕을 정벌하고 주나라를 세운 문, 무왕의 스승이자 1등 공신이며 제나라의 시조이기도 하다. 명심보감을 통해서 B.C 11세기경 3천여 년 전에 했다는 격언을 보고 생각나는 게 있다.

우리는 현재 초고속 정보 디지털 사회에 살고 있어 지구촌에서 일어나는 인간사의 거의 모든 상황을 알 수있다.

공식·비공식적인 루트로 언제든지 통신망에 접속 해서 어떤 사회에 어떤 일들이 발생하는지 볼 수가 있다. 이러한 최첨단 사회에서 3천여 년 전의 격언이 무슨 의미가 있을까? 의문이 생길 만큼 현대 사회는 복잡하고 미묘하다.

그러나 우리는 고금을 통틀어 원칙이 있고 인간의 기본을 잃어버리면 매우 고통스러운 역사가 만들어진다는 점을 익히 경험했다. 그리고 시대의 변화에 따라 유연하게 대처하되 인간이 가져야 할 원칙을 어기거나 무시하면 사회적 고통이 증가한다는 점을 분명하게 알고 있다.

제국주의 침략과 피식민지를 지나 6.25 동족상잔과 일제 잔재와 독재권력이 그러했다.

그 와중에 좌·우 분열과 지역주의가 파생했으며 계층간, 노사간 대립과 부의 양극화가 진행 중이다. 동시에 국민 주권의식의 발전은 나라다운 나라, 사람 우선의 사회라는 모토로 확립되어 다시금 인간이 가져야 할 원칙이 강조되며 회복되어 가고 있다. 이러한 시대 상황의 급격한 변화와 복잡함 속에서 건전하고 바람직한 비판은 활발하게 진행하고 서로를 죽이는 비난과 혐오를 줄이려는 노력이 절실하다.

다시 강태공의 말로 되돌아간다. 욕량타인 선수자량 欲量他人 先須自量, '다른 사람을 판단하려면 먼저 자신을 돌아보아야 한다'라는 뜻으로 풀이된다. 이 말은 나부터 깨끗해야 남을 비판하거나 판단할 수 있다는 도덕적 기준뿐만 아니라 정치 사회적인 개혁사상과 연결하여 생각해 볼 수 있다.

역사적으로 어떤 사회든 개혁의 명분은 인간 자주성의 발현과 독립에 기초한 모든 국민의 평등과 평화와 있다. 이를 가로막는 반개혁 세력에게조차 그들의 인간적 자주성을 말살하는 것을 꺼려하는 것이 인정되어왔다.

그런 기준에 근거한다면 사회적 문제를 개선하고 변화 발전시키기 위해서는 개혁이론 성립의 근거와 초심을 언제든 유지할 필요가 있다. 신으로부터 독립하려는 인문사상과 어떤 인간도 존중하는 생명사상이 그것이다.

때문에 사회세력과 개인은 정치 사회적 문제를 풀어 갈건전한 비판은 권장하되 상대방을 죽이려는 혐오와 광기 어린 비난은 멈추어야 한다. 그러므로 위의 강태공의 격언은 권한과 책임을 가진 사람들이 가장 먼저 새겨들 어야 한다.

한편 상인지어 환시자상傷人之語 還是自傷 격언도 있다.

'남을 해치는 말은 도리어 스스로를 해친다.' 이말을 우리 평범한 국민들 사이에 적용해서 생각해보려 한다. 우리는 사회생활 속에 말과 행동을 조심해야 할것들이 무척 많다.

그리고 교육을 통해 가르침을 받고 눈치와 경험으로 이를 알게 된다. 대부분은 위의 말을 사회생활에 있어 지켜야 할 센스 정도로 지켜가고 있다. 그러나 이마저도 잘 지켜지지 않는다.

모임에서나 술자리에서 감정을 쏟아내고 다투기 십상이다. 정치나 경제가 안 좋을 때는 안주 씹듯 정치권과 공권력을 비판 한다. 더 나아가 니편 내편이나 색깔론에 이르면 상대방은 모조리 죽일 놈이고 몹쓸 사람들로 치부되기 쉽다. 반면 대다수 국민들은 삶의 질을 발전시키라고 정치권과 공권력에 권한과 책임을 부여했다.

정치권이 서로 죽도록 싸우고 혐오하고 각종 마타도어와 거짓을 일삼으라고 허락한 것도 아니다. 우리는 정치권에 일을 잘하라고 채찍을 들 자격이 있는 주권자이다. 이렇듯이 국민은 주권자로서 정당한 비판과 기분이 내키면 마음껏 비난도 하면서 나라 운영을 위임한 정치에 권한과 책임을 부여하고 있다.

이런 현상은 옛말을 빌리자면 국민이 하늘이자 땅이기에 가능하다. 동시에 국민은 대한민국이란 배를 떠받치고 있는 바다 같은 존재라는 품격과 자질이 필요하기 마련이다. 그것은 대한민국이란 공동체를 건강하게 만드는 핵심이 우리 자신에게 있다는 말과 다름이 없다.

그래서 우리는 상호 존중과 인내하는 미덕을 가질 필요가 있다.

비인불인 불인비인非人不忍 不忍非人이란 말이 있다.' 사람이 아니면 참지 못하고 참지 못하면 사람이 아니다' 화를 참으면 스트레스가 쌓여 암세포가 된다며 때로는 화를 낼 필요도 있는 시대이기도 하다. 그러나 시도 때도 없이 상대방을 꺾어야 내가 승리한다는 목적을 이루려는 대립적 사고는 사회를 병들게 할 뿐이다.

이상으로 3천여 년 전 말씀을 예로 들며 비판과 비난이 어떻게 다른지 살펴보았다. 강태공은 '한번 쏟은 물은 주워 담을 수 없다. 오이밭에서 신발을 고쳐 신지 않고 배나무 아래서 갓끈을 고치지 않는다'말로 우리에게 익숙하다. 오래전이지만 강태공의 말씀은 시대를 관통하는 정신적인 묘미가 있다.

(안산타임스 2020. 5. 11)

4·15총선은 두레 공동체형 선거?

4·15총선 결과 분석이 한창이다. 이구동성으로 여당의 압승과 야당의 참패를 말한다. 거의 모든 언론매체와 정치평론가 전문가들 말이 엇비슷하다.

가장 중요한 요인으로 꼽은 것은 코로나 19에 대처를 잘하고 있는 문재인 정부에게 전통 지지층과 더불어 중도층이 움직여 압도적 결과가 반영되었다는 분석이다.

동시에 야당은 여러모로 정권 심판을 외칠 자격이 없거나 대안세력이 아니라는 평가를 받은 것이라고 한다.

그리고 역대 최고인 66.2% 투표율은 10대 후반과 2~30대의 투표율이 급증한 결과를 반영한다. 2~30대의 투표율이 이번 4·15총선에서 50%대를 훌쩍 뛰어넘었을 것으로 예상되고 있다.

이전 총선 2~30대 투표율이 40%대 중, 후반인 점을 감안했을 때 이는 여당에게 매우 유리했을 것으로 관측된다.

한편 어떤 분석가는 여당이 잘해서라기보다는 야당이 너무 형편이 없으니 차선을 선택한 결과라고 말한다. 또 다른 이는 개헌 말고 뭐든지 할 수 있는 힘을 실어 주어 더 이상 주저하지 말고 일하라는 엄중한 명령임과 동시에 경고라는 의미라고 분석하기도 한다.

그래서 여당은 겸허한 자세로 경제와 정치를 발전시키는 실력 발휘를 해야 하고 야당은 참패의 원인을 스스로 찾아야 할 과제를 안겨준 선거라고 평하고 있다.

좀 더 심층적으로는 대한민국 사회의 주류가 6~70년대의 산업화세력에서 8~90년대의 민주화 세력으로 넘어갔다는 분석이 있다.

선거가 보여준 정치 변동을 경제사회의 구조적 변화로 보는 시각이다. 한발 더 나아가 한 시대를 주름잡는 패러다임의 전환이란 의미를 부여하는 관점도 있다.

예를 들어서 우리나라 4~50대의 다수는 주한 미군 주둔비 대폭 인상 요구나 트럼프의 한반도 정책에 비판적 시각이 있다.

또 일본의 반도체 소재 수출금지 등 아베 정권을 곱지 않은 시선으로 보고 있다. 민주화 세력은 사대주의 청산과 반일 정서를 가진 자주적인 국민주권을 선호하는 층이다. 민주화와 함께 민족주의 의식도 성숙한 결과이다. 그래서 향후 국방 외교 남북관계까지 감안하여 현 정부와 여당에 힘을 실어 준 결과라는 것이다.

또 산업화 세력의 약화는 야당의 지지기반인 영남권의 대구·포항·울산·마산·창원의 산업벨트의 중요성이 쇠퇴한 결과이기도 하다는 분석이 있다.

본격적으로 4차 산업혁명 시대에 들어서면 경제 성장의 견인차 역할을 한중공업 위주의 산업 비중은 약화되어 간다. 이미 IT기술의 발달로 소프트웨어가 하드웨어를 압도하였고 전통산업이 신기술 혁신 산업으로 옮겨 가는 중이다.

이러한 변화는 전통적인 보수 영남 정치인의 영향력 감소로 이어지게 된다는 점이다. 영남 전체가 야당 정치인을 대다수 당선시켰지만 수도권을 비롯하여 대세는 이미 기울어졌다는 평가이다. 즉 야당에 시대 변화를 이끌거나 적응할 참신하고 능력있는 정치인이 적다는 한계가 반영되었다고도 한다. 새로운 비전 으로 야당을 이끌 새 인물들이 필요하다는 반증이기도 하다.

위와 같은 4·15 총선 분석은 정치 경제 전문 가들의 평론이며 이를 기초로 한 언론 매체들의 지배적인 분석이다. 필자도 결과를 정확하고 올바르게 분석한 점은 대체로 이의가 없다.

다만 정치 경제적인 측면의 분석틀에 더하여 사회 문화적인 분석이 추가되면 좋겠다는 생각이 든다. 선거 결과의 원인을 심도있게 보려면 현상에 나타난 정성적인 측면이 무엇인지 들여다 볼 필요가 있다 하겠다.

우리나라 국민들의 평소 정치에 대한 감정은 혐오감이 지배적이다. 싸우고 다투는 여의도 정치 세계에 수십 년간 싫증을 느끼고 실망하였기 때문이다. 지금도 여전히 정치에 대한 무관심과 불신은 팽배해 있다.

그럼에도 불구하고 결국 정치에 희망을 건것은 이번 코로나19의 위기 상황에서 국가와 정치의 중요성을 느낄 수 있었기 때문이다. 우리는 방역 선진국으로서 세계의 모범국가로 칭찬받는 대한민국에 자부심이 생겼다. 선진 유럽과 비교하면서 어느덧 그들을 부러워할 필요없이 성장한 대한민국의 위상이 새삼 자랑스럽게 생각되었다.

국민 각자가 국격이 상승함을 몸소 체험하는 귀중한 경험을 하는 상황이다. 문재인 정부와 질병관리 본부는 국난에 적절히 대처하였으며 긴급재난 지원금이나 기본소득을 통해 국가와 지방정부의 역할과 정책의 긍정성을 체험할 수 있었다.

국민 각자는 불평등이 신속히 완화된 살기 좋은 나라로 발전할 수 있음을 긍정적으로 체감하는 중이다. 그러므로 역사의 수레를 앞에서 끌고 뒤에서 밀어주는 선택을 통해 희망을 갖기로 한 것이다. 이런 의미에서 전형적인 두레 공동체형 선거가 이루어졌다고 생각한다.

그 희망속에는 2~30대의 젊은 유권자들이 헬조선이라고 부르는 현실을 혁신해야 한다는 과제가 있다. 그리고 누구나 대한민국 공동체를살 만한 사회로 만드는 주역이라는 의미가 포함되어 있다.

이제 역사의 수레에 무임승차하거나 공동체를 파손하려는 무리만 조심하면 된다. 이러한 의식이 이번 선거에 근본적으로 내재하는 사회 문화적인 속성이라고 생각한다.

(안산타임스 2020. 4. 20)

4월의 아레테이아(aletheia)

4월은 속에 무언가 꽉 들어차 있거나 막혀 있는 것 같다. 사람들 입장에서 본다면 지성무식(至誠無息)한 대자연과 우주의 섭리가 일 년 열두 달 가운데 가장 바쁘게 진행되는 것 같다. 쉼 없는 자연의 순환이 숨 쉴 틈 없이 돌아가는 느낌이다.

겨울을 지나 뭇 생명이 약동하는 봄의 한가운데 들어서기 때문일 것이다. 이를 두고 사람들은 찬란한 봄이라고 한다. 그런데 4월은 찬란하지만 수 없이 많은 서글프고 시린 사연이 지워지거나 가려져 있다. 그래서 잔인한 4월이라 하는 것인지?

1894년 4월 동학 농민군은 봉기하여 전주성을 점령한다. 봉건과 반외세, 보국안민을 중심으로 한 4대 강령을 기치로 제국주의 침략의 먹잇감인 대한제국을 救하고자 하였다. 그해 4월 동학 농민군의 기세는 하늘을 찌를 듯하였다.

전라도 일대는 압제와 차별을 벗어난 해방공간이 되었다. 그러나 그 찬란했던 순간은 오래가지 못했다. 불과 6개월 만에 공주 우금치 전투를 정점으로 2만명 이상의 동학 농민군은 일본군과 관군에 의해 참살당한다.

100년 전 4월 5일 연해주 블라디보스톡 인근 신한촌을 일본군이 급습하여 만행을 저지른다.

연해주 13도 의군과 권업회를 이끌며 독립운동을 하던 최재형을 비롯한 300여 명의 독립운동 지도자와 한인들이 일본 만주군에 의해 학살당한다. 독립운동사에 혁혁한 공로와 수많은 희생이 있지만 4월이면 생각나는 가슴 아픈 일이다.

72년 전 제주도는 처참한 살육의 외딴 섬이었다. 정부의 제주 4.3 진상보고서에 의하면 어림잡아 9분의 1 이상의 제주도민 3만여 명이 희생되었다.

해방 후 6.25 이전까지 벌어진 참사 중에 가장 비극적인 현장이었다. 이러한 사실은 국민들 사이에 재갈이 물려진 채 1970~80년대에 간간이 폭로되고 알려지게 된다. 이를 알린 사람들은 독재정권에 의해 구속되고 탄압을 받는다.

1960년 4월은 부정부패와 부정선거로 얼룩진 독재정권을 몰아낸 시민혁명이었다. 대한민국의 헌법 전문에도 적시되어 있는 4.19혁명 정신은 해방 후 민주화를 이루어낸 찬란한 금자탑이었다.

물론 그 영광은 김주열을 비롯한 학생과 시민의 희생에 기초하고 있다. 수유리 4.19혁명 국립묘지에 224분의 열사가 잠들어 계신다. 이때부터 민주주의는 피를 먹고 자란다는 말이 유행하기 시작한다.

불과 6년 전 2014년 4.16일 세월호가 침몰한다. 그 속에는 제주 도로 수학여행 가는 안산 단원고 학생과 시민들이 있었다. 파릇한 새싹들 250명을 포함하여 304분이 목숨을 잃는다. 모든 국민이 침몰하는 세월호를 보며 발을 동동 굴렀다. 국가적 재난에 대처 하는 그 당시 정부는 허술하기 그지 없었다. 세월호 참사는 국가 재난과 국민 안전에 대한 경각심을 뚜렷하게 각인시켰다.

대표적으로 4월이면 생각나는 역사적인 일들을 추려본 이유가 있다. 먼저 올해 4월은 전 국민이 코로나19로 고통받고 있는 시기이다.

바라건대 향후 미래에 2020년 4월이 암울한 과거로 기억되지 않길 소원한다. 2-30년 후에 2020년 4월은 전 국민의 격려와 응원으로 합심 단결하여 바이러스를 퇴치한 해로 기억되었으면 한다. 경제와 사회 전반에 걸쳐서 현명하고 합리적인 방법으로 역경을 극복한 찬란한 4월이 되길 바란다.

둘째는 정의와 진실은 불의와 거짓에 가려지지 않는다는 역사적 사실을 확인하고자 함이다. 한때 우리는 일제 잔재와 독재정 권의 노골적인 억압 시기가 있었다.

현재도 여전히 독재와 일제에 기생하여 획득한 기득권을 향유하려는 수구 냉전의 후예들이 잔존하고 있다. 그러나 역사의 수레바퀴는 이들을 저물어 가는 석양처럼 밀어내고 있다.

동시에 떠오르는 태양처럼 다양한 정신 세계로 무장한 선진 민주시민들이 사회의 중추세력이 되었다. 그야말로 낡은 사고와 경직된 세계관은 역사의 뒤안길로 사라지는 시대이다.

이는 대한민국 근 현대사의 모든 굴곡과 역경을 통해서 우리 민족은 세계 일등의 정보력과 판단력 있는 국민으로 발전했기 때문 이다. 우리 국민 스스로 고난을 통해 지적 능력을 발전시켰으며 역경을 통해 불굴의 의지를 다진 결과일 것이다.

반면에 우리가 경험한 간난과 신고에는 공포와 무기력이 수반된 굴종의 역사가 있었다. 이는 사대주의와 일제에 빌붙은 매국 노와 독재 추종자들이 권력의 횡포를 부렸기 때문이다.

우는 아이한테 일본 순사 온다는 말보다 무서운 말은 없었으며 군대 문화가 사회를 쥐락펴락한 시대였다. 진리와 정의는 숨을 수밖에 없었고 드러나면 탄압의 정을 맞을 수밖에 없었다. 그 암울했던 상황은 국민 정신을 피폐하게 하였고 자의반 타의반 망각의 늪으로 빠지게 하였다.

그러나 거짓과 몽매와 편견의 레테이아(letheia)를 벗어난 (脫,a) 진실(aletheia)은 우리 고난의 역사를 통해 드러나게 되어 있다. 잔존하는 야만과 공포의 역사가 야기한 망각과 몽매를 넘어서 세계로 뻗어나가는 대한민국이 되기를 생명이 약동하는 4월에 소망한다.

(안산타임스 2020. 4. 6)

획죄어천 무소도야1 獲罪於天 無所禱也

공자가 연세 70이 넘어 병에 걸리셨다. 수제자 子路가 기도하기를 청하였다. 공자는 물어본다. 그런 이치가 있냐고? 자로가 '하늘 신에게 기도하는 기록이 있습니다'라고 하자 공자는 대답한다.

나는 기도한 지 오래되었다고. 자로의 기도와 공자의 기도는 완전히 다른 관점인데 어떻게 다른지 이글 말미에 설명하려 한다.

기독교 일각에서 코로나19는 하나님이 내린 재앙이라고 규정하기도 한다. 인간 말세에 이르러 회개하지 않는 불신자 들에게 경종을 울리는 하나님의 섭리라고 말이다. 그리고 코로나19 퇴치도 하나님이 역사하실 거라고 주장한다.

어떻게 보면 그럴 수도 있겠다. 원수까지도 사랑하라는 예수님의 말씀은 공허한 메아리가 된 채 우리는 서로를 험담하여 갈라서기 일쑤인 사회에 살고 있다. 한편 미세먼지를 비롯하여 공해와 자연 파괴는 전 지구적으로 온난화 현상을 일으켰다. 고래를 비롯한 바다 생물이 플라스틱으로 죽어간다.

북극 빙하가 녹아내리고 북극곰은 기아선상을 헤맨다고 한다. 아프리카 아이들은 오염된 물로 인해 병을 얻어 하루에 천여 명씩 사망한다. 이런 상황을 만든 책임은 모두 인간에게 있으니 코로나19로 벌 받는 것은 당연한 이치라는 맥락에서 그렇다.

더욱 구체적으로 보면 코로나 19가 대한민국에 주는 피해는 막심하다.

기업과 자영업을 비롯하여 문화계, 관광업, 항공업, 체육계 등 모든 영역에 걸쳐 사람과 돈의 흐름이 차단 되었다. 경제활동이 위축되고 주식이 급락하는 등 경제 공황 상태가 시작된 듯하다. 이러한 상황은 특히 저축 없이 하루 하루 연명하는 분들한테는 저승사자만큼 두려운 존재이다.

그분들은 일용직이거나 파트타임으로 힘겨운 노동을 하는 어려운 생활인데 더욱 심각하게 나락으로 떨어질 위기에 처해 있다. 결국 전염병 창궐의 피해는 사회적 약자에게 몰려 가고 취약계층이 뒤집어쓴다.

다시 기독교 일각에서 벌어지는 논리로 되돌아가 본다. 가난한 자는 복이 있나니 천국은 그들의 것이라는 복음은 코로나19가 하나님의 채찍이라는 논리와 모순된다. 가난한 분들이 코로나19에 직격탄을 맞고 있기 때문이다.

부자는 낙타가 바늘귀를 통과하는 것보다 더 천국에 들기가 어렵다는 기독교의 서민 중심 시각은 경제가 경색된 상황에선 통용될 수없는 논리다. 극소수 부자들과 안정적 직장인들을 제외한 대다수 서민들은 지옥같이 고통스러운 삶에 봉착했기 때문이다. 한마리의 잃어버린 양을 찾는 기독교의 박애정신은 어떻게 실현될 것인지?

공자가 천명한 하늘에 죄를 지으면 기도할 곳이 없다는 말을 비유삼아 무엇을 해야 하는지 살펴보고자 한다.

먼저 도탄에 빠진 빈곤층, 빈민층을 살려야 한다. 국가와 지역 공동체가 나서서 이들을 처참한 생활난의 늪에서 건져 올려야 한다. 초유의 재정 투입으로 기업과 자영업을 지원하고 차별없는 경제 처방약으로 경제를 살려야 한다.

예를 들면 재난기본소득 같은 소화기를 과감하게 도입하여 급한 불을 꺼야 한다. 병 걸려 죽기 전에 굶어 죽겠다는 아우 성을 방치하는 건 하늘에 씻을 수 없는 죄를 짓는 것이다.

둘째는 건강한 공동체를 회복하고 유지하기 위해서 서로를 격려하고 배려하고 칭찬하는 사회적 분위기를 만들어야 한다. 심각한 재앙을 맞이하여 사투를 벌이고 있는 정부와 기관과 의료진과 봉사자들의 노력에 감사하고 감사할 일만 남아 있다. 정치권에서 권력을 차지하고자 헐뜯고 비방하는 모습을 닮아선 곤란하다. 그들은 공동체를 파괴하는 잘못을 저지르고 있기 때문이다.

셋째는 공자가 항상 기도하고 있는 것처럼 우리 사회의 안녕과 평화를 위해서 늘 인간다운 품위를 지키고 문명인의 덕목을 갖추는 노력을 항상 하는 것이 필요하다. 타인에겐 온화하며 자신에겐 엄격한 품성과 올바른 사고와 바람직한 태도를 갖추기 위해 탐구하고 공부하는 자세를 구비하면 좋겠다.

이러한 모든 노력이 모아질 때 우리는 기독교가 말하는 하나님의 나라를 이 땅에 성취할 수가 있다. 이런 노력을 도외 시하고 방치한다면 그야말로 하늘에 죄를 짓는 것이며 기도를 해봐야 소용없으며 기도할 곳조차 없는 상황을 초래하게 된다.

공자가 늘 기도하고 있다는 말은 인문정신의 발로이며, 나밖의 존재에 내 운명을 빌 수 없다는 의지의 표현이다. 그리고 하나님이 우리 인간을 사랑하는 전제 조건인 하나님을 닮은 인간의 가치를 수용한 정신이다.

반면 자로의 기도는 인간을 벌하고 구속하는 신적 존재에게 의탁하고 의존하며 공자가 강조하는 인문정신을 망각한 주문일 뿐이다.

지금 우리는 코로나19를 통해 우리 사회의 공동체가 어떤 수준으로 어떻게 발전할 것인지를 가늠하는 기로에 놓여 있다고 볼 수 있다. 서로를 격려하고 한걸음 전진할 것인가 아니면 혐오와 갈등을 부채질하며 더욱 파열할 것인가의 시험을 치르고 있는 중이다.

지혜를 모아 우리 사회의 고통을 줄이고 행복을 증대시키려면 하늘 (?)에 더 이상 죄를 짓지 않았으면 한다.

(안산타임스 2020. 3. 23)

不一不二, 톨레랑스

대한민국! 이 정도면 세계 일류 국민으로 손색이 없다. 자랑스럽다.

아프리카 돼지열병을 막아내고 코로나19 대응에 헌신하며 대구·경북에 뛰어들고 서로 지역을 떠나 상부상조하는 국민들의 저력을 볼 수 있다. 우리는 다양성 사회에서도 최첨단 맨파워를 지닌 모범적 국가임이 분명하다.

국민 모두가 개인별 집단별 역량과 수준이 글로벌 최상위권을 유지하고 있다. 이처럼 발전된 사회는 분열, 갈등과 의견 대립도 고도로 첨예하게 존재한다. 논의되고 전개되는 모든 생각과 입장이 다양하고 자유 롭고 복잡다단하기 때문이다.

이는 모두 자연스런 현상이며 대한민국 발전의 원동력이기도 하다. 다만 이 현상이 정치 사회적 목적에 의해 심화되고 격화되어 서로를 파멸하려 한다면 이는 매우 잘못된 것이며 반드시 극복해야 할 문제이다.

지난하지만 미래를 위해 반드시 개선해야할 일이다. 현재 정치 사회 영역의 대립 상황은 단일 민족공동체의 근간을 흔들 정도로 우려스런 점이 있다. 대화와 타협은 커녕 과거의 지역 주의나 계급 대립만큼 혐오와 증오가 깊어가고 있다. 당파와 세대간, 종교적 색채를 띤 다른 역사관을 가진 세력과 진영간 배타성이 굳어지고 더욱 심화되는 추세이다.

더구나 일제의 침탈에 찬성하고 나라와 민족을 배신한 친일을 청산하지 못한 후과가 여전히 심각한 분열을 만드는 배경이 되고 있다. 그리고 분단된 현실은 갈등의 용광로에 기름을 붓는 작용을 오랜 세월

동안 하고 있다. 우리 어느 누구도 이러한 국면과 하등의 연관이 없거나 자유롭지 못하다.

건강한 사회의 기준인 상생과 관용이란 정신이 약해 사회 구성원들이 그런 가치 상실을 조장하거나 무심하다면 그 사회는 무슨 희망이 있을 것인가?

세계 최고 수준의 빈부격차와 자살률, 최저 출산율, 청소년과 청년이 울부짖는 헬조선, 극한 학벌사회는 해결할 비전과 의지가 있는 것인지? 대화와 소통이 결여 되어 있다면 나라 발전을 위해 중지를 모으고 실천해 갈 수 있는 것인지? 아니면 각자도 생하는 극한 경쟁 상태를 용인하고 방치할 텐가?

그렇게 되면 결국은 사회적 강자는 더욱 강해지고 취약계층은 상대적 박탈로 더욱 어려운 삶을 살게 된다. 사회복지망의 사각지대가 폭증하고 극한 선택에 내 몰리는 상황을 개선 하기가 난망해 진다. 자칫 희망이 꺼질 수 있는 혼란과 야만적 상태를 해결할 올바른 방도는 무엇인가?

극한 부정이 횡행하는 원인을 필자가 살펴 보건데 핵심은 서구 사상의 무조건적인 수용과 동양 전통사상의 소멸화에 기인한다고 생각한다. 서양 역사발전 사관의 중심에는 대립 물의 투쟁이니 부정의 부정같은 명제가 자리를 잡고 있다. 자연을 향한 투쟁과 정복을 당연시 한 철학은 사회의 구성요소들을 대립적 관점으로 보고 갈등을 격화시켜 왔다.

제국주의를 거치면서 속이 비어있는 강정 같은 형식적인 민주제도가 대거 유입되었을 뿐이다. 이러한 서구 정신은 우리 전통 문화속의 핵심 사상과 결합이나 혼융되지 못한 채 강제적으로 도입되었다.

그 결과 생경한 사회현상을 빚어내며 심각한 갈등과 대립을 조장한다. 동시에 공동체를 보강하기 보다는 약화시키는 방향으로 작동 하게 된다.

우리의 유구한 정신문화는 상생과 관용을 포함한 융합사상이 기본이다. 모두가 다르지 않다는 不二정신이며 연기론이자 관계론이다. 모든 존재는 상호 소통하며 서로 의지한다는 사상이다. 천지합일과 理氣통합의 생명 사상이다.

그러나 혁신사상이며 평등을 추구하는 공동체 사상의 결정체인 전통적인 인문정신은 모기 소리만큼 가늘다. 드높은 동양의 전통정신이 사멸해 가는 작금의 정신 빈곤은 통탄할 일이다.

우리 전통과 유교와 불교에 면면히 흐르는 정신문화는 박물관의 고전이나 문화재와 같은 구경거리로 취급받고 있다. 미래를 여는 자양분이 아니라 고루하고 과거 지향의 낡은 것처럼 인식되고 있다.

전통의 가치가 빛을 발휘하기 보다는 그늘이 드리워져 있다.

그 원인은 우리의 근현대사에 있다. 구한말 부터 최근까지 우리는 서구 문명을 사대하고 신봉과 교조로 받아들여 진실이 왜곡되어져 왔다. 일제와 수구냉전 세력은 우리의 전통문 화를 낡고 고루한 것으로 치부하였다. 침탈의 필요에 의해 역사를 왜곡한 식민 사관은 우리를 뿌리채 흔들어 온 것이다.

일제가 폄하한 우리 전통 사상속의 개혁과 평등정신, 수구냉전 세력이 색깔을 입혀 혐오 하고 말살하려한 자주적 민족정신, 진보세력이 간과한 깊은 전통역사와 문화의 내력이 재발현되어야 한다.

증오와 혐오도 모자라 상대방에게 저주를 퍼붓는 의회나 광장에서 벌어지는 극한 대립이 완화되려면 우리의 전통사상을 다시 복원해 놓아야 한다.

그래야 혐오와 증오와 저주의 시대적 갈등을 극복하고 세계를 선도

할 건전하고 풍요로운 공동체로 나아갈 수 있다.

우리는 아주 커다란 역사적 질곡과 시련을 이기고 지금에 이른 세계 최정상인 불굴의 의지를 가진 민족이다.

나부터 자중자애하며 근신하고 심려속에 상호 존중과 배려로 사회를 안정시킬 때라고 생각한다. 서구문명의 철학사조에 내재한 톨레랑스를 지식으로만 알고 있으면 무슨 소용이 있단 말인가? 우리의 찬란한 정신문화가 고전속에 글자로만 사장되어 있으면 무슨 소용인가?

관용과 상호인정하는 배려가 인간의 길이 라고 전해 준 동서양의 인문정신이 다시금 강조되어야 한다.

(안산타임스 2020. 3. 9)

신념(信念)에 대하여

우리 민족은 신념이란 말을 참 좋아한다. 저력의 한국인, 끈기의 대한민국이란 칭찬 속에는 굳은 신념을 가진 민족이란 자부심이 녹아 있다.

대한민국이 이룬 경제 기적도 우리가 가진 강한 의지와 성실성에 의한 것이다. 1960년대 세계 최하위 빈국이었던 대한민국이 현재 세계 10위권의 경제 무역국으로 발돋움한 것은 신념이 분명하고 굳세지 않으면 불가능하였다.

때문에 우리가 유독 신념을 키우고 잘 유지하는 것이 어떤 배경이 있을까 살펴보고 신념이 자칫 잘못되면 어떤 문제가 근본적으로 발생하는지 가늠해 보려고 한다.

먼저 우리는 역사 문화적으로 信이란 단어에 익숙하다. 인, 의, 예, 지, 신과 같은 기본적 규범인 오상(五常), 붕우유신(朋友有信)같은 오륜(五倫)이 생활문화에 내재되어 있다. 자자손손 대대로 이러한 기본 가치를 교육받고 익혀왔기 때문이다.

언어구조적으로 信은 人과 言의 조합이라는 점에서 보듯이 사람과의 관계를 중시하는 공동체 문화가 발달한 우리한테는 역사적으로 익숙한 단어가 되었다. 그만큼 문화와 생활방 식이 믿음에 기반한 사회로 지속되어 왔음이 다. 그래서 우리는 우리 사회에 소속감을 높이고 더욱 기여하기 위해 신념이란 정신영역을 발전시켜 왔다고 볼 수 있다.

이러한 정신적 토대는 정치, 사회, 문화, 경제, 종교 등 전 영역에 걸쳐 작용한다. 신념이 뚜렷하기 때문에 정치논쟁이 발달하였다고볼 수 있다. 사회 문화적으로 다종 다양한 로컬(local) 공동체가 존재한다.

경제적으로는 가장 일 많이 하는 국민으로 유명하였다. 종교적으로도 토속신앙부터 각종의 종교가 공존하며 서로 경쟁하는 중이다. 이를 종합해 보면 대한민국은 용광로처럼 끓어 오르는 기상과 기운이 넘치는 사회이다. 모두 다 신념 으로 뭉쳐진 모습이며 결과라고 생각된다.

한편 신념은 양면성을 가지고 있다. 전체 사회 공동체에 기여하려는 노력 일체는 신념의 긍정성이다. 개인과 사회가 원활한 소통을 하는 모습에서 신념의 객관적인 가치는 입증된다.

그러나 신념이 아집(我執)으로 변하는 순간부터 주관성을 띠며 효과는 반감되기 시작 한다.

자존감이나 주체성을 버리고 군중심리나 자신이 속한 주변의 행동에 전적으로 의존 하는 경우이다.

때로는 신념이 재앙이 되기도 한다. 과거 나치의 홀로코스트가 그러하며 일제 식민사관이 그러했으며 좌우이념이란 신념의 대립으로 한반도가 분단된 것도 그러하다.

서구문명에서 신념이 사람 사이의 관계적 faith(믿음)에서 개인적 belief(신앙)으로 개별화되는 단계에 이르면 주관적 오류에 빠질 가능성이 농후하다.

특히 서구 과학 문명이 발전하면서 개인적 실존주의나 포스트 모더니즘의 발흥에 따른 주관성이 강조되는 철학 사조하에서는 신념의 객관성을 유지하기가 어렵다. 이는 동양의 기본 사상인 화이부 동(和而不同)이란 사회의 조화와 융합을 강조 하는 정신과는 상반된다.

소소하지만 개인적으로 신념이 고착되거나 고정되어 아집으로 변한 경우도 흔하다. 예를 들어 지식이 많고 적음에 상관없이 나이가 들어가면서 고루해지는 경향이 있다. '내가 옛날엔 말야' '나 때는 말이야' 하면 흔히들 꼰대(?)라고 취급받고 평가받는다. 또는 자신이 속한 동아리나 각종 공동체에서 타인과 타방을 부정하고 적으로 간주하는 경우는 수없이 많다.

요즘 신종 코로나 바이러스(코로나19)로 신천지란 종파가 주목받고 있다. 코로나 방역지 침과 사회전파 방지에 반하는 집회 형태로 인해 바이러스를 만연시킨 결과를 초래하였다.

이러한 행위는 신념이란 가치를 매우 자기중 심적으로 운영하는 사례로 보여진다.

신천지는 대한민국공동체란 최상의 사회적 가치보 다는 자신 내부의 신앙태를 우선하는 것처럼 보인다. 종교적 신앙을 신념과 동일하게 등치 시킬 순 없지만 신도들의 믿음이 주관적인 신념에 그친다면 이처럼 사회문제화되는 것이다.

이상에서 언급한 것처럼 우리가 가진 신념이 모두의 발전에 기여하려면 가지고 있는 신념이 아집이나 집착이 아닌지 살펴보아야 한다. 그것도 우리의 역사문화 속에서 전통적으로 검증된 객관적인 타당성이 있는지 판단하며 신념을 형성해야 한다.

대한민국의 저력은 그러한 조화로운 공동체 문화를 소중히 지켜왔기 때문에 발휘되었으며 전통문화의 힘이 기반이 되었기에 발전해온 것이다. 선현들께서 평생 공부하라고 한이유가 여기에 있다.

(안산타임스 2020. 2.24)

'10월 일본 맥주 수출액 無'와 '밀레니얼 세대'

일본 재무성에 따르면 지난 10월 한국으로 수출한 맥주가 제로였다고 한다. 한동안 일본 맥주 최대 수입국이었던 한국이었다. 호프집과 편의점에서 날개 돋치게 팔려나가던 상품이다. 아마도 주요 고객은 2-30대였을 것으로 추정된다.

일본 여행객 수도 예년보다 60% 이상 격감했다고 한다. 급기야 일본의 수출 대상국 순위가 바뀌었다. 한국이 미국, 중국에 이어 3위였는데 대만 다음으로 4위가 되었다고 한다. 그야말로 안 가고 안 쓰는 대한민국 국민의 단합된 NO日製 운동은 경제 지형을 뒤흔들었다.

모임이 많은 연말에 일본 차를 타고 다니니 불편했다거나 유명한 의류브랜드가 너무 싸게 나와서 고민했다는 이야기가 많다.

거의 모든 곳에서 단골 소재가 되고 있다. 정말 오랜만에 2002년 월드컵 붉은 악마 응원이나 2017년의 촛불 행진과 같은 단합된 모습을 엿볼 수 있다. 이런 흐름 속에는 어떤 세대들이 주도적 역할을 하고 있는지 살펴보면 흥미로울 것 같다.

밀레니얼 세대는 1980년대부터 2000년 초반에 태어난 세대를 말한다. 대한민국의 경우 1954년부터 1960년대 초반의 소위 베이비 붐 세대의 2세들에 해당한다.

이들은 연령대가 10대 후반에서 30대로서 Y세대 또는 Z세대라고 불리기도 한다. 이들 중 30대들은 Y세대, 1-20대들은 Z세대라 해도 틀린 말은 아닐 것이다. 베이비 붐 세대가 낳았다고 해서 에코세대라고 불리기도 하는 Y세대는 다른 나라 문화나 인종에 대한 거부감이 적고 반항, 도전정신을 가지고 있다.

개인, 개방, 감성주의가 이들의 특성으로 호기심이 많고 튀는 패션에 소비력도 왕성하며 자기중심적이다. 또한, Z세대는 Y세대를 뒤잇는 세대로서 디지털 원주민이며 정보통신기술 환경 등 신기술에 어릴 때부터 익숙하며 경제적 가치를 우선하고 Y세대보다 더 독립적이라고 한다.

과거 X세대라고 불리었던 청년들은 이미 40에서 50대에 접어들었다. 그들도 자기중심적이고 튀는 세대라는 특징을 가졌었다. 그래서 럭비공에 비유되기도 했던 세대로서 마땅히 정의할 용어가 없어 X세대라고 통칭하였다. 그런 X세대의 특성을 수용하면서도 그들보다 더 틀에 얽매이지 않고 자유로운 신인류들이 등장했다.

이들을 이렇게 구별하는 기준은 주로 컴퓨터의 등장과 정보통신 기술의 활용과 소비패턴으로 설명되고 있다. 인터넷과 광범한 SNS 정보들은 신인류의 생활을 지탱하는 골간이며 밥과 같은 기본적인 정신의 양식이기도 하다.

모바일 폰으로 순식간에 세계 모든 소식을 접하고 수일, 수개월 걸렸던 일들은 정보 통신공간에서 단시간에 해소를 한다. 과거처럼 신중하게 준비하고 고민하는 펀더멘털과 순차적 형태의 일처리가 낡은 것이 되어 버렸다.

그럼에도 불구하고 매일 매 시각 쏟아지는 정보와 한 인간의 시간적, 물리적 공간의 한계는 상충할 수밖에 없는 세상이다. 그래서 논리적이고 이성적이기보다는 감성적이며 즉흥적일 수밖에 없다. 그리고 가장 빠르게 정보를 검색할 수 있는 눈에 의존하게 된다.

그래서 디자인이나 영상, 패션 등 시각적 이미지를 우선하는 경향이 있다. 요즘 유튜버가 최고의 인기 직종이 된 이유가 여기 있다. 여하튼 이들은 현재와 미래를 짊어지고 가는 주역이 되었다.

248

그렇다면 이들이 어떤 가치관과 철학, 시대의 패러다임을 만들어 내고 있는지 알아보는 것은 매우 중요한 일이다.

여기서 다시 맥주 이야기로 들어가 본다. 지구촌의 다른 문화에 거부감이 없는 보편적이고 글로벌한 세대는 일본 문화나 맥주에 터부가 없었다. 그런데다가 일본 맥주 브랜드는 매력 있었고 마케팅은 공격적이었다. 이런 상황을 받아들이거나 즐기는 것은 당연한 현상이었다. 그런데 일본이 대한민국을 무시하기 시작했다. 과거에 그랬다는데 오늘날에 무역 수출 보복을 하며 우리를 무시하다니!!

이들은 검색하기 시작한다. 일본이 과거에 어떤 행동을 했는지. 역사 공부를 통해 얼핏 들었지만 스스로 공부하기 시작했다. 그래서 독립운동은 못 했지만 NO 재팬은 하겠다는 결론을 도출했다.

그리고 sns로 소통한다. 서로에 대한 정보도 관심도 없던 타인들이었지만 다들 생각이 비슷하거나 같았다. 그래서 흐뭇하고 기분이 좋았다. 우리를 부시하지 않을 때까지 함께 이 대열에서 이탈하지 않겠다고 결심을 한다. 그래서 일본 맥주가 지난달에는 한국에 대한 수출 제로가 되었다. 멋지지 않은가?

아마도 이들은 이번 경험을 통해 더욱 생각을 굳혔을 가능성이 크다. 자신들의 문제나 환경문제 등에 있어서도 한 목소리를 내고 한 행동을 하자고 말이다. 자신들을 잘 이해하지 못하는 기성세대와의 소통을 시도할 수도 있다.

아니면 지금처럼 기성세대를 의식하지 않고 그들만의 감성을 더욱 발전시킬 수도 있다. 태평양에 한반도 크기의 8배나 되는 쓰레기 섬이 있다는데 플라스틱을 어떻게 줄일 것인지 해결에 나설 수도 있다. 고래를 비롯한 바다 생물이 인간이 토해 낸 온갖 쓰레기로 죽임을 당하는 현실을 타개해 나가는 데 힘을 모을 수도 있다.

더 나아가 한반도에 통일이 좋은지 아니면 제3의 길이 있는지 지혜를 모아 나갈 것이다. 신인류! 이들은 우리가 가진 모든 문제들을 해결하고 비전을 만들어 나갈 충분한 자질을 갖추어 가는 중이다.

(안산타임스 2019. 12. 9)

반복(?)의 역사와 극일(克日)의 조건

역사는 규칙적으로 또는 불규칙적으로 반복되는가? 또는 순환하는가? 역사 속 많은 사례로부터 유사한 상황이 되풀이되는 것처럼 보이기도 한다.

현재 우리나라 주변 정세가 구한말과 비슷하다고 한다. 그 당시 일본과 청나라, 러시아가 각축하고 대한제국은 국론이 분열된 채 열강에 휘둘렸던 때와 비슷하다고 말이다. 혹시 그때처럼 대한민국이 치명적 피해를 입을 수 있을까?

현재도 미·중은 무역분쟁으로 힘겨루기 중이고 한반도는 고래 싸움에 새우등 터지듯 피해가 걱정된다. 그러나 역사는 동일한 방식으로 되풀이되지는 않을 것이다.

단지 헤겔을 비롯한 많은 역사철학자들이 지적한 것처럼 어떤 패턴이나 리듬은 있는 것 같다. 그래서 역사의 아이러니인 반복적 현상에 대해 생각해 보려고 한다.

미국은 한일 갈등으로 빚어진 한일 군사정보보호협정 지소미아의 유지를 위해 영향력을 행사했다. 한국은 고심 끝에 일본과의 경제 갈등으로 빚어진 지소미아 종결과 세계무역기구(WTO) 제소를 조건부로 철회하였다. 미국이 주한미군 주둔비를 현재보다 5배를 부르고 있는 상황에서 문재인 정부는 줄타기나 실리외교를 한 것처럼 보인다.

돌이켜보면 1965년 한일 청구권 협정에서도 미국이 한일 협정을 촉구하고 있었다. 이는 미국의 동아시아 전략에 입각한 반공 동맹을 강화하기 위해서였다.

일본도 한국을 자신의 경제권으로 끌어들일 수 있어서 8억 달러를 배상했다. 그러나 침략과 식민지배에 대한 사과는 없었다. 위안부, 강제징용, 원폭피해, 독도영유권 주장, 약탈문화재 반환 등 후속조치나 대책 없이 반성도 없는 협정에 그쳤다.

현재의 지소미아도 미국의 인도·태평양 방위전략에 따른 협정이다. 미국은 한일간 갈등이 무엇이든 미국 안보·군사전략을 훼손하면 안 된다고 선을 그었고 압력을 행사했다. 한미일 삼각 동맹체제의 균열이 생겨서는 안 되는 사안으로 보았기 때문이다. 일본 보수 집권층은 한국의 지소미아 종결연기와 WTO 제소 철회를 양보 없이 퍼펙트로 이겼다고 자축하는 모양이다.

시간을 거슬러 올라가 본다. 대한민국은 해방 후 미군정이 실시되었다. 미군정은 포고령을 통해 상해 임시정부를 비롯한 모든 독립 인사들을 개인 자격으로 입국시켰고 자주적 정부 구성을 금지하였다. 그리고 군정에 필요한 행정인력을 일본의 조선총독부에서 그대로 인수받았다.

미군정은 한반도 남쪽에 확실한 반공 전선을 구축하는 것이 최상의 목표였다. 온 국민이 바라는 일제 청산과 자주독립국 성립은 극동 전략상 관심 밖이었다.

남한과 대만을 일본과 필리핀으로 이어지는 에치슨 라인의 전초기지나 일차 방어선으로 삼는 극동 전략을 구사하는 게 최우선인 까닭이다. 그래서 제주 4.3이나 민족전선의 괴멸 등 많은 희생이 유발되었다.

현재도 여전히 미국은 중국을 견제하는 인도 태평양 전략에 중요한 한미일 동맹의 균열은 있을 수 없는 것으로 여긴다. 때문에 지소미아의 종결은 더욱이 막아야만 하는 사안이었을 것이다.

한편, 대한민국이 한미일 동맹에 치중할수록 북한과 중국·러시아의 반응이 자못 궁금하다. 북한은 남한을 자주적이지 못하다고 공세를 피면서 한편 미국과 유엔제재를 벗어나려고 한다.

이른바 강온전략을 구사 중으로 보인다. 북한은 그렇다 치고 중국은 어떤 반응을 보일지 궁금하다. 얼마 전 사드 문제만 보더라도 경제, 문화 각 방면에 피해사례가 속출하였고 타격을 받았기 때문이다.

이런 때에 우리는 과거 구한말 시기와 달리 어떤 외교력을 발휘하여야 하는 것인가? 국내외 정세 속에 가장 합리적인 방안은 무엇일까? 우리에게 현재 가장 지켜야 할 가치가 무엇이냐에 따라 방법은 다양할 것이다.

가장 먼저 대한민국은 공정하고 정의롭고 평화로운 나라여야 한다. 세계 10대 무역국으로, 7위안에 드는 군사 강국으로 확고한 위치를 점해야 한다. 문재인 성부에서 천명한 것처럼 누구도 흔들 수 없는 나라를 만들어 가야 한다. 그러기 위해서는 미·중 최강대국 사이에서 그들과 줄타기를 할 수밖에 없다.

그리고 한미동맹의 신뢰를 해치면 안된다. 미국과의 안보·군사동맹 전략에 슬기롭게 대응해야 한다. 미국과는 신뢰가 중요하다. 신뢰가 깨지면 남북이 힘을 합쳐도 평화가 쉽지 않다. 더 나아가 전 세계로 뻗어 나가고 활약하는 대한민국의 입지 구축이 어렵게 된다.

나머지 중국, 일본과는 역사적으로 따져 볼 일이다. 중국은 역대 큰형 집이었다. 그들에겐 큰형으로 대우해 주고 실리를 모색하는 방법이 유력할 것이다. 중국은 북한을 도와주고 있지만 대한민국과도 정치 경제적으로 적대적이지 않다.

중국은 자본주의를 도입한 지 오래이며 정치적 자본주의를 구사하고 있기 때문이다. 다만 일본이 문제이다. 아무도 흔들 수 없는 나라를 만들 때 가장 우선적으로 고려할 나라는 일본이다. 그들과는 정치 경제적 문제뿐만 아니라 문화와 자존심이 걸려있다.

그들이 우리를 흔들 수 없도록 소재·부품·장비의 원천기술 확보하고 식민사관에서 벗어나야 한다. 역사적으로 계속 반복되거나 문제로 대두되는 일본의 팽창정책은 항상 한반도와 대립각을 세웠던 사안이다. 그래서 대한민국 안에 친일 잔재와 수구적 요소를 극복하는 것이 중요하다.

　대한민국에서 克日은 일제 잔재의 청산이며, 정치경제 힘겨루기에서 이기는 것이며, 문화와 정서적으로 日色을 탈피하는 일이다.

　역사를 잊은 민족에게 미래는 없다. 되풀이하는 것처럼 보이는 역사에서 교훈을 얻지 못하면 미래가 불투명하고 꼬이게 되는 건 분명하다. 그 과정의 중요한 교훈은 친일 역사를 반성하고 일본의 영향력을 극복하는 것이다. 그것은 우리에게 고통을 안겨주었던 비극의 역사를 종식시키는 일이 되리라 믿는다.

(안산타임스 2019. 12. 2)

달항아리 경제

　여기 달항아리가 있다. 보름달을 닮은 풍만하고 미려한 선이다. 백자 계통이라 색깔도 순백색이나 미색을 띤 은은한 멋이다. 볼수록 흐뭇하고 편안하다. 집안 장식장에 들여놓으면 거실이나 방안에 화기애애한 분위기를 자아낸다.

　이런 통계가 있다. 세계 최고 갑부 50인의 재산이 지구 절반의 인구 35억명 재산보다 많다. 우리나라도 예외는 아니다. 상위 계층 10%의 부가 하위 50%의 부보다 많다. 부의 편중이 심하면 중산층이 현저히 감소하는 등 양극화와 사회 갈등이 깊어진다. 이는 피라미드 경제 모형이기도 하다. 그래서 피라미드가 아닌 달항아리 모양으로 경제 발전 모형이 변화하길 바란다. 달항아리 모형은 소득분포와 인구분포를 통해 경제가 어떤 모양으로 발전해야 좋을지를 예시해 준다.

　지난 10월 22일과 29일 통계청에서 경제 상황을 볼 수 있는 조사를 발표하였다. 임금 취업자 2천30여만 명 중 임금이 월 400만 원 미만인 직장인이 82%, 400만 원 이상인 직장인이 18%이다. 자세히 보면 100만 원 미만이 9.7%, 100~200만 원이 24.3%, 200~300만 원이 31%로서 300만 원 미만이 65%를 차지한다.

　100~200만 원 층은 대부분 중소기업, 소상공인, 서비스업 등에서 종사하는 노동자일 것이다. 하여튼 가족 수에 따라 차이가 나겠지만 대부분 빠듯하게 살고 있다.

　또한, 취업자 중 비정규직이 1년 전보다 86만 7천 명이 늘어났다는 발표이다. 이런 결과에 조사방식을 두고 설왕설래가 있지만 그래도 충격적이다. 정부가 비정규직을 정규직화하는 정책을 중점적으로 추진하고 있었기 때문이다. 대한민국 국민 660만 이상의 비정규직이 줄지 않고 있는 현실이다.

얇은 지갑과 불안한 고용상황을 개선하기 위한 경제 해법은 역사적으로 크게 두 부류가 있다. 하나는 보이지 않는 손이 역할하도록 자유시장 경제 논리에 맡겨 놓으면 낙수효과나 대기업 수출 위주의 성장 경제를 통해 발전한다는 것이다. 이는 전통적이거나 신자유주의적인 견해가 농축된 이론이기도 하다. 또 다른 하나는 경제를 시장논리에 맡기면 여러 부작용, 즉 상대적 빈곤과 양극화, 불평등 현상 고착화가 개선될 여지가 적으므로 경제 체질을 바꾸자는 것이다. 그래서 중소기업, 노동 위주의 정책을 강조하는 경향이 있다.

현재는 이런 대별되는 논리들이 서로 영향을 주고받으며 조금씩 변화를 모색하고 있다. 과학기술의 발달과 민주주의 발전이 경제 논리의 융합과 통합 분위기를 만들고 있기 때문이다. 정부에서는 포용경제를 통해 대기업, 중소기업 상생과 기업주와 노동자의 협력을 강조하는 정책을 추진 중이다. 대기업도 중소기업, 노동조합과 수직적 관계보다는 수평적 관계로 전환하는 추세를 인정하는 분위기이다. 이러한 추세가 정착되고 발전해 간다면 경제 상황은 분명히 나아질 것이다.

소득격차와 고용불안정 같은 사회적, 경제적 불평등은 근본적으로 없을 순 없다. 우리 각자는 이미 어떤 특정 사회의 특정 지위를 갖고 태어나며 그 성격은 인생이나 제도에 실질적인 영향을 미치기 때문이다. 그러나 재산이나 일자리, 권력이나 사회적 지위의 격차와 불평등을 허용하더라도 개개인의 불평등 손해를 보상하는 제도와 시스템을 만드는 것이 우리 모두의 과제일 것이다.

이런 의미에서 기본소득이나 따뜻한 시장경제라는 제도와 논리가 새삼 큰 의미로 다가온다. 실제로 기본소득은 유럽과 캐나다, 인도, 알

래스카에서 시범적으로 도입되고 관심을 모으는 중이다. 우리나라도 아동수당, 청년수당, 농민에게 기본소득을 도입하고 있고 준비하는 중이다. 또한, 따뜻한 시장경제라는 테마는 故김근태 의장의 경제학자다운 소신이었고 사람중심 사회적 약자우대 경제론으로 문재인 정부의 정책에 혼합되어 있다.

이러한 경제 환경의 변화와 관점의 혼용은 좀처럼 나아지지 않는 상대적 불평등과 빈곤에 대한 대안 모색의 결과일 것이다. 동시에 다 함께 잘 살자는 민족정신과 대동정신의 소산이기도 하다. 이런 흐름이 민주와 평화라는 패러다임을 더욱 공고히 형성 발전시키고 심각한 대립과 분열을 막아내는 합리적인 수단임은 확실하다.

다시 달항아리 경제를 생각해 본다. 소득의 상층부와 하층부가 지금의 피라미드형 불평등보다는 훨씬 개선된 모양이다. 중산층이 더욱 두터우며 중소기업이 중심 역할을 강화하고 경제체질과 경쟁력이 향상되어 비정규직이 현저히 줄어든 내용을 담고 있다.

미려하고 온화한 백색, 미색으로 사회적 갈등과 분쟁을 완화하는 원만한 형태이다. 이런 달항아리 경제에서 더욱 발전한 경제는 국 사발이나 대접처럼 상층부와 하층부의 격차가 현저히 줄어든 모양이다. 그런 세상으로 발전하기 위해 원만한 달항아리 경제를 달성해야 한다. 그리고 가까운 미래에 대접모양으로 발전해 가길 바란다. 다만 지금은 정부도 경제계와 노동계도 기존 논리와 경험치를 고수할 것이 아니라 새로운 시도와 협력을 도입하고 추진할 때이다.

(안산타임스 2019. 11. 11)

과학기술의 명암 - 두 얼굴

4차산업 혁명을 향한 열망이 화산처럼 폭발하고 있다. 2016년 다보스 포럼에서 촉발한 4차산업혁명의 파고는 세상을 지배하는 중이다. 나라마다 추격하고 선두로 나서기 위해 과학기술 역량을 집중하고 있다.

1760년대 1차 산업혁명 이후 증기기관부터 전기, 컴퓨터, 인터넷에 이르는 3차 산업혁명까지 인류는 숨가쁘게 달려왔다.

정보통신기술(ICT)의 발달로 이제 빅데이터, 인공지능, 자율주행 등 디지털 지능시대가 도래하였다. 이를 두고 전문가들은 진정한 4차 산업혁명인지 아직은 3말 4초의 산업혁명인지 논란의 여지를 남겨두고 있다.

여하튼 과학기술의 발달은 인류 생활의 편리함과 발전에 기여하고 있다. 교육과 학습이 수반되면 양질의 일자리가 대폭 증가한다. 일부 사람의 수명도 미래학자의 예측에 따르면 200살, 300살을 넘길 수 있다고 한다. 협동로봇이 인간을 돕고 모든 사물이 원격 조종되며 회사와 공장은 자동으로 분석하고 결과물을 생산한다. 이처럼 편리한 세상을 상상하기만 해도 즐겁다.

그러나 과학기술의 발전이 장밋빛 청사진만 제시하는 것은 아니다. 비근한 예로 일본이 반도체 소재 수출 제한을 무기로 경제 제재를 시도한 것은 과학기술의 사용법에 많은 시사점을 주고 있다.

그들은 경제보복을 통해 정치적 목적을 이루고자 한다. 원천 과학기술을 과거의 침략에 준하는 경제 전쟁처럼 수단화하였다. 그 덕분에 우리는 에칭가스나 불화수소, 포토레지스트같은 전문용어도 알게 되었다. 비로소 소재, 부품과 장비까지 일본 의존도를 줄이고 국산화에 주목하게 되었다.

이런 효과는 경제 체질을 바꾸는 흐름과도 일맥상통하는 것이다. 이는 과학기술 응용의 잘못된 점과 별도의 부수적 효과가 이루어지는 사례이기도 하다.

그리고 과학기술의 발명과 연구, 투자에 있어 독점적 지식 획득이 사회적 불평등을 강화할 우려가 있다. 과학기술의 신 개척지에 인간의 소유욕이 작용하면 그 당시 사회의 강자가 독점하는 경향성을 띠게 된다.

예를 들어 빅데이터를 가지고 신기술을 적용한 바이오 신제품은 어떤 계층에게 혜택을 줄 것인가? 당연히 구매력이 있는 상류사회일 가능성이 크다. 아마도 최신 최고의 줄기세포 의약품은 평범한 서민이 접근하기 쉽지 않다.

과학기술의 적용과 혜택이 상층부로 편향되게 흐를 가능성이 높다는 이야기다. 그래서 그 발전의 상낭 부분은 사회의 상층부가 차지하는 게 현실이다.

MS의 빌게이츠나 애플 스티브 잡스, 구글의 창업자들은 IT분야로 세계적인 갑부가 되었다.

과학기술의 신화를 이룬 이들의 부는 천재성에 기인하였고 한편 사회현상이 뒷받침했기에 가능했다. 과학기술의 지식재산권 보호와 인정제도 등이 그것이다. 때문에 과학기술의 수요자들은 막대한 사용료, 원천기술 로열티를 지급하지 않을 수가 없다. 과학기술 소유자는 영구적인 기회를 배타적으로 확보하게 되었다. 1등만 기억하고 2등 이하는 필요 없는 경우이다.

마치 자연선택에 의한 진화라는 진화론의 아이디어를 다윈보다 몇 년 늦게 생각한 러셀 윌리스를 우리들이 전혀 모르는 것처럼 말이다.

동시에 과학기술은 군사력과 정보수집 등에 있어 과거 제국주의 시대부터 현재까지 침탈과 속박의 최첨병 수단이 되었다. 과학기술과 제국주의는 서로서로 이끌고 밀어주는 관계였다. 신대륙발견과 식민지 건설은 수학, 화학, 의학, 천문학, 식물학 등의 발전에 기초하고 정치와 경제와 종교라는 이해관계의 소산이다.

　지금까지 과학기술이 가진 양면을 간략하게 살펴보았다. 인류의 생활을 획기적으로 변모시켜줄 과학혁명의 긍정성을 과장해서 강조한다 해도 지나치지 않을 것이다. 그러나 과학은 자신이 발견하고 발전시킨 것으로 무엇을 할 것인지 스스로 결정할 능력이 없다는 점에서 무엇을 보완해야 할지 제시할 필요가 있다.

　과학기술의 발전이 가급적 우리 모두의 삶을 윤택하게 하도록 길을 만들면 좋겠다. 그것은 독점을 지양하고 1등만 기억하는 경쟁을 완화하는 데 있다고 믿는다. 그것은 공유와 협동이라는 공유 경제일 수도 있고 지속가능한 세상에 기여하고 이바지하는 사람중심 과학일 수도 있다.

　로봇과 자동 설비내지 단순노동을 대체할 솔루션으로 줄어들 일자리를 보완할 대책도 필요하다. 아담스미스가 국부론에서 이윤은 재투자로 이어져 고용인이 늘고 생산성을 높이면 공동체의 부와 번영을 늘리는 기초가 된다고 한 바가 이루어지길 기대한다.

　또는 기술의 진보가 노동친화형 내지 협동형 일자리(우버형)를 많이 만들어 양극화에 대비하였으면 한다. 이는 우리 공동체(코뮤니티)를 건강하게 하는 진정한 과학혁명일 것이다.

(안산타임스 2019. 10. 28)

혈통

히말리아를 자랑하는 대륙이/동터오는 빛을 흠뻑 적시며/소금기 알맞게 배여있는/자기 몸통 동쪽을/천지개벽 진땀 흘리신/하늘님께 어떠냐며/선을 뵈는데/그 이름이 한반도라…

언젠가 동남쪽 섬나라가 자발없이 으스대며/제멋대로 난장대어/낭패를 당하신 터라/아서라 손사래를 치시니/해마다 태풍일어 혼쭐이 났었는데/금강태백 골격인/한반도를 보시자/단단한 강골 살아 있어/누가 본들 믿음직하여/하늘님께선 흡족하시었다.

그러나 그토록 이쁜 한반도는/다반사로 속상할 적 많은데/대륙에서 주인 노릇하는 족속들이 흙먼지 뽀얗게/넘보기를 수차례/욕심껏 반도를 지분거렸지만/맏형 고구려가 나와/꾸짖어 가로되/'욕심부리면 국물도 없지비/미련두지 말고 냉큼 돌아 가거라'/백두 기상과 천리장성으로 반도를 지켜내어/대륙 족속은 어쩌지 못하고 눈치만 살피는데/아뿔싸! 너무 갖고 싶은 나머지 막내 신라가/잠시 그들을 끌어들여/북쪽 일부를 떼어주고/통일을 이루지만/사사건건 빌미잡혀 성가시기만 한데…

그런 사정 잘 아는 하늘님께서/당신에게 소중한/저 귀한 반도에/달빛미소 머금고 쓰다듬 듯/글과 가락과 솜씨를 내려/스스로 지킬 힘을 주시니/반도인은 집안 단속만 잘하고/무엇이든 대륙에게/배울 점은 배워서/내 것으로 바꾸는/능력을 갖추고/단군 자손에 걸맞게/부끄럼 없이/삼가 처신을 바로 하는/품격을 쌓으니/그것이 전통과 혈통이라!

반도인 피에는/진한 소금기와/금강송진 섞이어/기질 옹골차고 성품

온화하여/티 없이 맑은 하늘 옥색과/흠 없는 상징 흰색과/잘 어울어진 까닭에/하늘님 자랑하는/아침 밝아오는 디전이 되었지.

그런 세월 시나브로 흐르다가/버림받은 섬나라가/대륙의 아우뻘인 유럽에서/기술과 무기 잔뜩 얻어와/殺氣로 무장하고/심줄 강한 한반도 집어 삼키고/대륙 속살까지 후벼 파는데/하늘님께선 진노하여/지진같은 호령과/곤장을 가해도/내리는 벌과 매를 피해 갈 요령을 터득하고/서슴없이 참람을 해대니/어이하여 반도가/하늘님 마다한 섬나라에/한때 넋 잃고 얼을 빼앗겼는지/부끄럽지만 살펴봐야 할 일인데…

하늘님이 푸대접한 섬나라/사무라이 싸움꾼이/반도를 넘보는데/대륙 족속보다 치밀하게 그동안 받은 서러움/한풀이 하 듯/반도인 순박한 성품에/귀무덤 코무덤/섬뜩함을 심어놓고 그것도 모자라 영혼 녹아있는 핏줄을 끊으려/하사받은 글과 가락을/비틀고 시샘하며/솜씨 좋은 장인들을 보쌈하면서/마침내 36년간 칼부림으로/씻을 수 없는 죄를 짓는데/하얗고 맑은 하늘이/전부인줄 알고 살던 반도인은/섬나라가 들이댄 철갑선/대포신무기에/굳센 기질 약해지며/혼백이 잠시 얼어붙었으나/모든 걸 버리고 조국을 우려낸/영웅들 계셔 한반도를 지켜낼 수 있었지./한 고개 너머 또 한 고개/제국들이 평화와 독립을 미끼로/자기편 만드는 꼬임에 넘어가/한반도는 숙성된 혈통 변질되고/심보는 비슷해도 색깔이 다른/냉전중인 대륙 양편으로 나뉘어져/그나마 지켜낸 자존감 옅어지며/하늘님이 칭찬한 금강불괴는 온데 간데/뜬금없이 물질 숭배 편승하게 되어 가네.

고로 끈끈한 피 묽어지고 영혼이 좀 먹어/급기야 서로 주먹질하며/극심한 다툼 벌어지는데 섬나라가 전수한/끔찍한 죽임 난무하는 참극/아물지 못할 가슴속 상처로 남아/원수처럼 오래동안 이를 가는데/

하늘님은 여전히 반도인이 가여워/금강뼈 태백뼈가 온전한 강골로/
어서 돌아오길 바라시며/노심초사 굽어보고 계신게지.

이토록 반도인은/섬나라가 자행한 죄/징벌도 못하고/피부치 심장을
겨눈 쓰라림으로/맥박 약해지고 애 간장 녹으니/고절했던 기질 허공
에 흩어져/점차 하늘님과 소통하던/신화 사라져 가고/섬나라가 일찍
이 맛을 본/감미료와 향신료가 물밀듯 밀려와/속절없이 급한 경쟁심
만 생기고/도대체 삶의 기술 이골나게 많아지는데…

신화 사라지는 자리에 대신 들어서는 건?/철조망과 전기선, 도로,
보이지 않는 전파선/거미줄이 빼곡하게 엉켜있어/반도인은 서로를
이리저리 연결하건만/금강과 태백의 싱싱한 뼈심/하늘을 대신한 옥
빛/잡티 섞이지 않은/순수가 어울린 기질과 끈기는 발효되지 못한 채/
신화의 맥 끊어져 가는데…

언제부턴가 사는데 필요한 알음알이가/인터넷 스마트폰 네모상자
에 들어있어/피와 뼈에 녹아있는/전통을 몰아내고/재빠르게 삶의 기
술/터득해야 살아남으니/신화 세대들이 일궈온 알토란같은 텃밭은/
황금만능 산사태로/망가져 가고/하늘님이 듣고자 기다려 온/숙성된
귀한 이야기는/끊어지고 사라지며/별반 금강 태백 뼈를 통해/진국을
우려내기 쉽지 않은데…

이제 다시 신화를 되살려/우리 싱그런 뼈심/끈적한 핏줄을/하늘님
바람대로 숙성시켜 갈/반도인 마음 휘어잡는/뜻 모아지는 때 언제쯤
인가!

반도인끼리 서로서로/우리가 되어/해풍 소금기 금강송진 끈기로/삼
팔선 쓰라림을 붙여서/그 옛날 하늘님 바라신대로/값진 신화 멋지게
엮어 갈 /마음들은 어디 있는가!

잠시 떠나 있던 하늘빛 옥색과/잡티 없는 순백으로/하늘님 걱정 덜

어 낼/기질과 끈기 드날릴 날은/어지간히 오고 있는가!

　아주 숙성된 글과 가락과 솜씨로 /한반도 신학는 다시 어떻게 갈 건가!

(안산정론 2021. 2. 17)

산업혁명과 과학문명과 民生

AI, 로봇, 5G, 빅데이터, 클라우드, 자율 주행 등 4차 산업혁명을 대표하는 말이다. 디지털 기술 혁신 단어들은 자고 일어나면 들린다. 모든 게 자동화되면 사라질 직업의 종류가 2만가지 이상이란다. 수입이 좋을 수 있는 약사, 경매사, 회계사, 심지어 야구 심판도 없어질 것으로 예상한다. 동시에 특수 고용 형태의 직업군과 운수택배업 등 노동집약적 산업도 커다란 변화가 있게 된다.

한편 첨단기술 분야의 새로운 직업군이 유망 직종으로 떠 올랐다. 정보 데이터 관리, 로봇 공학자, 생명·환경공학, 신재생에너지등 하이테크놀로지 직업이 각광을 받고 있는 중이다. 이러한 추세는 과학기술의 발전과 더불어 불패 신화를 이룩해 갈 것이다. 이러한 변화에 맞추어 사람들은 미래를 대비하기 위해 분주한 상황이다.

과학 문명의 급속한 발달은 인류의 풍요를 가져 왔다고 한다. 과학을 통해서 세상에서 알지 못했던 원리와 현상들이 속속 밝혀지고 있다. 사람의 능력 한계가 어디까지 인지 궁금할 정도이다. 지금 추세라면 미래의 인류는 과학문명의 혜택을 더욱 구가할 것이다.

그러나 인류의 미래가 과연 행복할 것인지 묻는다면 자신있게 대답할 수 있을까? 미래 적합 직종에서 일할 경우는 대체로 긍정적 반응을 보일 확률이 크다. 그렇더라도 본격적인 디지털 환경시대에 인간의 고립감은 커질 것이다. 지금도 혼밥, 혼술족이 많은데 가까운 미래에도 사람들과의 언택트 문화는 증가할 것으로 보여진다. 코로나 19로 촉발된 비대면 문화의 확산은 4차산업 디지털 혁명을 가속화시키는 측면이 있다. SNS와 온라인 생태계를 활성화시키는 반면에 사회의 돈독한 유대감의 총량은 줄어들 것이다. 여기서 나타나는 개별화와 특수성은 많은 경우 인문 상식이 부족하거나 사회적 병리현상을 일으킬 가능성이 높다고 볼 수 있다. 사회 공동체가 가진 보편적 윤리나 덕성을 향유할 기회가 적어지기 때문이다. 이렇게 과학문명은 풍요와 동시에 결함을 가지고 있다. 그러므로 인류의 미래 과학 발전을 맹신하지도 말며 과신하지도 않는 자세가 필요하다.

미래학자이자 경제학자인 자크 아탈리는 '미래의 물결"미래 대예측'이란 유명한 저서를 남긴 학자이다. 그는 AI, 디지털 시대도 민생과 접목되어 있지 않으면 의미가 없다고 단언한다. 기술, 환경, 일자리가 사회의 지속 가능성과 관련이 있을 때 가치가 있다는 해석이다. 4차산업 혁명으로 일군 과학기술의 성과는 태양처럼, 대지처럼 이타적으로 작동했을 때 유의미하다는 뜻이 담겨 있다. 과학기술 발달이 물질문명을 이루고 그 성과와 열매가 편중되거나 독식될 가능성이 크기 때문이다. 미래로 갈수록 개인간, 사회간 지식과 기술 격차는 벌어지고 기술간, 사람간 경쟁은 심화되어 간다. 사회 제도가 이러한 편차와 경쟁을 효과적으로 완화하고 대응하지 않으면 안된다. 만일 과학기술문명이 폭주하는 기관차처럼 질주한다면 미래는 독점과 정신과 병동이 번창할 가능성이 농후하다.

물질문명의 거대한 발전은 폭주 기관차가 아니라 요람처럼 꾸며놓은 열차를 운행하면 좋겠다. 그 열차는 누구나 무임승차 할 수 있는 관광 열차로 운행되어야 한다. 요람 열차는 탑승할 사람을 제한하지 않고 비둘기호처럼 평화롭고 안락해야 한다. 삼등 완행 열차같은 분위기의 보편주의가 과학문명의 얼굴이길 바란다. 아무리 4차혁명 시대이며 디지털 과학문명이라 하더라도 자연의 겨자씨 한알, 풀 한가닥을 만들지 못한다. 다만 자연이 만들고 운행하는 원리를 배워나갈 뿐이다. 그러한 기본 원리를 조금 먼저 알거나 차지하였다고 사람간에 불평등이 심화되거나 확산된다면 그것은 천리에 反하는 행위이다.

민생이 안정적으로 유지되고 활발하게 살도록 기여하는 과학기술이 진정한 과학 문명이다. 4차산업 혁명도 역시 그러하다. 그러므로 모든 과학적 탐구와 성과에 공정과 평등성이 내재하도록 관리할 필요가 있다. 모든 사회제도의 건실함의 정도는 국민 수준과 역량과 비례한다. 그래서 민생이 건전하다면 모든 과학 기술 발달은 부작용이 적게 된다. 4차 산업혁명의 과실이 골고루 익으려면 튼튼한 민생이 토대이다. 과학기술 문명은 그 토양위에서 자랄 뿐이다. 과학기술 발달이 민생을 발전시키는 것이 아니라 건강한 민생이 올바른 과학기술을 발전시킨다.

(안산정론 2020.11. 11)

완장+특권세력의 짬짜미를 줄여야

대한민국은 오천년 이상의 보편적인 공동체 문화가 유지되고 있는 나라이다. 우리 국민은 교육과 입신에 대한 관심과 자아 실현의 열망이 매우 높다.

그러므로 서로 존중하며 존대말을 쓰며 對敵的이기 보다 相依하는 문화가 심성에 내재되어 있다. 음주가무에 뛰어난 공동체 문화와 낙천적 안빈낙도의 풍류가 있는 대동사회의 기질이 잠재되어 있다. 대동이란 가치를 구현하는 가르침은 우리의 오랜 전통사상에 면면히 녹여져 있다.

일찍이 최치원(857~?)선생께서 남기신 우리 민족 태고로부터 내재한 철학, 우리의 고유한 기질, 삶의 태도를 風流라고 정리하신 것처럼 문화 민족의 자질은 우리가 세계 최강이다.

이렇게 우리민족은 고유한 내면적인 심성과 그 바탕에 깔려있는 공동체성의 본질을 가장 고도의 문화적 사유로 통찰하면서 간직하고 있다.

그것은 통합과 통찰의 일원론적 사상을 유구한 역사에서 습득한 전통문화이며 외래한 대립 투쟁의 이원론적 역사발전이라는 근래에 도입된 상식의 문제점을 자각하고 일깨우는 고유한 본질적 힘이다.

이와 같은 위없는 문화를 담지한 우리 민족이 열어 가야 할 미래는 세계 평화에 기여하는 획기적이며 괄목할 혁신이 된다. 그러므로 우리에게 있는 비인간적, 비공동체적 요소를 스스로 버리는 의식개혁과 가치전환의 문화 운동을 전개해 가야 한다고 강력히 주장하고 싶다.

이는 근세기에 도입되어 우리에게 영향을 준 이원론적 세계관으로부터 형성된 모든 관념은 갈등과 대립을 불러 일으키고 있다고 생각하기 때문이다. 그리고 심각한 갈등의 병폐를 사회적 약자들에게 전가시킬 뿐이라는 인식이 널리 확고하게 자리잡아야 한다. 대립 유발적 사고에서 사려깊은 포용 우선적 사고로의 전환은 우리사회의 근본적 불평등과 서민 대중의 고난을 치유하는 처방이 된다.

촛불 혁명이 광범하고 다양하게 사람들에게 시사했던 것도 인간 존엄을 해치는 모든 대상화를 통한 비주체적 변환을 불식하고 자유의지에 입각한 스스로의 변환을 이루는 자존의 완성이었다. 따라서 사회적 구성원들의 공존·공영에 저해되는 요소들에 대한 깊은 헤아림이 있어야 하며 급격히 형성된 고정된 가치와 상식의 재점검이 요청되는 사회로 진입하고 있음을 우리는 자각해야 한다고 믿고 싶다.

그래서 우리 인간의 가치를 보존하고 시대개혁을 통해 전 국민의 역량을 모으고 새 시대로 힘차게 나아가려면 적폐라는 갈등 유발형 말보다는 문화적으로 접근했어야 했다. 바로 군사문화나 완장문화를 개혁하자는 문화운동이 더 적합하다는 문제제기 이다.

과거 일본순사가 완장을 차고 니뽄도를 철컹거리며 전국 방방곡곡에서 만행을 저질렀다. 해방후 서북 청년단, 헌병등이 완장을 차고 몹쓸 짓들을 벌였다. 동시에 북쪽을 지지하는 인민위원회 행동대원들도 팔뚝에 완장같은 붉은 띠를 두르고서 부역자들을 탄압하였다. 그리고 박정희 군사쿠테타에 나선 군인들도 완장을 차고 있었다. 그래서 국민 모두는 그 완장과 군사문화가 공포의 대상이었다.

완장문화는 탄압이었고 서열이었고 목숨줄이었으며 계급이었고 차별이었다. 그것이 지금까지도 우리를 힘들게 하는 편파적 기득권을 생성시키고 전파시킨 머리속에 남은 잔상이며 불평등으로 작용하는 유형물이었다.

그 유형물이 특권의식을 배태하고 공동체를 파괴하고 사상대립을 통해 자생살타의 악순환을 만들었다. 소위 경쟁사회를 모토로 한 특권층 짬짜미, 인텔리 카르텔이 세상을 주름잡고 있다. 그리고 짬짜미와 카르텔간의 또 다른 분화와 갈등이 고조된 사회가 되었다. 나아가 사람들을 정치·경제적 세계로부터 탈락과 소외시켰다. 또한 우월한 인간 그룹에 끼지 못한 열패자를 양산하며 지배자가 될 수 없는 피지배의 영역에 국민을 몰아넣었다.

그러므로 그것을 버리고 폐기하자는 문화운동이 적폐청산보다 훨씬 근본적이고 실효적 정책이다. 우리가 세계 선진국 대열에 들어선 지금 적폐라는 어쩌면 개발도상국에서 쓸 것 같은 단어로 미래를 열어갈 수는 없는 한계가 있다. 정치인, 관료, 법조인, 의료인, 금융인, 재벌, 토호세력, 그리고 각 개인이 가진 차별과 불평등 요소를 스스로 완장을 벗듯이 버려야 한다. 그리고 선민의식과 스카이 중심의 피라미드형 족벌사회라는 극히 형식적이고 기계적인 反공동체 서열문화를 일소해 가야 한다. 老子가 말한 상부 기득권에 대한 흠모와 인정을 버려야 국민사이에 쟁투가 사라진다는 이치를 도입해야 한다.

그런 문화 운동에는 지금처럼 무조건적으로 대책없이 흉포한 감정을 동원하여 반대할 사람이 많치는 않을 것이다. 완장문화 청산은 무역과 경제력에서 세계 10위안에 들어간 선진국 대한민국이 취사 선택할 수 있는 수준있고 품격있는 사회 변동의 모멘텀이다.

동아시아에서 일본을 앞지르며 중국에 당당히 어깨를 견주면서 세계를 선도하는 핵심 문화국가의 동력이 여기에 있다. 적폐라는 자기 부정적 말은 폐기하고 누구나 양심과 양식에 꺼리고 있는 오만과 불손과 배타성을 담지한 완장 군사문화를 쇄신하는 문화 운동에 온 국민들이 함께 나서주길 바라는 신 개혁운동을 설계하고 그려나가야 할 때이다.

(안산정론 2021. 4. 28)

보궐선거의 단상

적폐청산이란 말의 쓰임새에 대해 다시 생각해 본다. 적폐는 공정하고 정의롭지 못한 일체의 행위와 결과를 지칭한다. 우리의 역사 속에서는 친일과 독재가 적폐에 해당한다. 사회 속에서는 위법한 기득권 유지와 횡포, 권한 남용이 있겠다. 제도적으로는 유전무죄 무전유죄와 같은 불평등 구조를 뜻하고 있다. 정신사상 측면에서는 상호 배척하는 좌·우론에 입각한 도그마가 대립의 원점에서 편향과 편견을 일으키고 오해와 증오를 양산하고 있었다. 그래서 이 모든 것이 합쳐져서 인간 존엄의 상실과 심각한 부의 편중으로 사회 경제적 양극화를 심화시킨 원인으로 작용하고 있는 중이다. 그래서 발생하는 끝이 없는 갈등과 소모적 대립에 전사회적 에너지와 비용이 헛되이 쓰이는 누적된 폐단을 쇄신해야 한다는 과제를 적폐청산이라고 제시하게 되었다고 생각한다.

그러나 이와 같이 뜻이 좋은 만큼 절대적 다수가 찬성할 것 같은 적폐청산이란 목적에 모두 흔쾌하게 동의하지 않는 이유가 무엇일까? 그로 인해 적폐청산이란 기치 하에 벌어지는 여의도 정치와 광화문에서의 극한 대결양상은 보편적이며 범국가적으로 지향해야 할 공동체의 덕목과 가치를 갈기갈기 훼손하며 지역간, 세력간 혐오와 무시는 어째서 사그라지지 않는 것인가?

우리 일부 국민이 기득권층을 중심으로 아직도 여전히 낡은 사고와 무지에 사로잡혀서 인가?

아니면 코로나19 팬데믹 상황에서 성공적인 K방역을 통해 위기상황 대처와 경제 성장률 방어에 안착했음에도 부동산 폭등과 양극화

해결이 미진한 데 따른 문재인 정부의 한계가 핵심적 원인으로 작용한 것인지도 모른다. 그리고 더 나아가 어떤 이유와 원인들이 있는지 전체적인 총체적인 분석이 필요하다고 생각한다.

우선 첫째는 사회 문화적인 요소에 대한 고려가 적폐청산이란 계획에 결여되었다고 말하고 싶다. 정책 추진에 중요하게 감안해야 할 사람의 생존본능과 생활양식을 포함한 삶의 문화라는 측면을 간과했다는 생각이 든다. 적폐라는 말 그 자체가 긍정적 문화이기 보다 부정적 속성을 가져서 사람들을 기분 나쁘게 한다는 점이다. 헌법에 기초하여 사람중심 세상을 만들고자 한 정신에 비추어 볼때 개혁 과제의 핵심 단어로 적폐청산의 선택은 그 정신에 부합하지 않으며 조리에도 맞지 않는다.

둘째 개혁과 혁신이란 밑그림에 적폐라는 요소는 구조와 제도뿐만 아니라 사람을 대상화하고 있다. 적폐라는 단어에는 사람이 포함되어 있기 때문이다. 잘못을 고치려면 그 행위의 당사자인 사람이 들어가 있는 것이 당연시 된다고 생각하기 쉽다. 하지만 사람들의 생각과 행태의 속성상 구조와 제도의 청산보다는 상대방에 대한 비판위주로 흘러가서 해당되는 사람들에게 화살을 쏘아대며 포커스를 맞추기 십상이다. 즉 사람간, 세력간 대립을 구조화하는 것이다.

대상화 한다는 것은 나는 옳고 너는 글렀다는 부정형이며 공격하는 적대적 측면이 도사리고 있다. 그래서 적폐청산이란 국가적 과제를 정부와 정치의 중요 선결과제로 제시할 경우엔 갈등의 격화는 뻔하다. 포용과 관용이 들어설 여지를 두지 않고 대상을 처음부터 쳐내고 부정하고 몰락시키려 한다는 반발을 초래할게 너무 자명했다.

셋째 누구나 적폐 청산한다고 하면 자신을 살펴보게 되고 포함된 것은 아닌지 자문하게 된다. 그러므로 이것 자체가 삶의 스트레스로 작용한다. 울고 웃고 아리고 쓰린 인간사회에서 스스로 자신이 적폐라고 밝힐 사람이 얼마나 되겠는가? 가장 살아있는 적폐의 정점인 전두환도 자신은 떳떳하다고 주장하고 있으며 그 아류들과 그들을 지지하는 태극기와 이스라엘기를 들고서 아우성인 많은 사람들에게 적폐청산이란 정신을 수긍하는 성찰적인 판단이 내재되어 있겠는가?

 더구나 역사 속에서 알게 모르게 어쩌다가 어쩔 수 없이 목숨 부지를 위해 부하뇌동한 수많은 사람들의 자신들과 가족들의 심성에 상처를 주는 단어 선택이지 않겠는가? 그래서 적폐청산이란 문재인 정부의 정책 판단은 설계할 때부터 한계상황에 부딪칠 수밖에 없는 문제점을 내포하고 있었던 것이다. 이번 보궐선거에서 민주당이 패배한 원인 중에 하나이다.

(안산정론 2021. 4. 14)

상호관용과 제도적 절제

극단적 분열과 대립을 가져오는 시대상을 개탄한다. 그러나 그리 낯 설거나 생경한 것은 아니다. 우리 국민은 이미 죽고 죽이는 생존게임의 사선을 넘은 경험이 있어서인지 웬만한 갈등에는 눈썹하나 까딱하지 않는다. 싸우고 면박 주는 여의도 정치쯤은 즐기는 수준이 되었다. 정치인들의 말싸움과 행동은 무슨 의미인지 슬쩍 보면 다 아는 수준이 된 것이다. 소위 불구경, 물난리, 싸움의 3대 구경거리에서 정치 다툼은 이제 그다지 최고의 하이라이트라고 생각하지 않는다. 우리 국민이 그런 수준이 아니라면 세계에서 자랑할 만한 K-방역, 국력 세계 8위를 달성하지 못했을 것이다.

대한민국은 불과 70년 전에 세계 최빈국으로 동족상잔의 비극이 넘치던 나라였다. 좌우대립과 극한 이전투구가 성행하며 자본주의 단점과 병폐가 지배하던 사회였었다. 그런데 대한민국은 그 모든 한계와 결함을 이기고 성장 발전을 거듭하였다. 드디어 모든 경제 지표에서 세계 10위안에 들어섰다. 피식민지로서 식민지 본국 일본을 앞지르는 경우는 유일무이한 세계 기록이다. 이제 정치수준과 경제사회적 불평등과 양극화지표를 개선할 과제가 앞에 있다. 이 목표를 이루기 위해 우리는 무엇을 해야 하는가?

문재인 정부는 적폐청산으로 정치수준을 높이고자 하였다. 그리고 소득주도성장으로 경제적 양극화를 완화하고자 하였다. 그 수단 중에 가장 압축적인 힘은 촛불국민의 열화와 같은 응원이었다. 촛불국민은 낮은 정치 수준을 개선하는 데는 일제잔재와 독재 잔재를 일소해야 한다고 생각했기 때문이다. 그리고 재벌, 금융마피아, 관료 등 기득권을 약화시키고 국민 지갑을 두툼하게 하는 것이 불평등과 양극화 해소라고 보았다.

문재인 정부는 목표와 명분이 좋았다. 대통령의 선의는 거의 모든 국민한테 인정받고 있었다. 특히 남북평화와 대북 관계에서 긴장완화 및 통일의 희망이 현실에서 그려지기를 염원하였다. 평양 모란봉 경기장 연설과 도보다리의 회담은 그 길을 가는 멋진 리허설이었다. 국민들은 꿈과 희망을 가지고 문재인 정부의 성공을 빌었다. 그리고 양식 있는 국민들은 그 지긋지긋한 좌우 편향 이데올로기의 종언을 상상했다. 그러면서 국민들은 지난 지방선거와 총선에서 힘을 실어 주었다. 더 확실하고 분명하게 우리 대한민국을 선진국에 안착시키고 목표한 것들을 전부는 아니지만 인정받을 만큼 달성하라고 응원했다.

그런데 처음 설정한 목표와 명분은 사라져 가고 있다. 코로나 19 팬데믹 현상으로 국민들의 실생활이 힘들어 졌기 때문에 국가적 과제는 잠시 유보된 것인지 모른다. 하지만 그 때문만은 아니다. 일하라고 힘을 실어주었지만 더불어민주당은 국민의 소망이 담긴 힘을 제대로 사용할 줄 몰랐다. 여의도는 여전히 진흙탕 싸움판이었고 주요 인사정책은 일방통행식이었으며 부동산은 급등하며 젊은이들의 상대적 박탈감을 증폭시켰다. 여기저기에서 제도와 개혁방침의 운영에 미숙한 점이 두드러졌으며 목표를 이루려는 수단의 완성도가 현저히 미비했음이 드러났다. 급기야 상대적 불평등은 절대적 기득권들이 있는 한 어쩔 수 없이 유지될 것이라는 사회적 열패의식을 확인시켰다. 작금의 LH같은 일이 벌어진 것이다. 이 얼마나 민주 국민들의 자존심과 도덕성을 상하게 하는 한심한 상황인가? 그것이야 말로 우리가 개혁하려고 하면 할수록 더욱 강고하게 배타적 이익을 추구했던 안으로 썩어 있는 폭력적 적폐가 아니었던가?

이에 국민들은 놀라며 가뜩이나 힘든 판에 울고 싶은데 뺨을 때린 격이다. 그래서 문재인 정부는 국민의 비난 화살을 집중적으로 받을 수밖에 없다. 무엇이 문제였던가? 그중에 제일은 무엇인가? 첫째 처음 설정한 목표를 이루려고 낡은 대립적 관점을 수단으로 했기 때문이다. 대립이 아니라 상생의 관점이어야 했다. 상대가 아니라 상호라는 입장을 견지했어야 한다. 둘째 전략과 전술이 너무 많았을 수도 있고 개혁하고자 하는 과제를 너무 많이 설정했을 수도 있다. 그래서 그걸 다루는 역량과 일손이 딸리거나 미처 해보지도 못하고 과부하가 걸렸을지도 모른다. 아마도 개혁과제를 촛불국민을 의식하다보니 넘치게 잡은 것이 결국은 국가에 중요한 성과가 미진한 과유불급의 상황을 초래하게 된 것 같다. 셋째 개혁과제의 바탕에는 관용을 베푼다는 말보다 함께한다는 포용이란 관점이 더 중요하다. 그래야 我是他非, 내로남불의 반발을 상쇄시키며 제도적 합의의 가능성을 높일 수 있기 때문이다. 국회에서 반대편이 아예 무시하고 동참하지 않는 제도 개선은 한계를 가질 수밖에 없다.

이제 우리 대한민국은 일정한 수준에 오른 만큼 열심히 해야 하면서도 발등에 불 떨어진 상황처럼 허둥대거나 조급하게 국가대사를 처리할 일이 아니다. 좀 더 여유 있게 우리의 미래를 설계할 필요가 있는 것이다. 그런 안목을 가진 사람들이 여의도에 점점 많아지기를 바라는 마음 간절하다.

(안산정론 2021. 3. 24)

일부 언론의 가짜뉴스

우리나라에서 권위 있는 00경제신문의 2020년 12월 24일 일면 톱기사의 제목은 '화이자 백신 한국 내년 도입도 어렵다'이다. 기사에서는 '미국정부가 글로벌 제약사 화이자로부터 기존에 확보한 코로나 19 백신 1억 회분에 더해 최소 수천만 회분을 추가로 공급받는다. 선진국들의 '끼어들기'로 백신 추가 물량까지 다 쓸어가 버리는 모양새라서 한국은 화이자 백신 구매 계약조차 체결하지 못했기 때문에 내년도 도입도 어렵다'고 설명한다.

필자는 이런 기사에 대해 의문이 생겼다. 정말로 그런가? 책상에 놓여있는 우리나라의 내로라하는 경제지는 거의 매일 현 정부를 비판하고 있었다. 코로나 19 상황에서 K-방역이 세계의 모범이 되고 있지만 그런 성과는 아예 무시를 한다. '가계 빚 사상 최대, 일자리 감소 최대, 집값 최대 폭등' 경제지다운 지적을 쏟아내고 있다. 그러나 펜데믹 상황에서 OECD 국가 중에 가장 낮은 마이너스 성장을 이룬 성과에는 눈을 감는다. 서구 유럽을 중심으로 한 10%대 이상의 마이너스 성장과 비교하면 우리나라의 1%대 마이너스 경제 성장률은 어쩌면 신의 축복인지도 모른다. 이러한 K-방역의 성과는 정말로 고생하시는 의료진을 비롯한 방역 관계자와 국민의 협조로 이룬 쾌거이다.

이 경제신문의 기사 중에 선진국이란 표현이 있다. 선진국이 백신을 독점하기 때문에 대한민국은 제외되었다는 의중을 드러내고 있다. 기사를 작성한 기자는 대한민국이 세계 8위권의 실질소득과 10위의 무역 강대국으로 성장한 걸 인정하지 못하는 모양이다. 현실을 제대로 보지 않기 때문에 기사가 팩트를 다루기에는 한참 부족하다고 볼 수 있다. 아직도 과거의 개념으로 우리가 선진국이 아니라고 생각하는 모양이다. 우리의 현새 현실을 잘 모르면 기사가 제대로 나오지 않는 법이다. 선진 국민을 인정하지 않기 때문에 허위 조작 기사가 통한다고 생각하는 것이다. 더 나아가 우리나라가 개발도상국이나 중진국 어디쯤 있다고 생각한다면 모든 국민들을 모독하는 것이다.

2021년 3월 2일자 신문에는 "지난 주말 화이자 백신 첫 접종현장에서 '희망의 봄'이 우리 앞에 성큼 다가와 있음을 실감했다"며 "접종을 마치신 분들도 "홀가분하다", "일상회복이 멀지 않았다", "코로나 극복에 자신감이 생긴다" 등 벅찬 기대와 믿음을 감추지 않았다"고 전하고 있다. 그러면서 '사회 일각에선 백신 접종을 둘러싼 가짜뉴스가 기승을 부리고 있다.' '낙태아의 유전자로 코로나 백신을 만든다'거나, '접종받은 사람들이 발작을 일으키고 좀비처럼 변한다'는 등 터무니없는 혐오스런 내용으로 불신과 불안을 조장하는 경우가 많다는 것이다. 그래서 방역당국과 경찰에서 허위조작정보를 근절하기 위해 노력하고 있지만, 온라인상에는 아직도 이러한 정보들이 버젓이 떠돌고 있다고 한다.

또 다른 신문은 3월 2일 "백신 접종이 순조롭게 진행되고 있어 어제까지 2만3086명이 1차 접종을 마쳤다"며 "현재까지 신고된 이상반응 사례는 총 156건이지만 모두가 금방 회복되는 경증으로 나타나 백신의 안전성에는 문제가 없음이 실제 입증되고 있다"고 말하고 있다. 방역당국은 '코로나19 중앙재난안전대책본부 회의' 모두 발언에서 "3일간 연휴를 감안하면 현장의 접종 참여율이 높았다고 평가된다"며 "이번 주에 더욱 속도를 내어 한 분이라도 더, 하루라도 빨리 접종이 이뤄지길 기대한다"고 강조하고 있다.

이처럼 백신과 관련하여 이전과 이후에도 괴담 수준의 허위조작과 가짜뉴스가 횡행하는 이유는 공신력 있는 언론조차 버젓이 잘못된 정보를 기사화하는데 기인하고 있다. 더 이상 여론을 조작하여 어떤 반사 이득을 취하려는 언론이 존재하는 것은 사회를 혼란스럽게 하는 짓거리이다. 현상을 왜곡하려는 시도는 있으면 안 되거니와 우리 국민이 속지도 않는다. 무모한 가짜뉴스는 사라지길 바란다.

(안산정론 2021. 3. 3)

情에 기초한 사랑

'好古·好學' 이 두 단어는 긴밀히 연결되어 있다. 떼려야 뗄 수 없는 관계이다. 好古는 옛것을 좋아하고 好學은 학문을 좋아한다는 의미이다. 좋아한다는 말은 사랑한다는 말과 사뭇 다른 결을 가지고 있다. 좋아한다는 즐긴다는 뜻과 비슷하다. 좋아하거나 즐긴다는 말은 자신한테 집중하는 감성이다. 대상에 대한 일체의 미련이 없는 상태이다. 이모저모를 선험적 혹은 영靈적이든 경험을 따져서 싫으면 그만이다. 원망이나 미워할 이유가 별로 없다. 자신이 좋아서 그러했을 뿐이기 때문에 쿨(cool)하기 쉽다. 반면에 사랑한다는 말은 욕구와 비슷한 말이다. 결과가 나쁘면 원망이 생긴다. 그리고 밉다는 감정을 동시에 수반하게 된다. 그 사랑하는 상태는 대상으로부터 심하게 영향을 받는다. 그 의미를 새겨보고자 한다.

첫째 好는 스스로 선택한 감정이며 좋아하는 대상의 상태나 상황에 크게 영향을 받거나 간섭받지 않는다. 독립적인 결정이기 때문이다. 그러나 사랑한다는 감정은 상대방의 상황에 따라 많이 좌우되거나 흔들린다. 좋아한다는 것은 요산요수樂山樂水처럼 즐기거나 기뻐하는 감성이 내재되어 있다. 그런데 애산애수愛山愛水라고 한다면 산과 물의 상태를 선택하게 된다. 저 산은 좋은데 이산은 나쁘다. 이물은 좋은데 저 물은 맘에 안든다는 비교 결정을 하는 과정을 밟게 된다는 의미이다. 흔히들 기독교의 사랑이 아가페로서 무조건적인 내리 사랑으로 인식한다. 사랑은 오래참고 온유하며로 시작하는 신약 말씀에 기인한다. 그러나 과연 사랑이란 현상이 무조건적이며 무보상성을 끝까지 유지할 수 있을까? 사랑해서 가져오려는 반대급부에 대한 욕구나 감정이 필연적으로 생기지 않을까? 가족관계에서 보면 부모의 자식 내리사랑은 끝까지 유지될 가능성이 매우 많다. 그것은 하늘이 부여한 천륜과 피를 나눈 관계라 가능하며 매우 특화된 감성이다. 하지만 사회관계와 종교관계에서 항상하며 지속적으로 돌아오는 보상이 없는 사랑이 유지되는 경우는 흔치 않다. 그래서 신약의 사랑은 특별하지만 실현성은 매우 적은 것이 현실이다. 물론 테레사 수녀님 같은 성자는 있을 수 있다. 그러나 매우 큰 희생을 수반하게 된다. 다수의 사람들이 실천하기는 벅차다. 그러므로 사랑하려고 하지 말고 그냥 좋아하는 것이 보통 사람들이 조금 더 쉽게 할 수 있는 감성이라고 생각한다.

둘째 오래된 것을 좋아하는 것은 역사와 전통에 익숙한 상태라고 볼 수 있다. 역사를 좋아하면 공부와 지식의 습득은 물론 해박하게 된다. 그러나 역사를 사랑한다는 말은 매우 모호하다. 한국역사를 사랑한다고 할 때 한국 역사와 관련이 없는 외국인은 그럴 수 있지만 대한민국 국민이면 한국 역사에서 사랑하는 것과 미워하는 것을 분별하게 된다. 역사에 대해 좋아한다는 것은 가치관을 형성하지만 사랑한다는 것은 주관적 감성에 의해 보다 객관적인 가치관 형성에 방해를 받는다. 그래서 감정적이거나 피상적 인식에 머무를 가능성이 많다. 역사를 주관적이거나 편견을 가지고 해석하게 하는 환경을 사랑이란 감정이 조성하기 때문이다. 그 부작용을 좀 심하게 표현하면 맹목적인 좌우 대립을 생기게 한다. 사랑하므로 편견과 비교와 분별이 생겼기 때문이다. 그것이 모든 전쟁의 근거로 일부 작용했다. 사랑과 미움, 욕망의 보상이 필수적으로 동반되었기 때문이다.

셋째 호학好學은 호고好古하지 않으면 성취하기 어렵다. 사람은 홀로 배워 일정한 성취를 할 수도 있겠지만 대부분 스승과 선현先賢때문에 지식을 습득하게 된다. 좋은 가르침을 받을수록 학문의 깊이와 폭이 커진다. 그래서 옛 말에 온고이지신溫故而知新 한다고 했다. 오늘과 미래를 위해 역사에서 배우는 것이다. 고루한 권위적 복고주의와는 관계가 없다. 호학은 개인과 사회 성장의 필수적인 상태로서 절차탁마切磋琢磨할수록 자신과 사회의 기여도는 상승한다. 그러므로 자주적 인격이 형성되고 인생의 실질적인 주인으로 삶을 살아가게 된다. 자신의 삶이 가진 의미를 스스로 충족하는 경지에 이르면 무엇도 별로 부럽지 않다.

고전 어디에도 愛學이란 말은 없고 好學이란 말은 자주 쓰인다. 변화가 심하고 기복이 있는 감정 상태에 인간의 본성과 덕성을 확립하려는 학문을 맡길 수 없기 때문이었다. 주체적 심화과정인 好學을 통해서 天命과 人道를 밝힐 수 있어서이다.

우리는 사랑이란 말을 우리의 역사와 전통과 연관하여 사용해야 한다. 우리 선조들께서는 天地라는 음양론적 우주관을 확립하고 愛보다 情을 더 선호하였다. 그리고 情을 바르게 해서 道를 세우고 本性을 바르게 하고자 하였다. 그래서 도시근정道始近情, 정시근성情始近性이란 말이 있다. 道의 시작은 감정에 가깝고 情의 시작은 본성에 가깝다는 말이다. 사랑이란 감정이 道의 시작이라면 선현의 말씀대로 사랑 안에는 情의 正인 덕성德性이 있어야 한다. 반면에 서구문명의 사랑이란 단어는 애착과 탐욕과 독선과 배척을 잉태한다. 원망과 미움의 샘물이다. 따라서 사랑이란 말의 역사와 담긴 의미를 잘 헤아려서 사용하는 게 좋다. 무조건 흠결없는 지고지순한 단어로 생각하면 곤란하다. 서양문명에 기초한 의미가 아니라 동양 선현들이 말씀한 情에 기초한 사랑이란 의미로 쓰여야 할 말이다. 지금껏 써온 사랑이란 의미를 다시 생각해 볼 일이다.

(안산정론 2021. 1. 6)

부끄러움을 아는 것은 용기와 가깝다 (知恥近乎勇)

'죽는 날까지 하늘을 우러러 한점 부끄럼 없기를' 윤동주의 서시 첫 구절이다. 민족시인은 일제치하에서 부끄럽지 않은 삶을 살기를 간절히 소망하였다. 시인은 1945년 2월 16일 해방이 얼마남지 않았는데 후쿠오카 형무소에서 삶을 마감한다. 중고등학교 시절에 별헤는 밤, 자화상같은 시를 보면 왠지 모르게 아련했었다. 때로는 먹먹해지기도 하고 눈물이 나기도 했다. 이런 마음은 민족의 고난과 시인의 아픔을 함께 느끼는 감성이었을 것이다. 이렇듯 민족의 정서를 표현한 예술적 경지는 여전히 우리에게 큰 울림과 감동을 전해주고 있다.

부끄럽게 살지 말아야 한다는 詩語는 우리에게 많은 생각을 하게 한다. 살다보면 나 자신과 타인에게 부끄러울 때가 있다. 필자 자신도 스스로 돌아보면 너무 많다. 겸손해야 하시만 잘 안된다. 자랑하지 말아야 하는데 나선다. 타인의 성공에 시샘을 한다. 욕망을 억제하지 못한다. 등등.

개인 수양 덕목으로 스스로 돌아보아 부끄럽지 않는 경지는 아마도 최상인 단계라고 생각된다. 그러면 남과 비교하거나 험담하지 않게 된다. 남이 나를 알아주지 않아도 별로 걱정스럽지 않다. 자존감이 충만한 상태가 된다. 자기 자신을 소중하게 여기기 때문이다. 동시에 남도 소중하게 생각하기 마련이다. 결국은 의타적 존재이기 보다 자주적 인간상을 구현해 가게 된다. 명실상부하게 자기 인생의 주인으로 세상을 살아가게 되는 것이다. 이러한 개인의 修身은 가족과 사회와 온 세상을 평화롭게 하는 원동력으로 작용하게 된다.

흔히들 수신은 제가 치국 평천하齊家 治國 平天下란 정치사회적 8

조목의 출발로 해석되기도 한다. 하지만 정치 사회적 영역보다 훨씬 넓은 생명이란 관점으로 확대해 볼 필요가 있다. 일반적인 상식선에서 수신을 말할 때는 인사를 잘한다든지 잘 웃는 모습을 권장하는 사회적 예의범절에 국한되기 때문이다. 생명의 관점에서 수신하는 것은 잘라 말하면 세상에 잘못하거나 부담을 주지 않는 상태이다. 사람 때문에 지구가 아프다. 나 때문에 타인이 괴롭다. 너를 밟고 올라서야 내가 성공한다. 상대를 침몰시켜야 나의 항해가 보장된다. 등등의 타인의 희생에 기초하여 나를 세울 수 있다는 프레임에 속하지 않거나 해체시켜야 하는 것이다. 반대로 사람 때문에 지구가 평화롭다. 나로 인하여 타인이 행복하다. 공정한 경쟁속에 상호간에 시너지가 상승한다. 등등 긍정적 작용을 하게 되면 자연과 인간은 잘 어울리게 된다.

이러한 관점을 동양사상은 소위 천지지성天地之性은 화육化育이며 천지민생天地敏生, 자연불식自然不息하다고 정의하고 있다. 천지자연은 모든 생명을 키우기에 민첩하고 쉼이 없다는 말이다. 이러한 본성을 이어받아 사람에게는 천하지달도天下之達道 五也, 천하지달덕天下之達德 三也라는 정신을 가지고 있다고 한다. 달도達道의 5가지는 모두 알고 있는 五行이며, 달덕達德 3가지는 지인용智仁勇이다.

오늘의 주제인 부끄러움을 아는 것이 용기와 가깝다는 말은 달덕達德의 용勇에 해당되는 사항이다. 왜 용기와 가깝다고 하는 것인가? 풀어보면 이렇다. 사람의 고유한 본성은 천지자연을 닮아 있다. 그러면 생명존중과 사회 공동체의 공동 발전에 기여하는 것이 정상이다. 나로 인하여 타인과 사회가 바르게 되는 것이 자연스럽다는 말이다. 그러한 삶과 행동을 하는 것은 수신의 목표이며 사회를 이끌어가는 규범을 만드는 기초로 작용하게 된다. 이것을 벗어나면 자신과 사회에 부정적 작용을 하며 잘못된 방향을 가게 된다. 그러나 사람에게 있는 여러 기질과 욕망은 지켜야 할 덕목을 무시하고 망각하게 한다. 그러면서 갈등하고 혐오하게 되며 타방을 부정하게 된다. 더 나아가 이념을 고집하며 편견을 고착화 한다. 그리하여 나는 옳고 너는 잘못이다는 도그마가 굳어지고 급기야 격한 투쟁으로 비화가 된다.

그래서 이러한 점을 자각하고 바른 사고와 행동을 하려면 용기가 있어야 한다. 어떤 불선不善한 요소가 있을 때 정면으로 마주서서 바꾸거나 개선해야 한다. 개혁과 혁신을 하는 과정이다. 이러한 모든 것은 자신을 돌아보고 부끄럽지 않은지 살펴보는 것이 그 출발점일 것이다. 산을 오를 때도 평지에서 시작하고 천리길도 한걸음부터 라는 이유이다. 부끄럽지 않으려면 자신을 돌아보고 자신에게 후하거나 박한 점수를 정확히 매길 수 있는 용기가 있어야 한다. 우리가 살고 있는 사회가 희망이 가득해 질 수 있다. 지금 바이러스와 바이러스 같은 정치의 암울한 상황을 극복할 수가 있다.

(안산정론 2020. 12. 16)

檢言유착에서 벗어나야

기본을 확립해야 한다. 본연의 자세로 돌아가야 한다. 검찰도 언론도 본래 목적인 공익에 성심성의껏 복무해야 한다. 그 목적을 벗어난 행위는 지탄받아야 한다. 현재의 검찰과 일부 언론은 지탄을 받을 만한 충분한 사유가 있다. 검찰의 검사들에게 묻고 싶다. 과거 일제 강점하에 치안유지법으로 독립운동가를 무수히 감옥에 보내고 사법 살인한 검찰을 반성했다면 지금의 모습이 조직이기주의와 무관한지 증명할 수 있는가? 그리고 해방후 수많은 민주인사를 감옥에 보내고 용공조작한 과거를 어떻게 생각하는지. 검찰 공안부가 국가보안법과 사회안전법으로 반국가 단체라고 기소하고 탄압한 이들이 대거 국가를 상대로 한 소송에서 배상판결을 받는 것에 부끄러움이 있는지. 이런 일들이 비일비재 하였던 검찰의 흑역사를 반성하거나 국민앞에 겸허하게 사죄한 적이 있느냐고. 대한민국 검사한테 감히라는 말을 입에 달고 살지 않은지. 여전히 국가와 사회위에 군림하는 최상위조직으로 생각하지 않냐고. 말이다.

그때는 그때고 과거는 지나갔으며 지금은 민주화된 검사집단이기 때문에 관계없다고 말할지 모른다. 그러나 그렇치 않다. 자신들의 조직 보호에 집중하는 것은 최상위 기득권을 계속 유지하고 행사하기 위한 몸부림이다. 공무원인데 마치 공무원과 상관없이 행동하면서 과거의 행위를 옹호하는 것이며 그 본질에 있어 별반 다르지 않다.

검찰에게 국민이 부여한 권한은 잘못된 것을 바로잡고 사회의 구성원이 부정한 짓을 못하도록 법을 집행하는 일이다. 그 권한을 사용함에 국민위에 군림하라고 허용한 것이 아니다. 대다수 선량한 국민을 보호하라는 수단을 법으로 보장했을 뿐이다. 그런데 검찰은 착각하고 있는 중이다. 마치 자신들의 역량으로 권한을 쟁취한 것으로 생각하고 있다. 그렇지 않고서야 검찰 자신의 권한과 조직 보호를 최우선으로 내세우고 항명하고 수사 지휘에 권한 남용하는 행태는 달리 설명할 길이 없다. 일제부터 현재까지 없는 죄도 만들고 있는 죄도 없앤 무소불위의 권한을 여전히 가지고 싶은 것인지 되묻지 않을 수 없다. 검찰의 공적 권위를 사심으로 유지할 수는 없다.

일부 언론은 이러한 검찰의 생리를 잘 알고 있다. 수구 언론은 대한민국 최고 권력기관인 검찰과 더불어 공생하기 위해 유착이 필요하였다. 검찰이 흘려주는 정보를 가공하여 기사화 한다. 개혁대상은 검찰다음으로 언론이기에 검찰을 방패막이로 사용하려는 의도이다. 그들은 국민의 지성을 가리우고 눈과 귀를 멀게 하기 위한 정략적 도구로 사용된 역사로 점철되어 있다. 검찰의 행위에 정당성을 부여하고자 사실을 왜곡하여 홍보하는 찌라시 역할을 마다 안한다. 국민의 알권리를 보장한다는 미명하에 여론 조작을 일 삼는다. 수구언론의 입맛대로 여론을 형성하기 위해 사실과 진실에 접근하는 길을 차단한다. 이러한 행위는 언론의 사명인 정론직필이란 원칙에 재를 뿌리고 먹칠하는 것임에도 두려워하지 않는다. 왜냐하면 자신들도 검찰과 마찬가지로 이 사회를 주물럭거리는 권력으로 착각하고 있기 때문이다. 국민의 생각과 정신에 막대한 해악을 끼칠지도 모르는 허위와 기만적 내용을 부끄럽게 생각하지 않는다. 그것은 일제부터 지금까지 국민위에 군림하는 권력으로 자신들이 자임한 방식을 버릴 수 없었기 때문일 것이다. 거짓과 기만의 첨병이 되어 국민을 호도하려는 모든 시도들은 이제 그만둘 때가 되었다.

법무부 장관과 검찰 총장의 대립은 무엇을 위한 것일까? 공수처를 설치하면 고위 공직자의 비리와 불선한 행동이 근본적으로 줄어들어 국민의 살림살이가 나아질 것인가? 필자는 그렇게 생각하지 않는다. 기본이 변하지 않는 한 어떤 제도를 만들다 하더라도 그 효과는 미미하다. 이미 공수처법은 정쟁의 산물로 누더기가 되어 있다. 왜냐하면 실제로 고위공직자 수사를 하는 자격과 전문성은 법조인이 하게 되어 있는데 그들의 직업윤리로는 국민의 눈높이를 맞추기가 어렵기 때문이다. 또한 영향력 있는 수구 언론의 행태도 변화가 없는 상황에서 정치권의 논쟁만 심화될 것이기 때문이다.

공수처 설치를 비롯한 각종 개혁입법이 여의도 정치권에서는 좌우 이념논쟁거리이며 그들 정치 생명을 위한 이전투구판으로 변질되어 있다. 여전히 수구 보수집단이 국민의 정치적 피로도 상승과 관계없이 극우적 향수를 활용하는 한 국민들의 고민과 삶은 더디게 변화할 뿐이다. 이들의 다툼에 검찰도 언론도 춤을 추고 있다. 그러면서 자신들에게 유리한 방향으로 줄다리기를 한다. 그 과정에 국민은 없다.

그렇기 때문에 기본적으로 도덕적 설득이 없는 정치와 제도는 21세기에서는 더욱 그 효용성이 떨어진다. 어떤 하나의 조직이나 분야가 잘나서 사회가 유지되는 것이 아니라는 것을 인식하여야 한다. 검찰도 언론도 정치권도 공동체를 우선하며 국민에게 신뢰를 받아야 한다. 기득권을 유지하려고 치열하게 다투는 비정한 사회보다는 상호신뢰를 바탕으로 한 대동사회를 만드는데 복무해야 하는 것이다. 그것이 검찰과 언론이 법무장관과 검찰총장의 갈등속에서 국민을 위한 조직으로 거듭나는 방법이다.

(안산정론 2020. 12. 2)

왜 사는가?

삶에는 이유가 있다. 하늘이 우리 모두를 이 세상에 내신 까닭이 무엇인가? 이러한 의문을 품을 때 철학은 시작된다고 할 수 있다. 그런 이유를 찾고자 공부하며 삶의 의미 부여를 한다. 목적을 세우고 희망을 설정한다. 이 지구상에 사람만큼 훈육과 학습시간이 많이 소모되는 생명체는 없다. 그런 존재가 사람이다. 부모님 사랑의 결실이자 한없는 보살핌을 받으며 독립된 개체로 성장한다. 성장통을 겪지만 정신과 육체는 자라며 지식을 쌓는다. 사람들과 사회에서 섞여 살며 다양한 경험을 한다. 여기까지가 정도의 차이는 있지만 모든 사람들에게 예외없이 적용되는 공통적인 상황일 것이다.

사람은 일정한 수준에 도달하면 사회로 나오게 된다. 사람이 사회에 나올 때 준비된 자원과 역량에 따라 기회균등의 편차가 나타나기 시작한다. 금수저, 흑수저라는 배경의 차이가 한 몫 한다. 선천적 또는 후천적으로 성취한 개인 능력의 高低는 성패의 가장 핵심이다. 학연, 지연이란 조건도 때로는 중요한 요인으로 작용한다. 건강과 성품도 긴요한 변수가 된다. 이러한 여러 요인들이 서로 작용, 반작용하며 그 사람은 바람직한 사회인이 되거나 사회의 병적 존재가 될 수도 있다. 한 개인이 사회속에서 생활할 때 나타나는 우여곡절은 거의 이 범주를 벗어나진 않는다. 이러한 기본 토대하에 개인은 사회화되며 주관과 객관적인 기준과 잣대가 형성된다. 그 과정에서 넘어지면 일어나고 빠지면 스스로 나오거나 누군가 건져준다. 때로는 추락후 飛上을 못할 때도 있다. 그러면 낙오하며 루저라는 자책과 외부시선이 따라온다. 고난을 이겨내고 극복한다면 자부심이 높아진다. 사회속에서 역할이 증대되고 칭찬이 따라오고 부러움의 대상이 되기도 한다. 이런 과정이 누적되면 부자와 가난한 자, 높은 자와 낮은 자, 선한 자와 불선한 자라는 차이가 발생한다. 사회적 통념이 생기게 되는 과정이다.

그러나 사회적 통념이나 상식은 자연발생적인 것이 아니라 인위적인 사고방식이란 점에서 항상 변화가 있고 개선의 여지가 많다. 예를 들면 자본주의 이전 시대에는 가난은 불편하긴 했지만 창피한 것은 아니었다. 만인의 귀감이 되는 선현들은 모두 청빈한 삶을 사시거나 마다하지 않았다. 대신 정신세계는 詩書學으로 풍성했다. 그러한 정신으로부터 나온 효와 교육은 엄정한 것이었다. 그 시대 사회생활의 기준은 효에 치중했는지, 엄격한 교육을 받았는지에 달려 있었다. 입신과 붕우지교의 기준이 되었었다. 그러나 이러한 것은 현대의 사회생활 기준에서는 후순위가 된지 한참 오래전이다. 요즘 학교와 가정에서의 아이들 교육은 탄식할 만한 것이 되었다. 이렇듯 과거의 상식과 현대의 상식이 다른 것은 사회적 통념이 인위적인 것이며 본질적인 것이 아니라는 것을 반증한다. 그런데 우리는 현재의 상식을 마치 고정 불변한 것처럼 생각하는 경향이 있다. 그것을 검증해 보거나 회의하는 노력이 결여되어 있다고 본다.

그래서 이런 생각을 반영한다면 우린 어떤 상식을 염두에 두는 것이 좋을까? 우리가 살고 있는 이 사회는 어떤 모습이어야 온당하고 정당한 것인가? 필자는 먼저 높은 자와 낮은 자에 대한 개념부터가 어떤 도그마에 사로잡혀 있다고 본다. 가장 대표적인 것이 종교에서 나타난다. 하나님, 부처님은 높고 인간은 낮다고 보는 관점이다. 이 관점은 비교하고 대립하고 서열을 두는 관습으로부터 발생하였다. 어쩌면 하나님, 부처님은 매우 높고 매우 낮으며 무척 넓고 아주 좁다고 볼 수 있다. 그런데 不敬을 저지르면 안되기 때문에 높은 상태로만 설정해 놓는다. 그것을 人間世에 도입하다보니 사람들 관계를 높고 낮은 잣대로 설명을 하게 되었다. 지위는 높아야 하며 부자가 되어야 자랑스럽다고 한다. 영세 서민은 낮으며 부끄러운 상태로 인식하게 한다.

이러한 상식은 외래 사상과 함께 들어와 형성된 관념이라 할 수 있다. 불교는 왕족과 귀족중심의 종교였고 기독교 사상은 최근에 물밀듯이 들어왔다. 이에 우리나라 민초들은 불교와 기독교의 인간 존중 사상보다는 팍팍한 삶을 의존하게 되는 구원처로 받아들였다. 그리고 명령처럼 받들어 모시고 의지하게 된다. 인간이 태어나서 교육받고 훈련하며 사회와 함께 형성된 독립적 자아가 망실되는 상황에 처한 것이다. 여기에서 상식과 관념이 굳어지고 고정되었다. 공동체와 대동세상이란 사람 중심의 보편 정서는 제자리를 지키지 못했다.

사람은 누가 높거나 낮지 않다. 정신이 풍요로우면 어떤 부자보다 높다. 가난에 즐거울 수 있다면 누구보다 훌륭하다. 왜 사는가?에 대한 답변이 사람마다 다를 수는 있다. 그러나 고정된 상식으로 사람을 비교하고 재단하는 사회가 바람직하지 않다는 생각은 공통적일 것이다. 상식이 고정된 사회보다 저열한 것은 없다. 삶의 이유가 시원치 않은 까닭은 인위적인 생각이 변화없이 고정된 상식으로 굳어져 있기 때문이다. 우리의 생각을 유연하게 변화를 준다면 왜 사는가라는 질문에 보다 자신있는 답변을 할 가능성이 크다고 생각한다.

(안산정론 2020. 10. 28)

기소불욕 물시어인과 기소욕 시어인

(己所不欲 勿施於人과 己所欲 施於人)

　기소불욕 물시어인과 기소욕 시어인은 동서양을 대표하는 소위 황금율적 전언傳言이다. 동양과 서양의 세계관과 인생관을 대표하는 행동 지침이다. 그러나 비슷한 것 같지만 완전히 다른 말이며 현격한 차이가 있다. 너무 다른 결과를 가져온다. 이렇게 서로 다른 문화권을 근저에서 지배하는 논리에 대해 다시 짚어보는 데는 이유가 있다. 우리 사회의 다양한 격돌과 대립에 대한 해소 방안을 한층 깊게 생각해 볼 필요가 있기 때문이다.

　논어 위령공편과 중용 13장에 나오는 기소불욕 물시어인의 해석은 자신에게 베풀어 보아 원치 않는 것을 남에게 베풀지 말라는 의미이다. 우리가 보기에 이 경구는 不, 勿란 부정사가 들어 있어 얼핏 보면 부정적인 지적처럼 보인다. 집안 어른들이 아이들에게 '그거 하면 안 돼'라고 잔소리하는 것처럼 생각된다.

　반면 기소욕 시어인은 성경 마태복음이나 누가복음에서 볼 수 있다. 예수님의 산상수훈에서 '무엇이든지 남에게 대접을 받고자 하는 대로 남을 대접하라. 이것이 율법이요 선지자라' 는 말로 기독교 사상을 핵심적으로 대변하고 있다. 타인을 네 몸처럼 사랑하라는 말씀이 대표적이다. 매우 긍정적이고 능동적으로 읽힌다.

　이러한 대별점을 피상적으로 보면 동양은 수동적이고 소극적이며 수용적 문화이며 서양은 적극적이며 진취적인 문화의 바탕이 되었다고 해석할 수도 있다. 그러나 결과적으로 동양의 네거티브적 소극성은 긍정과 상호 신뢰를 가져온다. 서양의 자기 긍정적 포지티브는 자칫 잘못 행동하면 부정과 파괴를 가져온다. 왜 그런지 다음과 같이 주장한다.

　동양의 사고방식은 사람 관계의 상호성을 중요하게 생각한 결과라고 생각한다. 상대방이 무엇을 원하고 좋아할지 잘 알 수가 없기 때문에 행동방식을 삼가는 최소한의 기준을 정할 수밖에 없다. 최소한의 소극적 규정이야말로 타인을 배려하는 형식인 것이다. 타인을 자신의 잣대로 재단하지 않고 상호 공통성을 찾으려는 신중함과 배려가 있기 때문이다. 이러한 사고 방식은 최종적으로 자연 친화적인 사상과도 연관되어 있다. 생태주의와 자연주의에 친근한 생명 존중 사상이 내재하고 있다. 이와 같이 인간관계와 인간과 자연의 관계 속에서 상호 부정적인 영향을 주지 않으려면 자신 이외의 상대방을 인정하는 자세가 필요하다. 그와 같은 관계 속에서 서로 이익이 되는 보편성을 가져올 수 있기 때문이다. 다른 말로 하면 서로 상대방과 의견 일치를 볼 수 있는 기준에 동의하게 되는 것이다. 대립과 갈등이 적게 발생할 수밖에 없다. 이러한 문화가 대동세상을 열어가는 단초로 작용을 한다. 이와 같이 기소불욕 물시어인 이란 유교 문화의 전통적 사고에는 세상사 문제점을 해소하는 지혜가 농축되어 있다고 단언하고자 한다.

　반면 서양의 사고방식은 결정적으로 자신이 사랑하는 것, 좋아하는 것, 대접받고자 하는 것을 타인에게 적극적으로 시행하란 교훈이다. 그러나 타인도 똑같을 것이라는 보장이 없다는 데 문제가 있다. 이러한 포지티브한 적극성은 강요나 독단으로 흐를 가능성이 농후하다. 독선과 지배의 논리에 함몰되기 십상이다. 자신의 의지와 생각이 내재한 어떤 행동을 남에게 강요하는 결과를 낳기 때문이다. 단적으로 자기 자신이 좋다고 상대방에게 베풀 때 효과가 있을지 없을지는 미지수이다. 상대방의 기분이나 때와 장소가 적절하면 긍정적 반응을 가져올 확률이 높지만 반대일 경우도 많을 것이기 때문이다. 이러한 일방성은 타인 간, 종교 간, 민족 간 불협화음을 증폭시키는 원인으로 작용한다. 또한, 자연을 정복해야 한다는 사고방식을 지지하여 과학 발전에 따른 윤리의식을 흐리게 한다. 기독교의 윤리가 이웃을 네 몸과 같이 사랑하라는 인류애의 보편성을 가진 것 같지만 이교도와 무신론자에게는 혹독한 것이었다. 결국은 신에 대한 절대적인 신뢰와 복종은 타방에 대한 부정으로 나타나는 결함을 가지게 되었다.

한편 기소욕 시어인이라는 서양 사상의 핵심 명제는 때로는 매우 고도의 헌신적, 희생적인 형태로 작용한다. 길잃은 양이나 불쌍한 사람들에게 사랑과 보살핌을 다하는 모습에서 발견된다. 이런 형태가 서양사상의 한 면을 차지하는 긍정성이며 과학발달과 동반한 세상의 지배적 위력을 갖는 명분을 획득하였다. 다만 이러한 헌신이 무차별적 포용성에서 나온 것이라면 동서양을 막론하여 인류사의 보편성을 획득할 수도 있었을 것이다. 그러나 현재까지는 근본적으로 자신들의 믿음의 전제가 충족되는 조건에서 한정적으로 실현될 뿐이다. 이와 같은 한계성은 현재의 기독교계 일각에서 독선적인 모습으로 나타나고 있으며 이로 인해 상호 소통의 단절과 무시와 비방이 점증되고 있는 실정이다.

따라서 비슷한 것 같지만 너무도 다른 동서양의 사상적 배경이 되는 명제를 통해서 반드시 배워야 할 것이 있겠다. 미래가 희망적이려면 동양 정신에 입각하여 서양 사고방식의 장점을 취하고 독선과 독단을 배제해야 한다고 믿는다. 그것이 대한민국이 세상 문제를 해결할 보편성을 가장 확실하게 부여잡는 길이라고 생각한다.

(안산정론 2020. 8. 26)

IV

안산시 관련하여

우리가 버려할 것들

지루한 장마가 계속되고 있다. 많은 수재민이 발생하고 있다. 엎친 데 덮친 격이다. 기후변화를 핵심으로 환경재앙은 경제에 타격을 주고 특히 빈곤층을 비롯한 사회적 약자를 더욱 괴롭힌다.

그러므로 국민 대다수는 비상한 경제 처방을 원한다. 정부도 이에 부응하여 긴급재난금, 한국형 뉴딜 등으로 대응하고 있다. 이후 지속적으로 다가올 위기에 대처할 체질을 강화 하는데 반드시 필요한 정책들이다. 그러나 지속적인 효과를 내기는 쉽지 않다.

또한 양극화와 불평등을 해소하는 과제인 부동산 불로소득, 최저임금(소득주도 성장), 정규직 전환 등 청년실업과 일자리에 고전을 면치 못하고 있다. 이렇듯 우리를 둘러싼 현실은 녹록치 않고 생활은 팍팍하다. 이러한 때에 사회적으로 평안을 유지할 방도가 없는지 살펴보고자 한다.

먼저 경제적 번영이 반드시 사회적 안정을 동반할 것인가? 역사적으로 보면 필자는 아니라고 생각한다. 왜냐하면 경제 집중에 따른 기득권 형성으로 정치적 권력 독점과 심각한 불평등을 만들기 때문이다. 대부분 정보와 기회가 소수의 사람들에게 집중된다. 소수 상류사회로 진입하기 위한 교육 과잉과 학력 사회를 낳은 뿐이다. 그 기류에 편승하는 사람들은 흥하기 쉽고 그 흐름을 벗어나거나 대열 이탈자들은 고난의 연속이다. 미래가 불안하기 때문에 눈치 빠르고 약은 이들은 정보와 기회가 많은 편에 섰다. 과거를 따질 때가 아니라고 판단했다. 무엇을 먹고 살아야 하는지가 절실할 뿐이었다..

우리가 지나온 시대는 이러한 모습을 가졌다. 문제는 먹고 사는 문

제가 어느 정도 해결된 지금 무엇을 해야 하는가이다. 이대로가 좋은
지를 확인해야 한다. 지금 이대로가 좋으냐 아니면 또 다른 시대 전환
을 해야 하는가의 문제가 걸려있다. 셰익스피어의 '죽느냐 사느냐 그
것이 문제로다'와 유사한 상황이다.

이러한 문제의식은 고대 그리스 철학 단어인 아레테이아(aletheia)
를 생각나게 한다. 지나온 세대는 일제식민지와 공산주의와 반공주
의라는 지독한 경험을 했다. 그 처참한 세월은 자의반 타의반 망각
(lethe)의 강을 마시고 건너야 했다. 전국 방방곡곡 동네마다 글 읽고
의식 있는 어른들이 거의 모두 죽임을 당했다. 영문도 모르고 돌아가
신 이들이 수백만을 헤아린다. 일제에 항거하며 돌아가신 조상들은
그나마 다행이었다. 동포에게 죽임을 당하진 않았기 때문이다. 공산
주의와 반공주의 때문에 돌아가신 이들의 비극은 이루 말할 수가 없
다. 무엇 때문에 집단 학살, 몰살되었는지 분명하게 설명할 수가 없다.
그저 시대가 낳은 거대한 비극일 뿐이었다. 살아남은 사람들의 기억
과 정신은 망각의 물을 마시고 남북으로 재편되고 친러, 친중, 친미로
옷을 갈아 입었다. 독립투사와 친일 앞잡이도 남과 북에서 변신해야
했다. 온건한 민족주의자들도 가만히 나두지 않았다. 어느 편에 줄서
야 했다. 지조를 지킨 민족 독립투사들은 극 소수였다. 그 분들은 남과
북에서 입지가 좁을 수밖에 없었다.

이러한 시대상황에 일반 국민은 날마다 꿈자리가 사나왔다. 어제도
동네에 누가 끌려가서 돌아오지 않는다, 어느 마을에 줄초상이 났다
등등, 일제 순사가 그렇게 우리를 닦달했었는데 이제는 언제 닥칠지
모를 야차같은 군인들이 나타날까 덜덜 떨었다. 태극기와 인공기를
준비했다. 그리고 아무것도 몰라야 했다. 무엇을 알면 치도곤을 당해
야 했다. 누가 언제 고발을 할지도 모른다. 보복적 고발도 많았다. 얄

팍한 처세술로 완장을 차면 수많은 희생과 고통이 따랐다.

가혹한 권력은 사람 목숨을 파리다루 듯 했다. 현대사의 모든 비극은 이 범주 안에 들어 있다. 그런 시대는 점차 공포와 트라우마로 이웃과도 멀어지고 기억도 상실케 한다. 자의적 기억상실 내지 기억 도피증을 갖게 한다. 꿈에서 볼까 두려웠었다. 이 비극을 얼른 기억에서 지워버려야 했다. 그래서 우리 사회 전체가 사상과 이념에 대해서 생존 본능처럼 절대적으로 터부시 하였다.

그러나 지금은 그런 망각과 상실을 넘어 자유로운 사회가 되었다. 자유 사회에서는 과거의 잘못된 행동을 청산하고 어떻게 단결해 갈지가 관건이다. 문제는 여전한 갈등과 반목을 무엇으로 해소할 수 있는지 이다. 망각과 상실을 낳은 시대의 아픔으로부터 진정으로 진실한 미래를 어떻게 만드냐 이다. 대립과 증오의 소재였던 색깔론을 유지할지 폐지할지 선택의 기로에 있다.

역사가 남긴 상흔은 아물어야 한다. 진보니 보수니 하는 낡은 편 가름과 왜곡을 끊어야 한다. 이것이 앞으로 우리 사회가 평화롭게 발전할 수 있는 원동력이다. 끊임없이 색깔론을 들춰내고 편 가르기 하는 부류는 언텍트 시대와 새로운 패러다임의 걸림돌이다. 코로나 19와 각종 바이러스 창궐, 그리고 기후변화로 인한 자연재해를 슬기롭게 극복하는 길은 낡은 사상을 버리고 혐오를 멈추는데 있다. 그러면 반목과 질시가 사라지며 위기에 대처할 힘을 모아나갈 수 있다. 대한민국의 번영을 담보하는 새로운 시대정신을 만들 수가 있게 된다. 모두가 손꼽아 기다리고 있는 중이다.

(안산정론 2020. 8. 12)

우리를 혼란하게 만드는 난맥상의 근원

우리나라는 흔히 반만년의 역사를 가졌다고 한다. 반만년인 5000
년 동안 어떻게 살아왔는지가 우리의 정체성을 알 수 있는 근거일 것
이다. 아득한 고조선부터 고구려, 백제, 신라, 삼국통일, 발해, 고려, 조
선, 대한민국에 이르도록 우리를 규정하는 몇 가지 말이 있다.

정신사(精神史)로는 홍익인간, 동방예의지국이 대표적이다. 사회
경제적으론 농업국가에서 한강의 기적을 일군 나라가 됐다. 지정학적
으로는 반도국가이며 4대 강국에 둘러싸인 나라다. 혈통으로는 단일
민족이자 분단국가다. 현대적 정치제도는 도입된 지 불과 70년 됐다.

이러한 특징을 가지고 있는 대한민국의 반만년 역사에 거대한 변화
가 진행되고 있다. 그것은 대략 150년 전부터 시작됐다. 반만년의 극
히 일부분인 약 150년 만에 급격한 시대의 전환이 이뤄지고 있다. 1876
년 일본과 맺은 강화도조약부터 현재에 이르는 시기는 대한민국의 정
체성을 급속도로 변화시켰다.

한반도는 중국문화권이며 거의 모든 영역에서 중국과 연관돼 있었
다. 4000여년에 달하는 중국과의 교류는 사회 문화 전반에 걸쳐 우리
를 규정했다. 우리 민족은 그런 사회 문화 환경에서 배우고 성장하고
생활을 영위했다. 우리의 의식과 문화와 형식이 모두 중국과 밀접한
관계에 있었다. 모든 사회제도와 지식과 상식 등이 중국과의 관계에
영향을 받았다고 해도 과언이 아니다.

그런데 1876년 이후 우리는 제국주의를 접하고 일본 식민지를 거쳐
글로벌 사회로 접어들었다. 4000년 이상 지탱해온 중심축이 변화하
면서 이동을 하게 되는 것이다. 기독교가 들어오고 일제 식민사관이

형성되고 서구 유럽 사상이 들어왔다. 일본과 미국으로 이주하는 국민이 생겨났다.

일본에는 반강제적으로 보내지고 미국에는 새 삶을 찾아 자의적으로 간 경우가 대부분이다. 또 공부하러 동경제대나 미국에 유학을 간다. 그 결과 현재 대한민국 학계에 미국 박사가 대부분을 차지하게 됐다. 이렇듯 우리는 불과 150년 만에 국내외 모든 요소가 미·일로 중심축이 이동하면서 모든 패러다임이 바뀌게 됐다.

이러한 패러다임 전환은 정치구조와 사회 상식을 바꾸었다. 중국과 관련된 것은 모두 낡은 구습이 됐고 일본, 미국 등 서구사상에 관한 것은 현대적이며 신문물이 됐다. 이러한 과정에 앞장선 인물들을 민족주의자, 계몽주의자, 미·일 예찬론자, 서구사상 사대주의자 등으로 구분할 수 있다. 그러나 이러한 전환의 시기는 우리 민족에게 엄청난 고통을 수반하는 시기이기도 했다.

시대의 중심축이 이동한다는 것은 변혁과 희생이 뒤따른다. 특히 급격한 변화는 무리수를 낳기 마련이다. 구한말 동학과 집권층을 잔인하게 진압하며 등장한 식민통치를 통해 친일 정신이 정착됐다.

망국의 한을 품은 절명(絕命)과 의병활동이 전국적으로 우후죽순처럼 일어났다. 독립운동이 들풀처럼 일어나고 결실을 보려는 순간 일본이 항복했다. 이후 6·25 동족상잔과 독재를 통해 미국 자본주의가 자유 민주주의로 우리 사회를 점령했다. 이 과정은 자주적 민족정신과 고유한 전통정신을 고수하는 흐름을 탄압하는 것이었다.

그러나 무망하게도 거대한 제국주의 앞에 스러져 갔을 뿐이다. 독립운동 진영도 아시아권 구대륙과 미국이 중심인 신대륙의 입장 차이가 선명했다. 급기야 저울추는 기울어졌다. 식민지와 미군정을 거치며 한반도의 정치와 사회제도는 중국을 떠나 미국 영향권으로 옮겨갔다. 미국 중심의 사회로 급속히 편재돼 간 것이다. 이에 모든 대한민국 국민은 유구했던 과거사와 이별하게 됐고 새로운 환경에 적응해 가야 했다.

그 과정은 엄혹한 세월이었다. 수용과 적응력이 관건이었다. 낙오하면 격차가 크게 벌어졌다. 한마디로 불평등과 양극화는 심화돼 갔다. 우리의 본래 역사를 자랑하던 모습인 공동체는 사멸해 가는 중이다. 덩달아 지극한 정신과 고절한 품격은 빛을 잃었는지도 모른다. 반대로 사상의 편차와 사회적 입지에 따른 갈등은 인고의 세월도 소용없이 심해진다. 이러한 시대의 변천사 속에서 과연 대한민국의 미래 발전과 번영을 위해 어떤 대비와 실천을 해야 할 것인가?

(인천일보 승인 2020.07.27)

\<인터뷰\>
'4차 산업혁명 선도하는 거점기관 역할 충실할 것'

경기테크노파크 서한석 전략사업본부장은 4차 산업혁명을 선도하는 경기도내 지역혁신 거점기관으로서의 역할에 충실하겠다는 의지를 나타냈다. 경기TP가 4차 산업혁명의 전진기지로서 스마트팩토리 기반구축, 스마트공장 보급 확산 연계 등 기업역량강화와 4차 산업혁명을 선도하는 기관이 되도록 하겠다고 밝혔다. 서 본부장은 민선3기 안산시장 비서실장, 김근태 한반도재단 운영위원, 고려인독립운동기념탑추진 국민위원회 대외협력위원장, (사)동북아평화경제협회 기획위원 등 두루 요직을 맡고 있다. 다음은 서한석 본부장과의 일문일답.

▲먼저 전략본부장으로 일하게 된 것을 축하드립니다. 소감과 각오는?

제가 경기테크노파크(이하 경기티피) 전략사업본부장으로 지난 3월 5일부터 일하고 있는데, 중소기업 지원하는 업무와 지역경제 성장에 기여할 수 있음을 큰 보람으로 여기고 있습니다. 경기도에는 6만 7천여개의 등록된 중소기업과 100만에 육박하는 기술, 생산노동인력이 종사하고 있습니다. 반월·시화국가 산업단지도 1만 9,673개사에 고용인원 25만5천여명에 달합니다. 이런 기업 상황속에서 경기TP는 기업의 다양한 수요에 부응하고 지원하는 핵심기관으로 역할하고 있습니다. 따라서 경제의 중추인 중소기업 상황에 맞는 지원에 더욱 상당한 효과가 나타나도록 힘써 나가겠습니다.

▲4차 산업혁명의 시대를 맞이하고 있는데, 경기TP의 업무에 대해

설명해 준다면?

4차 산업혁명하면 먼저 인공지능(AI), 빅데이터, 자율주행자동차 등이 생각납니다. 바로 현실과 가상의 융합으로 산업이 발전하며 국가 경제발전 전략도 이러한 혁신에 기초해야 한다고 합니다. 4차 산업혁명의 독일은 '인더스트리 4.0', 미국은 '신 미국혁신전략', 일본은 '소사이어티 5.0', 중국은 '중국제조 2025' 라는 계획으로 추진하고 있습니다.

각국이 서로 추격하고 경쟁해야 하는 시대에 발맞추어 경기TP는 먼저 다양한 전통제조업과 혁신 기술 산업에 맞춤형 지원 방법을 실천해 오고 있습니다. 기계, 전자, 소재부품, 금형, 용접, 주조등 뿌리기업의 기술적 문제점을 '기술 닥터제' '중기 애로기술상담'을 통해 해결하고 있습니다. 또한 기술과 아이디어의 상용화나 사업화 컨설팅도 한해 2천건이 넘습니다. 작년에는 기업이 요청한 사업으로 발전하는 경우도 800여건에 달합니다.

둘째는 신성장 동력 혁신 산업은 주로 드론, 3D, 로봇과 같은 첨단 분야의 기술개발과 상용화에 초점을 맞추어 진행하고 있습니다. 이러한 지원은 현장인력양성, 장비지원, 지식재산취득, 마케팅, 창업보육 등의 형태로 실천되고 있습니다.

셋째 경기TP는 120여 입주기업과 인근 한양대, 생산기술연구원, 산업기술시험원, 전기연구원등 산학연 클러스터의 연구개발 생태계로 기업지원의 거점역할을 하고 있습니다. 그리고 경기도 에너지센타를 통해 신재생, 친환경에너지 보급사업을 합니다. 또한 경기TP 소속인 안산산업경제혁신센터는 안산시의 정책현안을 계획 실현하고 청년 창업큐브 3개소를 운영하며 현재 50개의 청년창업 기업이 열정을 쏟고 있습니다.

▲전략사업본부는 구체적으로 어떤 역할을 하는가?

제가 치열한(?) 공모를 통해 일하게 된 전략사업본부는 올해 사업이 대폭 증대되었습니다. 경기TP의 한해 예산 약500억보다 많은 약664.6억의 예산이 정부로부터 스마트공장보급, 확산 사업비로 배정이 되었기 때문입니다. 때문에 올해 2월에 스마트제조혁신센타를 개소해 사업을 중점적으로 추진 중에 있습니다.

전략사업본부는 정부가 주도하는 중소기업 경쟁력 향상을 위한 공정(체질)개선하는 스마트공장 도입 업무의 일선에 있습니다. 올해 말까지 698개 기업에 스마트 공장을 구축하는 것이 목표입니다. 스마트 공장은 원가절감, 불량저감 등의 공정개선과 자동화설비와 생산현장의 디지털 환경을 조성합니다.

또한 안산사이언스밸리(ASV) 강소연구특구조성 추진을 뒷받침하고 있습니다. 문재인정부의 경제공약이며 경기도지사, 안산시장의 공약인 ASV 특구지정은 6월말에 있을 예정입니다. 경기도가 신청한 특구지정을 받으면 한양대를 비롯한 연구 집적단지의 역할이 더욱 활성화됩니다. 안산경제와 반월·시화공단의 기업 활동도 탄력을 받을 것으로 기대합니다.

그리고 사동 90블록에 스마트제조 혁신센터를 건립해 다수 기업의 스마트기술 도입을 지원하려고 준비 중입니다. 전략사업본부는 경기TP의 향후 2030과 같은 발전계획을 수립하고 유관기관과의 협력을 실효성있게 지속하는 일을 합니다. 이에 중앙정부와 경기도, 안산시 집행부와 예산을 심의하는 의회와의 매끄러운 협의와 협력관계를 항상 염두에 두고 있습니다. 산학연관 클러스터의 연구역량과 혁신기술을 중소기업의 수요에 맞추어 유기적으로 협력하고 있습니다.

이와 함께 드론 실증 연구 사업, 3D프린팅 사용 교육, 해양관련 신

산업 활성화 사업도 추진 중인데, 위에서 말한 사업들은 사실 기술혁신과 고도화를 추구하고 협력네트워크의 원할한 운영을 통해 효과를 높여가야 합니다. 동시에 강소기업과 스타기업을 창출하는 역할에 매진하고 있습니다. 청년창업과 창업기업이 많은 난관을 극복하고 지속적으로 발전할 수 있는 역할 또한 중요한 의미라고 생각합니다.

▲경기TP가 안산에 소재하고 있는데, 지역산업발전에 어떤 영향을 주고 있다고 보는지?

경기도는 전국과 대비하여 중소기업체 수로 35% 이상, 종사자 수는 31% 정도를 나타내고 있습니다. 그래서 경기TP는 안산뿐만 아니라 경기도 전역 특히 중서남부의 중소기업을 지원하기 때문에 안산 경제발전에 집중할 수 없는 한계가 있습니다.

또한 경기TP의 직원과 입주기업의 경제기여도, 그리고 1천억이 넘는 다양한 기업지원 사업비의 파급효과를 계량하고 정량화하는 것은 어려움이 있습니다. 현재로서는 5년전에 경제적 파급효과 연구 용역한 결과를 통해 상당한 취업 유발효과와 생산 유발효과를 이루었음을 유추하는 정도입니다.

안산의 반월·시화공단을 중심으로 본다면 가동률, 수출과 전체 생산액이 감소하고 고용인원이 줄어드는 경기 침체가 진행 중인데, 이러한 상황이니 만큼 5년, 10년 단위로 경기TP가 지역경제에 미치는 파급효과를 분석한 연구가 새삼 정기적으로 필요하다고 생각됩니다. 자체적으로 매년 경기TP는 지원하는 기업의 매출과 고용증가율을 조사해 각 사업별로 성과분석을 하고 있습니다.

▲오랫동안 안산에 거주하며 다양한 분야에서 일해 온 것으로 알고

있는데, 안산의 발전방향을 얘기해 준다면?

　잘 아시는 것처럼 안산은 국가공단 배후도시로서 전통제조업과 신성장 동력 산업을 동반해서 발전시켜야 하는 항상적 과제가 있습니다. 동양피스톤같은 지역의 핵심 글로벌 스마트 중견기업이 나와야 합니다. 동시에 해양과 인접한 관광 문화도시로의 발전을 더욱 강화해야 한다고 생각합니다. 때문에 복지, 교통 등 안산시민 생활과 삶의 질을 향상시키는 인프라가 잘 갖추어져야 할 것입니다. 건강한 주민자치가 실현되고 지방자치가 발전하는 가운데 살기좋은 공동체가 이룩됩니다. 심한 갈등보다는 화해와 협력을 모색하고 배타적 차별보다는 공정한 평등으로 대동세상을 만들어가는 의식적 노력이 필요하다고 생각합니다.

(투데이 안산 2019. 6. 7)

안산 지방자치 발전을 희망하며 _1

인구 절벽이 대세다. 인구가 감소한다고 난리다. 어린이집도 걱정, 학원가도 걱정이 태산이다. 외식업도 여행업도 마찬가지이다. 더군다나 최신정보가 입력된 대화형 인공지능(챗GTP)으로 많은 직업군이 위협받고 있다. 청년세대는 결혼과 출산에 소극적이다. 줄어드는 인구는 삶의 현장이 녹록치 않기 때문이다. 이러한 사회현상, 시대변화에 과연 지방자치라는 제도가 효과적으로 대응하고 있을까?

안산시는 어떤 시책으로 변화된 상황을 대처하며 준비할까?

민선 7기 윤화섭 시장은 안산시 인구 90만 100만시대 어쩌구 하면서 사라졌다. 현재의 시장도 안산시 인구감소를 막고 점진적으로 또는 대폭 증가시킬 수 있을까라는 생각을 하는지는 모르겠다.

도시인구 증가로 세수를 늘려야 지방자치가 잘될까? 아니면 인구 증가를 바라지만 별도로 내실을 다지는 플랜은 없을까? 서구 유럽의 스웨덴, 핀란드, 노르웨이처럼 말이다. 인구가 적어도 잘사는 나라는 충분히 있다.

개발 만능 시대에나 어울리는 인구증가 발전론은 뒤처진 생각이다. 인구증가로 세수가 늘어야 지방 살림이 나아진다는 생각은 단순한 발상이다.

예를 들어보자. 지금 원곡동은 다문화 특구로 지정되어 있다. 다문화란 특색을 살려 사람들을 불러모으는 관광지를 만들면 좋겠다는 생각을 누구나 할 수 있다.

그런데 이를 앞장서서 실현하고 추진할 공직사회는 그동안 멈추어 있었다. 이런 저런 이유로 다문화 관광지는 커녕 낙후된 지역으로 쇠락해가는 중이다.

사람들이 오면 사고 먹고 돈을 쓴다. 지방자치가 세수를 늘리려면 투자를 적절히 해야 한다.

문화관광적 가치나 요소가 있을때는 잘 활용해서 도시의 경쟁력과 지방자치를 발전시켜야 하는데 그걸 해내지 못하고 있다. 도리어 엉뚱한 행정을 해서 시민들에게 손해를 입히는 경우가 많다.

지금 시외버스 터미널옆 홈플러스 부지는 안산시 민선 1기때 평당 약 204만원에 샀다고 한다. 그런 땅이 민선 2기때 홈플러스를 앞세운 외국계 자본에게 약 250만원에 팔았다고 한다.

아마도 지금 땅값은 평당 3천만원을 호가할 것이다. 이 땅을 현재 소유한 자본은 주상복합 아파트를 지으려 하고 있단다. 이 땅이 그동안 어떻게 매매되었는지 알 필요는 없겠으나 지방자치 발전이란 면에서 아쉬운 측면이 있다.

2000년 초반에 안산은 인구가 급증하고 있었고 신도시 개발로 세수도 증가하고 있었다. 지방자치 세수 자립도가 전국 5위안에 들었던 것으로 기억한다. 그런 상황에서 안산시 재산인 홈플러스 부지를 파는게 정상적인지는 알 수 없다. 그리고 땅값이 얼마나 오를지 알 수없으니 평당 50만원 차액을 남겨 파는게 잘못된 일은 아닐 것이다.

그러나 아쉬운 면은 그 당시 안산시는 중학교, 고등학교가 증가하는 시민 인구에 비해 턱없이 부족했었다. 중.고등학교가 3~4개 시급하게 준비됐어야 했던 것으로 기억한다.

안산에 사는 중고등학생들을 인근 안양, 수원 등 딴 도시로 보낼 정도였다. 학교를 짓는 것이 급선무 였던 것이다. 지방자치는 시민들의 주요한 삶의 기능을 보장하는 단체이다. 교육 영역도 마찬가지이다.

안산시가 가진 땅으로 교육 발전을 꾀할 수 있었던 것이다. 이를테면 시립 중고등학교 같은 번듯한 교육기관을 설치하여 교육도시의 면모를 과시할 수도 있었겠다. 지방자치가 앞장서서 시민 생활에 가장 중요한 학교를 시내 중심부에 설립했다면 도시 이미지에 매우 도움을 주었을 것이다. 시민들도 불편없이 자녀들을 공부시킬 인프라에 찬성했을 것이다.

더구나 그 당시 반월공단의 모기업 회장이 시립 학교 건립에 200억을 기부하겠다고 안산시와 협의하던 조건이 있어 더욱 아쉬움이 남는다. 한편 별도로 모교회에서 고등학교를 만든다고 하다가 종내는 무산되었다.

이렇듯 지방자치는 넓은 안목과 가급적 미래를 내다보는 지혜가 필요하다. 이해관계에 매몰되거나 단견으로는 지방자치를 발전시킬 수 없다. 지방자치 발전에 필요한 사항에 대해 다음 컬럼에서 더 이어가 본다.

(안산신문 2023.4. 26)

안산 지방자치 발전을 희망하며 _2

지난 컬럼에 이어 안산의 지방자치 역사를 언급하면서 의견을 피력해 봅니다. 지방자치는 시민 생활의 발전을 도모하고 지원한다는 공공적 영역과 기업을 운영하는 것과 유사한 경영적 영역으로 나눌 수 있습니다.

공공성의 영역은 세금을 징수하고 환경, 상하수도, 교통을 비롯하여 시민 생활에 편리와 안전을 책임지는 공공제도와 집행 입니다. 또한 경영적 측면은 지방재정을 효과적으로 알뜰하게 사용하며 재정적 자립과 자생력을 높이는 운영으로 축약해 볼 수 있습니다.

이러한 양 측면을 원활하게 발전시키는 책임을 부여받은 시장을 비롯한 공직자의 능력에 따라 지방자치는 변화를 겪을 것입니다.

그러한 능력중에는 공무원들의 역량을 높이고 정치권을 비롯한 이해 관계인의 협력을 이끄는 시장의 능력이 가장 중요한 핵심입니다. 공공의 집행과 경영능력이 일부에 국한되거나 아전인수식으로 운영된다면 지방자치는 퇴보합니다.

반면에 공평무사하고 청렴하면서도 재정을 늘리고 시민들의 협력을 대폭 리드한다면 지방자치는 소위 태평성대를 구가할 수 있습니다. 이러한 중차대한 일중에서 무엇을 우선하여 실천할 것인가를 정하는게 중요합니다.

첫째는 공직자들이 시민들의 눈높이에 맞추어 역량을 강화하는 것입니다. 시민의 대리인으로서 지원하고 봉사한다는 의식과 책임성을 높이는 일입니다.

전적으로 공직자는 시민의 손과 발이며 머리역할을 하거나 칼자루를 잡은 것처럼 행세하면 안됩니다. 그런 소양이 갖추어져야 공직자의 역량이 훌륭하다고 평가됩니다.

둘째는 시민들의 서로 다른 의견을 갈등을 풀고 해소하며 간격을 좁히는데 집중해야 합니다. 분열의 깊이에 따라 지방자치의 진퇴가 결정됩니다.

다변화된 사회의 다양한 견해를 경청하고 합리적 대안과 해결방안을 제시할 수 있어야 합니다. 그런 과정을 원활하게 수행하고 집행하는 실천력이 필요합니다.

셋째는 개발과 보전을 넘어 가치를 발굴하고 창의력을 발휘하여 앞서서 선도하는 자치경영을 해야 합니다.

예를들어 안산의 중요한 기반인 산업단지와 해양 인프라, 계획도시와 다양한 이주민 문화라는 특징을 최고의 가치로 전환시켜야 합니다. 그동안 안산시 집행부가 나름 노력을 했음에도 안산에 내재한 장점을 드러내지 못하였고 긍정적 반응을 이끌어내지 못했습니다.

구체적으로 안산의 사동 89-90블럭은 2005년쯤인 민선 3기때 수자원 공사로부터 평당 70만원대의 조성원가로 어려운 협상 과정 끝에 안산시 소유로 취득했습니다. 지금은 90블럭에 자이 아파트가 들어섰고 89블럭은 공지입니다. 90블럭에서 안산시는 근 1조에 달하는 시세차익을 얻었습니다. 그 막대한 재정이 어떻게 쓰여졌는지 효과적인 사용으로 무엇을 얻었는지 매우 궁금합니다. 혹시 흐지부지 관행적 집행으로 재정이 없어진 것은 아닌지 살펴볼 필요가 있습니다.

결론적으로 막대한 예산이 쓰여졌지만 체감할 수 없다면 가치 발굴과 창의력 제고라는 측면에서 좋은 점수를 줄 수가 없습니다.

넷째로 지방자치의 비젼에 시민의 대다수가 공감할 수 있어야 합니다. 그러려면 지방자치를 이끌 시장의 공약 완성도가 높아야 하며 그에 기초한 공약 달성률도 높아야 합니다. 이러한 기준에서 보면 역대 시장이 송진섭 전시장을 제외하고 모두 단임에 머물렀습니다. 지방 행정의 특성상 4년으로 공약실현하는 것은 거의 불가능합니다. 그래서인지 대부분의 공약정책이 단기간에 실현되는 반짝 아이디어 수준이거나 인기 영합적 측면이 강합니다.

현재의 정치구도나 수준에서 나오는 한계이기도 합니다.

그러나 이런 공약들이 지방자치의 비젼을 추진하고 달성되는 일관되고 집중력이 필요한 우수한 내용이 될 수는 없을 것입니다. 이해관계에 치중한 단견들이 많을 것이기 때문입니다.

그러므로 시민 대다수가 공감하는 도시의 비젼을 만들어 추진하는 공약은 다수의 찬성속에서 누가 시장이 되던 지속되는 정책이어야 합니다.

이상 지방자치 발전하는데 필요한 네가지 중요한 사항이자 덕목에 대해 말씀드렸습니다.

(안산신문 2023. 5 .3)

안산문화 예술의 전당 이야기

안산에는 문화예술의 전당이 있다. 2000년 11월에 착공해서 2004년 10월에 개관했다. 이 시설은 서울 예술의 전당을 벤치마킹했다. 이렇게 규모가 큰 문화예술의 전당을 소유한 기초시는 지방자치시대의 큰 자랑거리중 하나였다. 지금도 이런 규모의 공연장을 소유한 기초단체는 몇곳 없다.

경기도에는 의정부하고 군포, 수원에 있는 경기아트센터정도만 있다. 이런 공연장은 음악과 연극, 뮤지컬과 발레 등등 예술세계를 감상하는데 손색이 없어야 한다. 그럴려면 공연장 시설이 완벽하게 구비되어 있어야 한다.

시설에서 요구되는 조건은 좋은 음향시설과 좌석의 배치및 편안함일 것이다. 음향은 메아리치거나 잔음이 없도록 흡음이 좋아야 하고 좌석은 손님들이 편안해야 했다. 무대를 가깝게 느끼고 사각지대가 없어야 한다. 그러나 그 당시 설계도에 이런 조건이 미흡한거로 분석되었다. 그런대도 동부건설이 한창 시공중에 있었다. 필자는 그때 안산시 비서관으로서 이런 상황을 파악해야 했다.

논의하고 점검한 결과 해돋이와 달맞이 극장은 잔음과 흡음상태를 고려한 시공이 아니었으며 좌석은 촘촘하여 관람석 숫자만 많았다. 관객이 좌석에 앉으면 앞좌석에 무릎이 닿을 정도로 좁았다. 좌석 폭도 좁았다. 왕래가 쉽지 않을 정도로 비좁았다.

정말 이대로 공사가 끝나면 두고두고 시민분들이 몹시 불편할 지경이었다. 한번 만들어 놓으면 고칠수 없는 상태라는게 눈에 선했다. 설계를 바꿔야 했다. 시공 관리부서와 시공사에서 반대가 심했다. 이미 일부는 시공했고 마감 자재와 계단식 의자배치를 위한 기초공사가 진행되고 있었다.

그러나 그 당시 송진섭 안산시장은 준공이 늦춰지더라도 설계 변경을 지시했다. 그래서 벽 마감재 설치 방식과 좌석폭과 간격이 변경되었다.

해돋이 극장 1600여석의 좌석은 1355석으로 줄어들었다. 달맞이 극장도 800 여석에서 686석으로 줄었다. 대신 앞뒤옆 간격이 조금 늘어나며 관객의 편의성이 높아졌다. 조금 더 안락하게 공연을 즐길 여건이 조성되었다. 한편 공연 음질의 생생하고 완벽한 구현에는 미치지 못했지만 대규모 공연장의 기준은 충족할 수 있었다.

지방자치의 초기에는 이런 일들이 많았다. 개발과 하드웨어 구축에 신경쓰느라 정작 시민들에게 돌아가는 혜택은 뒷전이었다. 문화예술의 전당을 건설하면서 공연장의 크기와 규모에만 신경썼던 것은 관성적이며 구태행정이다. 지금은 이런 요소들이 많이 개선 되었겠지만 민선 시장들이 치적쌓기에 몰두하는 모습을 종종 목격한다.

대표적으로는 카카오 데이터센터 관련 경제유발효과 부풀리기 같은 현상이다. 카카오 데이터 센터 유치는 자랑할만한 일이다. 그러나 민선7기에서 고용효과 연2700명이상, 생산유발효과 8천억이상, 부가가치 효과 3천억이라고 과장 홍보했다. 설령 그런 효과를 낸다하더라도 안산시민이 혜택을 받는 것도 아닐 것이다. 그러므로 이런 숫자는 어불성설인게 분명하다.

데이터센터는 고용효과가 크지 않기 때문이다. 그런데도 그냥 묵인하는게 대표적으로 잘못된 관행이란 생각이다. 30년 가까이 진행되어온 지방자치가 아직도 건물짓고 공사하는 것을 자랑하고 쓸만한 보도블럭 드러내는 전시행정 관행이 남아있다. 20년전 문화예술의 전당을 건립할 때 나타난 문제점을 개선했던 사례와 같은 일들이 반복되지 말아야 한다.

전시행정과 치적쌓기같은 구태스런 일들이 없기를 바란다. 민선8기 1년을 앞둔 시점에서 안산시청앞에 걸린 현수막을 보면 한숨이 절로 나온다. 민선시장은 그런 현상을 개선해서 시민들의 불편을 해소하는 게 제일의 과제일 것이다.

(안산신문 2023. 4. 19)

상록구.단원구 명칭 선정 뒷이야기

　2002년 8월은 안산시가 상록구, 단원구라는 새로운 구청이 생긴 날이다.

　1995년 이후 안산시 인구가 50만이 넘었고 대도시가 되었다.이에 지방자치법과 50만 이상 인구의 대도시 특례에 따라 구청이 2개가 생기게 된다. 그런데 새로운 구의 명칭이 문제가 되었다. 구의 명칭은 관례와 조례에 의거해 향토지명위원회를 설치해 정하기로 되었다.

　이에 향토사학자분들이 주축이 된 위원회는 새로운 구의 명칭을 상록수구와 별망성구로 정했다.

　심훈의 소설 '상록수'의 배경인 감골교회가 있고, 왜구 침입을 막기 위한 조선산성인 별망성지가 초지동 해안가에 있기 때문이다. 이러한 역사적 배경을 가졌기에 지명위원회는 학술적 검토후 결정하였고 안산시는 결과를 시민들께 발표하게 된다.

　그런데 이를 전해들은 시민들의 항의와 민원이 빗발쳤다. 별망성구라는 명칭이 할망구라는 비속어를 연상시킨다는 이유이다. 별망성이 역사의 의미는 좋으나 유명한 것도 아닌데 누가 알고 있겠는가, 그리고 구 명칭이 네글자여서 약간 긴 것도 문제였다. 모든 주소의 우편물과 명함 등등에 망자가 들어가면 나쁘다.

　일상생활에 불편을 초래한다는 의견이었다. 그 당시 필자가 안산시에 비서관으로 근무했었기에 수많은 민원을 접하고 있었다. 이에 안산시민이 원하지 않는 명칭 선정은 문제가 있다고 보고 향토지명위원회에 재심을 요청하였다. 그러나 지명위원회 분들이 어떤분들이신가.

　향토사학에 전문적인 학자분들이시고 역사성과 유래를 따져 이모저모를 검토하여 내린 결정이기에 재검토를 수용하기 쉽지 않았다. 그래서 원안을 고수하셨다. 그리고 관련 조례에 따라 한번 공표한 것을 번복하는 것이 행정의 신뢰를 저해하는 경우에 대한 우려도 있었다.

결국 명칭은 한번 정하면 영원히 바꾸기 쉽지 않은데 큰일이 벌어진 셈이었다. 그래서 필자는 그 당시 안산시에 설치된 21세기 위원회를 통해 인터넷과 ARS 여론조사를 실시하도록 협조를 구했다. 명칭변경에 대한 근거와 여론을 확보하여 지명선정위원회에 선정 번복의 명분을 제공하기 위함이었다.

약 5천명의 시민들이 여론조사에 응답해 주셨다. 여론조사 샘플로는 굉장히 많은 숫자였다. 그만큼 그당시엔 관심과 화제가 된 상황이기도 했다. 여론은 상록구, 단원구가 약 47%, 상록수구와 별망성구가 약35%, 성호구와 단원구가 약17%라는 결과가 나왔다.

가장 많이 선택된 상록구, 단원구를 정하자고 재차 재심요청을 하였다. 지명위원회는 시민들의 의견을 통 크게 받아들여 상록구, 단원구로 새로운 구의 명칭을 확정하게 된다. 이상이 2002년도 8월에 새로운 구의 명칭을 정하는 비하인드 스토리이다.

지방 자치와 분권의 시대가 어언 20여년이 흘러 30년 가까이 되고 있다. 이런 스토리를 떠올려 보는 것은 과연 지나온 안산시정이 시민들의 의견을 제대로 수렴하였는지를 헤아려 보고 그런 노력을 촉구하기 위함이다. 지방자치 안산시 역사에 민선시장들의 평가는 크고 작은 차이가 있을 것이다.

현재의 민선8기 역시 좋은 점수를 받기를 바란다. 그런데 주요 결정들이 그 흔한 공청회나 토론회를 거치지 않는 모양이다. 여전히 온전하고 성숙한 지방자치 본연의 수준에 못미치는 것은 아닌지 우려스럽다.

안산시장을 비롯해서 집행부와 시의회 등 주요 결정의 주체들께서는 심기일전하여 안산시민 전체의 복리증진에 매진해야 한다. 초심으로 분발하여 다가올 1년간의 평가에 대한 점검이 필요하다고 생각된다.

(안산신문 2023. 4. 12)

어렵고도 쉬운 自尊

언론 매체가 발전하니까 이야깃거리가 무궁무진하다. 정보기술의 발달은 지구촌 오지 소식도 전해온다. 사람들의 관심을 끄는 뉴스도 많다. 심심치 않게 이목을 집중시키는 일도 자주 벌어진다. 사람들은 수없이 많은 사건과 사태에 직면하며 과부하가 걸려 있다. 자칫하면 본인의 삶과 극히 관련 없는 것에도 시간과 에너지를 빼앗길 수도 있다.

왜냐하면 언론이 자극적으로 독자층을 모으기 때문이다. 수많은 언론은 자구책으로 팩트를 가공하는 데 익숙하다. 좀 더 관심을 모으기 위해 과장하고 포장한다. 때로는 팩트를 허위로 조작하기도 한다. 마케팅이 공격적일 뿐 아니라 지저분할 때도 있다. 네거티브를 사용한다.

독자층을 모으려고 내용과 입장을 가공한다. 경쟁 사회에 살아남는 방식이지만 금도를 넘을 때도 많다. 언론의 윤리강령이 사문화될 때가 다반사다.

이러한 언론과 정보 홍수 시대에 일반 시민은 각종 SNS를 통하여 사회 참여와 소통을 하고 있다. 블로그, 유튜브, 페이스북을 비롯하여 여러 가지 개인 통신 수단을 통하여 취미생활과 사회생활을 한다. 특히 유튜브처럼 광고 수입이 생기는 경우는 전하고자 하는 내용을 가지고 어떤 유혹이 생긴다. 바람직한 내용과 소식을 전하는 SNS도 있고 아닌 것도 많다.

기왕에 하는 거 좀 더 눈길을 끌기 위해 튀어야 할 필요도 있다. 재미있고 볼거리가 풍부한 콘텐츠에 사람들이 몰린다. 그러나 문제는 일부에서 가짜를 퍼트리고 악의적으로 가공을 하는 것이다. 독자를 믿게 하려고 그럴듯한 포장을 해야 한다. 센세이셔널한 것처럼 자극적인 변형을 가한다.

도덕과 윤리적 책임의식을 내버리고 속이거나 거짓을 유포한다. 잘 못된 정보나 가짜를 퍼트리는데 거리낌이 없다. 정보를 접하는 사람들의 양식을 좀먹는다. 수준을 저하시키고 세뇌시키려 한다. 기본 정보나 양식이 적은 사람들은 당하기 쉽다. 이러한 상황이기 때문에 개인의 자유와 사회적 책임의 적절한 조화가 필요한 상황이기도 하다.

여기까지 주로 현대의 언론이 가진 부정적인 측면을 살펴본 이유는 남 말하기 좋아하는 세태를 한탄하기 때문이다. 3대 구경거리는 물난리, 불구경, 싸움 구경이다. 언론이나 개인통신이나 속성상 사람들의 이목을 끄는 3대 구경거리를 대서특필하기 마련이다.

특히 사람들 간 싸움을 만들거나 부추기는 기술은 언론이 최고인 것 같다. 갑론을박을 양산하며 각종의 논리를 악의적으로 혹은 악의 없이 유포한다. 객관을 빙자하여 객관적이지 않은 자신들의 논리를 살포한다. 국민들의 건전한 비판의식을 가로막고 분열을 야기한다. 그 결과 비난 심리를 부추겨 공동체에 위해를 가한다. 결국 공동체를 회복하기 위해 사회적 비용이 막대하게 들어간다. 이렇게 남 말하기 좋아하는 세태를 만드는데 기여하는 언론의 부정성은 하루속히 고쳐져야 한다.

우리나라 선인들의 초기 학습 교본이 있다. 5세부터 14세까지 어린 시기에 배우는 명심보감이다. 거기에 '사람들은 잘 몰라도 남을 책망하는 것에는 명백하고, 잘 알아도 자신한테는 관대하니, 항상 남을 책망하는 마음으로 자신을 책망하고 나를 용서하는 마음으로 타인을 용서하라'는 격언이 있다.

이와 비슷하게 '똥 묻은 개가 겨 묻은 개 나무란다'는 속담이 있다. 명심보감에 나온 강태공도 다른 사람을 헤아리고자 하면 먼저 자신

스스로를 헤아려 보라고 한다. 그러면서 남을 해치는 말은 도리어 자신에게 돌아오며 온갖 욕설을 남에게 뿜으면 먼저 자기 입이 더러워진다고 교육을 한다. 이런 교훈을 선조들께서는 학문을 처음 접하는 아동들에게 가르쳤다.

한때 '모든 문제는 내 탓이다'라는 성찰과 반성의 말이 유행하기도 했었다. 그러니까 과거 선조들께서 아동 시기에 배우고 익혔던 정신이 반영되어 있는 말이다. 시대 변화에 관계없이 항상 간직하고 지켜야 할 사람의 기본적 인격이다. 과거에는 어릴 때부터 배운 마음 자세였는데 지금은 지키기가 어렵다. 이런 말들은 요즘 세태에 적용하기가 난해하다. 왜 그럴까?

앞에서 예를 들었듯이 언론의 부정적인 행태에 영향을 받았기 때문이다. 모든 정보와 돌아가는 상황을 실시간으로 알 수 있는 현대의 언론 환경 탓이다. 언론이 발전되지 않았다면 여의도의 정치적 다툼, 말 같지도 않은 말, 혐오스러운 저주성 발언, 악플 등이 퍼지지 않았을 것이다. 언론의 역기능이 사람들 사이에 번지지 못했을 것이다.

그러나 우리는 이미 메가 언론 시대가 되었다. 이러한 환경에서 서로를 헐뜯고 흉포한 말들을 쏟아내는 걸 자제해야 한다. 선조들께서 어린 시절에 배운 남보다는 자신을 돌아보라는 간단한 명제를 다시 상기할 때이다. 개인의 인격을 스스로 높이고 자신을 존중하면 남을 존중하게 된다.

타인을 무시하고 배척하는 것은 자신을 존중하지 않기 때문에 나타나는 현상이다. 문화가 발달하고 과거보다 개명되었다고 생각한다면 조상님들께서 어릴 때 배부터 쉽게 배우셨던 사람 됨됨이를 만드는 기초적 지식부터 실천하는 것이 기본이다.

(매일경기 2019. 9. 14)

"안산시가 모범도시가 되려면"

 안산은 2019년 12월 기준 인구 약 71만 명의 도시입니다. 그중 등록 외국인이 약 5만 7천 명입니다. 그래서 다양한 문화가 공존하는 다문화 도시입니다.

 인구가 급격하게 증가하는 남양주시와 비슷한 규모로 경기도에서 7번째 큰도시입니다. 보물섬 대부도를 지닌 경기도에서 해안선이 제일 긴 도시입니다. 인구대비 공원면적은 전국 최고입니다.

 각종의 시민사회 단체도 많습니다. 반월·시화공단을 품은 생산 도시입니다. 전철 4호선을 비롯하여 소사·원시 선과 신안산선까지 대중교통이 발달했습니다.

 영동과 서해안 고속도로를 포함하여 인천국제공항과 평택항까지 3-40분 거리입니다. 물류와 교통이 편리한 도시입니다.

 반면 과거 10여 년 전만 해도 시화호를 비롯 하여 대기환경이 나쁘고 강력범죄로 인해 생활환경이 별로라는 이미지가 굳어져 있었습니다. 그리고 세월호 아픔의 진앙지이기도 합니다.

 이러한 환경오염과 사회적 고난을 극복하기 위한 안산시민의 노력은 눈물겨운 것이었습니다.

 이제는 안산 전역 어디를 가도 푸르고, 안산천, 화정천, 반월천 맑은 물에서 물고기가 뛰어노는 아름다운 고장입니다. 연비어약鳶飛 魚躍의 생생한 기운이 넘치는 도시가 되었습니다.

 이러한 안산이 지닌 조건과 인프라를 통해서 안산시민의 삶의 질과 생활 환경이 더욱 개선되어야 하겠습니다. 코로나 19를 대처하면서 어느덧 대한민국이 선진국이 되었음을 체감하듯이 안산시민이 선진국 시민이라는 뚜렷한 자부심을 가져야 할 때입니다.

2017년에 우리는 구매력 기준 1인당 GDP가 일본의 1인당 GDP를 근소한 차이로 앞질렀습니다. 물론 명목GDP는 아직 일본에게 뒤지지만, 물가와 환율을 기초로 한 실질 구매력에서 일본을 눌렀습니다.

이 수치는 아시아 1위입니다. 우리가 잘 모르는 사이에 전 세계에서 유일하게 피식민지 국가가 식민지 본국 일본을 유의미한 경제수치에서 추월하는 사례를 만든 것입니다.

그 저력은 지극히 평화적으로 대통령을 탄핵시키는 결과를 도출하기도 하였습니다. 우리들은 그만큼 자격이 있는 선진 국민으로 성장한 것입니다.

일본은 내심 충격을 받은 듯합니다. 그래서 작년에 반도체 소재 3개 품목에 대한 수출 금지를 하거나 독도분쟁 야기와 지소미아 논란, 위안부와 징용 피해 배상 거부 등 계속 불편한 심기를 감추지 않고 있습니다. 코로나19 모범 방역국인 대한민국에게 진단키트나 방역사례에서 배우려는 태도도 없습니다. 참 못난 행동을 지속하는 일본을 볼 때 어처구니가 없거나 측은하단 생각도 듭니다.

이러한 대내외 관계의 변화와 세계 1등 국가로 올라선 상황을 견실하게 유지하기 위해서 우리 안산은 가장 핵심적으로 무엇을 어떻게 해야 할까요? 먼저, 지방자치를 발전시켜야 하겠습니다.

획기적인 자치 분권과 강력한 재정분권을 이루어야 하겠습니다. 지방 분권의 발전은 주민 밀착 행정과 생활환경의 대폭적인 개선으로 나타날 것입니다. 국세와 지방세 비율이 7:3내지 6:4로 늘어나 재정 자립도가 향상되어야 합니다. 그리고 교부금이나 보조금의 재정 집행 자율권도 확대되면 좋겠습니다.

주민안전을 위한 자치 경찰제가 실현되고 공교육의 지방 분권화가 실현되길 바랍니다. 이 모두는 세계 1등 시민으로 성장한 주민의 선택에 따라 공공서비스가 제공되어야 가장 효과적이기 때문입니다.

국민 주권 시대에 가장 걸맞은 주민 자치가 이루어져야 한다는 의미이기도 합니다. 이렇게 지방자치가 발전하기 위해서는 당연히 지방 행정과 지방의회도 실력이 검증되고 책임을 질 수 있는 수준으로 올라가야 하겠습니다.

둘째는 시민의 다양한 견해와 생각을 통합하고 융합하는 노력이 필요합니다. 정치와 세대와 출신과 학력 등으로 만들어진 차이가 사회와 대인관계를 결정하는 중요한 요인으로 작용하면 곤란합니다. 그런 기준으로 사람 간에 구별이 생긴다면 일생동안 지속적으로 차이는 상존할 것입니다.

그 속에서 대립과 빈부 격차와 양극화라는 사회적 문제 해결은 요원합니다. 다시 말해 현실 속에서 발생한 외적인 조건을 그대로 수용한 채 지배당한다면 세계 1등 선진국의 입지와 선진 시민의 자격을 유지하 기가 쉽지 않을 것입니다.

안산시민 각자의 삶의 영역에서 개성을 존중하고 다양한 생각과 입장을 폭넓게 이해할 때 지역 사회 역량의 총합은 발전하기 마련입니다. 개인과 지역 사회의 변화와 혁신이 필요한 이유이기도 합니다.

기존의 관념이나 생각을 혁신하여 포스트 코로나 시대의 선진 시민 자격을 함양시켜야 하겠습니다.

셋째는 안산이 담고 있는 경제와 환경과 문화능력을 합리적으로 활용해야겠습니다. 뿌리 전통산업과 미래산업 정책을 통해 지역 경제를 활성화해야 합니다.

인공지능이나 슈퍼컴 퓨터와 같은 전문적이고 정확한 데이터를 기반으로 시민의 합리적인 소통을 통하여 지역 경제 발전을 계획하여야 합니다. 그 속에서 지역 소상공인, 자영업이 잘되어 갈 것입니다. 그리고 안산의 장점인 해양문화, 기업문화, 녹지 문화 등이 시민의 삶과 연결하여 시너지 효과를 만들어 내야 할 것입니다.

안산 주민에 내재한 자율성에 기초하여 세계 일류 환경과 문화를 만들어가야 한다고 생각합니다.

마지막으로 도시의 인구 규모나 개발의 외형을 늘리기보다는 내실을 기해야 하겠습니다. 국토 균형발전에 수반되는 수도권 규제에 대처해야 합니다.

일테면 유니콘 기업이 나오고 중견 강소기업이 발전하는 환경을 통해 세수와 양질의 청년 일자리가 확대되어야 합니다. 그리고 문화예술관광 콘텐츠가 세계적 수준으로 발돋움하여 부가가치가 생산되길 바랍 니다. 내실 없는 양적 확대는 도시 유지 비용을 소모할 뿐입니다.

위와 같은 생각은 안산 주민이 안산의 주인임과 동시에 주권자라는 가장 기초적인 상식에 입각하여 도출한 것에 불과합니다. 그러나 많은 분들이 당연하게 생각하면 소홀할 수도 있을 것이란 생각이 들어서 피력해 보았습니다.

(안산타임스 2020. 5. 18)

반월·시화 국가공단의 고민

한국산업단지공단(산단공)에 따르면 2025년까지 미래형 혁신 산업단지를 조성한다고 한다. 이른바 '스마트 그린 산업단지'이다. 이런 계획은 국가산업단지의 특성을 고려해 산단별로 특화된 실행계획을 수립하여 진행되는 것이다.

반월시화 국가산업단지의 특성은 뿌리산업이 주력이다. 그래서 기계부품, 가공, 소재, 제조공정등 뿌리산업의 메카로 더욱 성장해 가야 한다. 이를 위해 축적된 뿌리기업의 제조 데이터를 분석하고 활용하여 뿌리분야 강소기업을 150개 육성하고 뿌리 공정'데이터 댐'을 구축할 예정이다. 이러한 과정은 스마트 공장 확산과 함께 진행될 예정이다.

이와 같이 산업통상자원부는 반월시화 국가공단을 비롯하여 전국 7개의 산단에 맞춤형 특화 실행계획을 수립하였다. 특히 지난 7월에는 정세균 총리 주재로 열린 국정현안 점검조정회의에서 '뿌리4.0 경쟁력 강화 마스터 플랜'을 발표하는 등의 산업 생태계의 변화 발전을 도모하고 있는 중이다.

여기에서는 소재,부품,장비의 경쟁력 강화를 위해 새로운 혁신 기술을 지원 육성하고자 하였다. 기존의 뿌리 기술인 주조, 금형, 소성가공, 용접, 열처리, 표면처리 이외에도 사출, 3D프린팅, 로봇, 신소재, 센서 등 6대 분야에서 14개 분야로 뿌리 산업 경쟁력 강화를 위해 팔을 걷어부쳤다. 4차 산업혁명 시대에 인더스트리 4.0으로 앞서가는 뿌리 산업 강국 독일을 본받고자 함이다.

이러한 대책은 지난 10년간의 뿌리산업 진흥정책을 점검했기 때문이다. 급변하는 산업환경 변화에 대응하기 위한 정책이 나온 것은 다행이다. 이제라도 노동 집약적 저부가가치 산업에서 다양한 공정기술을 확보하여 경쟁력이 강화되어야 한다. 뿌리 산업의 고부가가치화를 이루어야 한다.

정부와 산단공은 이러한 계획을 바탕으로 글로벌 경쟁력 향상과 일자리 창출 등의 경제 활력을 제고하고 있는 중이다. 이에 산학협력 R&D 와 마케팅, 대출지원에 막대한 예산을 사용할 예정으로 있다. 그러나 현실은 매우 녹록하지 않다.

우선 반월 시화공단(공단) 생산액은 현저히 감소하고 있으며 수출, 가동률 모두 하향 추세이다. 공단의 생산액은 2019년 기준 5년 전보다 26조가량 감소하였다. 수출액도 30% 이상 줄어들었다. 이는 코로나 영향을 받기 전인 전년도 기준에 근거한 분석이다. 또한 가동률과 고용율도 하락세이다.

5년전에는 75% 수준이던 가동률이 현재는 66%대를 유지하고 있다. 특히 50인 미만 소기업이나 영세기업은 가동률이 60%를 넘지 못한다고 한다. 또한 공단에 영세기업 비율이 높아지면서 공장수는 증가했지만 고용율과 양질의 일자리가 낮아지는 문제가 발생하고 있다. 이러한 현상은 반월시화공단을 소개하는 스마트 허브 공단이나 청년친화형 공단과는 거리가 멀다.

더욱이 정부에서 강조하는 뿌리 기업은 대부분 영세하거나 기술 혁신 역량이 부족하다. 이러한 상황에서 정부나 산단공이 추진하는 산업정책은 어떻게 효과를 낼 수 있을지 답을 내기가 쉽지는 않을 것이다. 정부가 내놓은 미래의 청사진과 현재의 반월시화공단은 괴리가 심각하다.

그러나 반월시화공단이 현재의 난관을 극복하고 산단공에서 내놓은 장미빛 청사진은 반드시 실현되어야 한다. 때문에 정부를 비롯하여 모든 유관기관이 유념할 사항을 살펴볼 필요가 있다. 정부가 계획한 산업단지 대개조 스마트 그린 산단 추진이 성공하기 위해서는 중소기업의 목소리가 적극 반영되어야 한다.

일례로 스마트 공장 구축의 성공 사례를 보면 중소기업 내부 구성원의 자발적 참여가 관건이기 때문이다. 기술 혁신을 달성하는 것도 현장 직원의 노하우와 의견교환과 직무역량 강화가 중요한 요인이었다.

그러므로 특화된 산업정책중에 하나인 반월시화공단의 '스마트 그린 산업단지'의 성공 여부는 해당 중소기업의 관심과 적극적 참여가 필수 조건이다. 정부가 제시한 산업정책에 대한 이해도가 중소기업과 그 구성원들에게 높을 때 성과가 달성되기 때문이다. 과거 만연되다시피 한 국가 예산을 지원받아 실질적인 효과 없이 소진해 버리는 문제도 줄어들 것이다.

따라서 정부의 계획은 전문가들이 제출한 정부만의 계획이 아니라 중소기업이 결정한 계획이 녹아 있어야 한다. 현장의 목소리와 참여를 유도하고 실현하는 것이야 말로 스마트한 중소기업 환경과 양질의 일자리를 만드는 기본이다. 그것이 스마트 그린 산업단지의 성패를 좌우하게 될 것이다.

(안산타임스 2020. 11. 9)

경기지역 스마트제조혁신센터, 경기지역 중소·중견기업 제조혁신을 위한 유관기관 공동지원 방안 모색

경기지역 스마트제조혁신센터(경기TP, 경기대진TP)는 경기지역 중소·중견기업 경쟁력 강화를 위해 경기지역 유관기관과 공동수요발굴 및 사업연계 협력방안을 모색하고자 11월 11일 수원컨벤션센터에서 제3차 경기제조혁신협의회를 개최했다.

경기지방중소벤처기업청이 주관하고 경기지역 스마트제조혁신센터가 주관하는 이번 협의회는 경기지역 유관기관인 고용노동부 안산지청, 경기중소기업연합회, 한국산업기술대학교, 한국폴리텍대학성남캠퍼스, 한국화학융합시험연구원, 성남산업단지관리공단, 경기도경제과학진흥원, 한국산업인력공단 경기지사 등과 스마트공장 보급확산을 중심으로 고용, 인력 양성 교육, 표준화기술 공급을 협의했다. 그리고 내년부터 추진할 각 기관별 특성화사업과 연계하는 경기스마트연합 시범사업 방안에 대해 논의를 가졌다.

경기테크노파크 경기스마트제조혁신센터(센터장 서한석)는 유관기관의 특성을 연계하여 중소·중견기업의 스마트공장 컨설팅을 통해 사업연계 서비스를 지원한다면 기술혁신과 일자리 발전에 큰 효과가 있을 것으로 예상한다고 말다.

스마트공장 보급·확산사업을 진행하는 경기지역 스마트제조혁신센터(경기테크노파크, 경기대진테크노파크)는 2020년 813개사(경기남부 681개, 경기북부 132개)를 목표로 하여 예산 소진시까지 스마트공장 신규구축 및 고도화 사업 등을 지원하고 있으며, 경기스마트제조혁신센터에서는 홍보물 배포뿐만 아니라 '경기스마트공장'

유튜브 채널을 개설하여 적극적으로 온, 오프라인 홍보를 진행하고
있다.

(내일신문 2023. 3. 7)

윤석렬의 못말리는 폭정을 종식시키려면

제가 정치를 하려는 이유의 팔할은 가능한 한 할 수 있다면 윤석렬을 제지하기 위해 섭니다. 윤 대통령의 처신이 해방후 일제 앞잡이들이 친미, 친일, 반공으로 변신해서 이승만 정권을 지탱한 모양과 너무 흡사하기 때문입니다. 이는 뉴라이트라는 치졸한 이념으로 사대정권이자 친일정권의 탄생을 의미합니다.

대한민국은 국제관계와 지정학상 초 강대국 미국을 중심으로 한 외교를 벗어날 수 없으므로 친미라는 운명을 잘 이해하고 활용하는 것은 기본입니다. 그리고 진정한 민주국가로서 자유라는 인류가 달성한 가치를 실현해가야 할 선진국임은 자부할 만 합니다.

그런데 윤석렬은 친미와 자유라는 덕목을 친일과 이념이라는 잘못된 역사관으로 호도하며 왜곡시키고 있습니다. 한마디로 국민의 자유와 민주주의의 다양한 가치를 말살하며 오히려 파시스트같은 독재의 헤드쉽같은 안하무인으로 변하였습니다.

윤이 처음 문재인의 검찰 개혁에 선봉장으로 나설때부터 분위기가 심상치 않았습니다.

사람한테 충성하지 않겠다는 말에서 처음엔 멋있는 말로 들렸지만 지금에 와서는 내 위에 아무도 없다는 오만 방자한 언사임이 드러났습니다.

어퍼컷을 내지르며 신발 신은채 앞좌석에 발을 얹고 손에 왕자를 써놓고 취조로 익힌 쌍욕을 거침없이 내뱉는 안하무인임을 알았습니다. 이외에도 무수하게 눈살을 찌뿌리게 하는 행위가 술판에서 자행됐으리라 짐작하기 어렵지 않습니다.

권력을 잡은 후에는 미국, 일본에 충성하느라 동해도 일본해, 독도 주권도 침묵, 후쿠시마 핵오염수 투기도 묵인, 강제징용 피해보상도 면죄부, 일본군 위안부 피해에 대한 외면 등등 이루 다 열거하기 힘든 망동을 계속하고 있습니다.

이러한 자가 대한민국의 대통령이라는 사실이 비현실적입니다. 국격의 추락은 물론 실제 민생의 삶에서도 불평등 양극화는 심해지고 질곡이란 상황이 가중됨을 체감합니다. 대 중국 무역 적자와 경제위축을 만드는 편중 외교는 더욱 국민의 삶을 어렵게 만듭니다. 미, 중, 러, 일과 균형외교 - 다자외교라는 틀을 깨는 순간 평화가 위협받고 투자심리와 생산 소비가 원할하지 않습니다. 이런 경제 생태계를 경직시키는 동아시아 삼각축의 말단 외교의 폐해는 고스란히 국민들의 생계를 팍팍하게 합니다.

그리고 폭정과 함께 민주세력을 싸잡아 반국가세력이라고 매도합니다. 윤의 사고방식은 일제강점기와 해방이후의 친일세력이 가진 매국 파시즘과 똑같습니다.

반공을 무기로 이념 다툼을 만들고 권력을 도모하려는 낡고 폭력적인 위험한 발상입니다. 그러니 이재명 대표에 대한 검찰 탄압과 국민을 상대로 자신의 지배방식을 따르라고 엄포를 자행하고 있다고 봅니다. 한마디로 과거로 회귀해서 국민을 통치하겠다는 야욕을 드러내는 것이라 할 수 있습니다.

이재명 야당대표가 24일째 단식하는 과정에서도 윤정권은 영장청구로 이빨을 더 드러냈습니다. 야당대표의 생과 사를 넘나드는 항거에 이렇다 할 인간적이거나 사람세상에서 있어야 할 인정이라고는 눈꼽만큼도 없습니다. 그러한 파렴치는 영장기각이란 철퇴를 받았습니다.

이들은 이 사회에 부정적인 악영향을 유포하는 악의 축이라고 밖에 설명되지 않습니다.

이제 윤검찰 독재의 망동을 억제하기 위한 정치의 역할이 중요합니다.

윤정권 특권세력의 부패와 실정을 바로잡는 일 입니다. 서울- 양평 간 고속도로 종점 변경, 검찰 특활비 공개, 김건희 도이치모터스 주가 조작과 허위경력, 반역사적인 이념공세 및 홍범도 장군을 비롯한 독립정신 훼손 바로잡기, 이태원-오송 참사와 안전에 대한 몰염치와 무능, 해병대 채상병 순직에 대한 진실을 밝히는 야당의 역할이 중차대합니다.

그리고 무엇보다 허물어진 서민 경제에 대한 국가 재정의 효과적인 투입과 재정 정책이 시급합니다. 그리고 국가 경제의 버팀목인 신기술 창출과 유시, 고분군투중인 중소기업에 활력 불어넣기를 신속히 추진해야 합니다. 그래서 각자도생이란 야만적 정글 사회를 만드는 윤 검찰 특권세력의 횡포를 막을 수 있습니다.

그런 과정은 중요사안 특검과 윤 검찰 정부에 대한 질책과 쇄신을 쐐기박 듯 해야 효과적으로 달성할 수 있습니다. 민주국민들은 계속해서 윤정권의 퇴진과 탄핵을 외칠 것이기 때문에 민주당은 본연의 정치 임무를 통해 이에 부응해야 합니다. 그래야 그동안 실망한 민심에 협력를 받을 수 있으며 내년 총선의 승리로 민주주의와 평화국가를 다시 회복할 수 있기 때문입니다.

그러면 국민들께서 분노와 염려가 임계치에 다다른 만큼 조만간 큰 파도와 물결로 윤의 폭정을 침몰시키리라 예상됩니다.

그러므로 그때를 맞이하기 위한 준비에 최선을 다하는 것이 정치하려는 대부분의 이유이며 가장 급선무라고 생각합니다. 이러한 이유가 요즘 저의 삶의 거의 전부라고 생각됩니다. 이에 한몸 한 뜻으로 뭉쳐진 소중한 응원이 간절하다는 부탁 말씀 머리숙여올립니다. 계절의 여왕 풍요로운 가을을 만끽할 수 있는 아름다운 나라가 다시 찾아오기를 ~~

안산 상록을 서한석 배상